U0612112

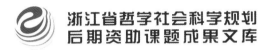

浙江省哲学社会科学规划
后期资助课题成果文库

绿色关系网：
环境传播和中国绿色公共领域

Green Networking : Environmental
Communication and China's Green Public Sphere

徐迎春　著

中国社会科学出版社

图书在版编目（CIP）数据

绿色关系网：环境传播和中国绿色公共领域 / 徐迎春著 .
—北京：中国社会科学出版社，2014.4
ISBN 978 - 7 - 5161 - 4149 - 6

Ⅰ.①绿… Ⅱ.①徐… Ⅲ.①环境保护 - 传播学 - 研
究 Ⅳ.①X②G206

中国版本图书馆 CIP 数据核字（2014）第 073576 号

出 版 人	赵剑英
责任编辑	宫京蕾
特约编辑	大 乔
责任校对	韩天炜
责任印制	李 建

出 版	中国社会科学出版社
社 址	北京鼓楼西大街甲 158 号 （邮编100720）
网 址	http：//www.csspw.cn
	中文域名：中国社科网 010 - 64070619
发 行 部	010 - 84083685
门 市 部	010 - 84029450
经 销	新华书店及其他书店

印刷装订	北京市兴怀印刷厂
版 次	2014 年 4 月第 1 版
印 次	2014 年 4 月第 1 次印刷

开 本	710×1000 1/16
印 张	14.5
插 页	2
字 数	238 千字
定 价	45.00 元

凡购买中国社会科学出版社图书，如有质量问题请与本社联系调换
电话：010 - 64009791

版权所有　侵权必究

序

徐迎春博士邀请我给她的这本书写序，欣然答应。我是即将出版的书的第一位读者，也是成书过程的观者。作序是要对书的内容做出恰当评价的，可是，我此时想说的不仅是这本书，还想说说作者。

徐迎春在浙大读书前后 6 年，与她认识的时间更长。大约是 1998 年，我调到杭州大学任教不久，之前在兰大的学生介绍徐迎春与我联系，说她想报考杭州大学传播学硕士。接着，收到徐迎春的来信，托我给她买考研的参考书。买好书，到邮局寄给她。可见，当年购书的方便程度无法与今日相提并论。

1998 年到 2013 年，已经过了 15 个年头，徐迎春从做学生到做老师，从做女儿到做母亲，与大多数同龄人一样，她在同一个时间上并行走着两条线：成家立业。她在学业上获得进步，女儿也健康成长。

时间匆匆，物换星移，回望 15 年，环境变化很大。不过，外部环境的变化也无法将一个人的品质彻底改变了，这没有被环境改变的恰恰是人最可贵的。当年略显唐突地让我给她买书、寄书，到以优秀的成绩考入杭州大学，找到工作又辞去工作又读书的经历，让老师和同学看到一种执着：不计功利，不安于现状，保持向上的追求。徐迎春本科是学经济学的，记得她硕士毕业论文研究春节联欢晚会与民俗文化，中文系的教授在送审评语中肯定了她的文笔，这是我接受她做研究生后曾经有些担心的方面。几日前与几位研究生小聚，说到语文水平应该是一个人一辈子修炼的事情，没有底 。又了解到她中学语文成绩一直名列前茅。这是她以后读书、研究、工作、生活的基础。

毕业后，她考入浙江电视台教育科技频道做记者，又去世界自然基金会做中国长江保护项目的传播活动、志愿者培训以及项目调查实施等工作，两年中她先后到过中国的一些国家级、省级自然保护区核心区考察调研，参与、策划、组织过一些大型的环境保护活动，如湿地使者行动、洞庭湖环湖科考行动、全国洞庭湖观鸟大赛、有机农渔业保护活动等，同时到荷兰接受环境教育的培训，学习当年莱茵河保护的经验。两种工作的经验积累和能力训练，使她不仅仅获得一手的资料和体验，也不断增进她对绿色环保意义的认识，自觉地培植起一个地球人关心、爱护地球绿色的责任心。之后，她又启程去英国学习，获取管理学专业的理学硕士学位。

当一种研究不是仅仅为了功利而为，将其视作自己信念的实践过程时，这种研究就带有研究者个人的人生价值取向的踪迹，也会充满动力。绿色公共领域的研究基于研究者的一种强烈的社会责任感。徐迎春选择研究"环境传播和中国绿色公共领域"，与她的工作实践有着直接的关系。虽然，这个研究领域不那么热门，其价值也不是用工具理性评判的，它必须基于地球人的基本良知和对地球的本能呵护。

本书通过分析和介绍国内外公共团体或个人进行环境传播的整体景象，探究大众传媒对环境的表征以及对绿色公共领域建构的作用和机制。通过对比 NGO 的环境话语生产机制，研究如何推动中国绿色公共领域的建构和发展，以及绿色身份认同的问题。书中有大量 NGO 相关案例，如世界自然基金会的"地球熄灯一小时"、"湿地使者行动"等。作者以积极的姿态分析政府环境传播如何引导中国绿色公共领域建构，指出政府虽然不是绿色公共领域的一员，但是其话语生产机制却能引导或制约公共领域的发展。现阶段政府基于经济发展为主导的逻辑，与绿色公共领域建构有一致性。本书的整体思路和章节既有学理方面的建树，也有实践中生出的问题以及对这些问题的分析、探究。本书的结论性阐述虽然只是阶段性的，许多认知有待于政府、公民整体环保素养的提升。但是，这些思想对于持续性绿色公共领域研究的拓展和深入都是难得的。

徐迎春出生在春天，迎春应该是她父母对她的一种祝愿。这本书正式面世也是在迎春之际吧。绿色与春天的关系在这句诗中有淋漓尽致地表达："春风又绿江南岸。"

李　岩

2013 年 12 月 杭州

目　　录

第一章

前　言

> 我们经历和影响着的环境大体上来说是我们如何谈论这个世界的产物。也就是说，人与人之间谈论环境的方式有力地影响着我们人类如何感知环境和自身，因而也影响到如何定义我们与自然世界的关系问题。
>
> ——Robert Cox，2010

第一节　环境议题与公共传播的紧迫及可能

自然环境与人类的关系是一个古老而永恒的问题，古人类从"茹毛饮血"的树居生活进化到"构木为巢，钻石取火"的原始文明，从"泄洪通流"的大禹式治水发展为"筑坝截流"的现代工业文明，一边是"毁林采矿"式的大开发，一边又是"防护造林"、保护自然的环保行为。人类的生活方式与其身处的自然环境息息相关却又充满了爱恨交织的矛盾。人类应该如何与自然环境相处？是要开发自然、战胜自然还是要保护自然、与自然和谐相处？这些都是人类生存的环境态度，并直接影响着人类的环境行为。

18 世纪以来，西方工业革命在给人类未来的美好生活带来"福音"的同时，也不遗余力地用废气、污水、噪声、垃圾等工业废弃物撞响着人类文明的"丧钟"。随着世界经济的不断发展与增长，自然环境持续遭到破坏，水资源危机、生物多样性减少、全球气候变化、森林过度砍伐导致面积萎缩、土地沙漠化、大气污染等世界环境问题凸显。中国作为全球经济发展最快的国家之一，近年来，经济发展与环境保护的矛盾暴露得越来越显著，长江流域白鳍豚的绝迹、淡水资源几乎全部遭到污染、城市垃圾成灾、极端气候变化引发西南五省持续干旱等。与此同时，环境事件频发：松花江大面积污染事件、甘肃儿童血铅中毒事件、三门峡大坝事件等等。21世纪伊始，美国发行量最大的新闻杂志《时代周刊》询问读者："你在新世纪最关心什么？"结果环境问题位居榜首。其后，美国CNN对亚洲包括印度、韩国、日本、中国在内的27000名观众进行电话采访，发现人们关注点上升最快的是环境和健康。①

随着全球环境问题的关注度不断上升，中国政府在1984年将环境保护定为基本国策，之后开始不断在环境保护各个方面加强立法，并于1994年制定了《中国21世纪议程》，积极参与国际环境保护会议，向国际社会承诺中国将承担起环境责任，并采取积极对策应对环境问题。中国的大众传媒近年来也加大了环境新闻的报道力度，长期开设了各种绿色环保类栏目，如中央电视台的《绿色空间》栏目、上海《新闻晨报》的《晨报地球》版、《南方周末》的《绿色》专版等，新媒体更是以博客、微博、绿色论坛、社交网络为平台和载体传播各种环境信息，并呼吁积极的环境保护行动。此外，国际和国内环境非政府组织（以下统称环境NGO）在中国得到了较快发展，其环境保护的理念通过大众传媒、新媒体和自身的另类媒体在中国普通民众中不断推广，并且利用大规模的环境倡议运动激发民众的参与行动。在政府、传媒、环境NGO的各方推动和努力下，中国绿色公共领域开始初步成型。

在哈贝马斯（1964）看来，公共领域"首先是指我们的社会生活中的一个领域，某种接近于公众舆论的东西能够在其中形成。向所有公民开放这一点得到了保障……报纸、杂志、广播和电视就是公共领域的媒介"。②绿色公共领域在中国的发展离不开报纸、电视等传统（旧）媒体的打造与建构，与此同时，互联网这个新兴媒体在中国至今已拥有了超过四亿的使用者，并且网民规模每年还在持续增长，新旧媒体的共同发展使环境传播有了开放、稳定而相对自由的平台，就如同欧洲中世纪的咖啡馆、酒吧和沙龙一样，公众通过互联网络的虚拟社区和论坛相聚在一起，就环境问题进行讨论与协商，环境传播因而得以在公共领域日常性地展开，各类传播主体在环境传播的过程中对绿色公共领域的建构与发展施加影响。

---

① Jim Detjen："What is Environmental Journalism?"，北京全国记者协会学术报告，2002年7月。

② 展江：《哈贝马斯的"公共领域"理论与传媒》，《中国青年政治学院学报》2002年第2期，第125页。

目前，环境传播的研究领域已扩展至"环境传播与公共领域"、"环境话语与修辞""媒介与环境新闻""环境决策中的公众参与""社会营销与环境倡议运动""环境合作与矛盾解决""风险传播""大众文化与绿色市场中的自然表征"等多个方面。

从国际上来看，环境传播（Environmental Communication）于 20 世纪七八十年代兴起于美国，之后随着环境研究学科的快速发展，环境传播学在美国的很多校园都开始有了正式的专业和学科。接着，全球两年一次的"环境与传播会议"开始吸引世界各国多学科领域内的学者和专家参与。一个新的环境传播网络（www. esf. edu/ecn）为学者、教师及实践者提供了丰富的在线资源。此外，许多国家开始组织环境传播领域的国际会议，比如 2008 年在英国举行的"现在传播"会议；2009 年在葡萄牙举行的研讨会，名为"媒介与环境——复杂与紧迫之间"；还有近年来一系列环境研究方面学术期刊的出现，如 2002 年发行的《应用环境教育和传播》以及 2007 年发行的《环境传播：自然和文化学刊》《可持续传播国际学刊》等。

随着美国《环境传播：自然与文化学刊》、《环境传播年刊》等学术期刊的里程碑式的问世，以及美国威斯康星大学、北方亚利桑那大学、纽约州立大学等学术机构对于环境传播学科专业和研究项目的持续投入，再加上四大国际最有影响力的传播学会 ICA（国际传播学会）、IAMCR（国际传播研究学会）、AEJMC（美国新闻与大众传播教育学会）、NCA（全美传播学会）都开辟了关于环境传播的主题分会场，环境传播已经成为应用传播学科门类下一个名副其实的分支学科。

美国的环境传播学领域是从多种多样的传播学者群体的研究工作中发展而来的。许多学者都采用了修辞（Rhetoric）的批判工具来研究"荒野"、"森林"、"农田"和"濒危物种"等方面的矛盾争论。被大多数学者认可的最早研究环境传播的学者是美国学者克里斯汀·奥拉维茨（Christine Oravec），她在其论文《约翰·缪尔、约塞米蒂和雄浑壮丽的回应：对保护的修辞学研究》中，她分析了环境保护主义者约翰·缪尔的环境修辞学策略，在呼吁政府保护美国加州的约塞米蒂山谷事件中，约翰将传统意义上的"荒野之地"成功建构成"雄浑壮丽的自然景观"，最终促成政府立法保护并建成了美丽的"约塞米蒂主题公园"。之后，对环境的修辞框架研究也发展到框架的社会性研究层面。环境传播研究领域扩展至包括科学、媒体和工业在应对人类环境健康与安全的威胁中所扮演的角色问题、各种框架形成的社会因素和过程、社会运动和环境传播领域等。

国内环境传播的研究相对起步较晚，专门论述环境传播的相关期刊论文较早以《环境传播的九大研究领域（1938—2007）：话语、权力与政治的解读视角》①为代表，该文简要介绍了国外环境传播的概念及主要研究领域，提出了可供研究的方向。大部分的研究成果集中于环境新闻的报道研究，随着环境 NGO 在中国的不断发展，相关研究也得到提升。对于绿色公共领域的探讨和研究"大众传媒在环境传播中的角色"问题的成果都不太多；研究得比较少，或者说，中国目前环境传播研究较缺乏的领域是关于环境与政治、环境与文化、环境与社会及环境风险议题方面的研究。总的来看，环境传播的相关研究在中国还处于起步阶段，正如中国环境传播学者刘涛所言："环境传播这一概念始终未能引起国内学者'应有的'重视。"②

本书希望比较详细而全面地探讨环境传播这一概念，并进行环境传播与中国绿色公共领域的建构和影响相结合的研究，即在绿色公共领域的建构过程中，各种社会力量如何对环境议题进行架构并传播。在传播学与环境科学领域的交叉点上，本书重在研究环境传播的主体，即普通公众、新旧媒体传播者、环境 NGO、中国政府部门对"自然环境"的客体如何建构与传播，运用了传播学及其相关交叉学科的理论知识与研究方法，对环境传播与绿色公共领域影响互动机制提出了理论创新，并从文化批判的立场出发，对传统大众传媒（统称"旧媒体"）、互联网络媒体（统称"新媒体"）、政府及环境 NGO 的"绿色"话语形态进行分门别类地分析与研究，逐一厘清各话语构成体及其所使用的话语策略是如何构建与影响中国绿色公共领域的。

本书既致力于环境传播的概念引介与理论创新，又致力于将环境传播与中国本土实践相结合，希望为中国政府的环境传播实践提供理论支撑与发展借鉴，希望通过对环境传播与中国绿色公共领域的问题探究，召唤起

---

① 刘涛：《环境传播的九大研究领域（1938—2007）：话语、权力与政治的解读视角》，《新闻大学》2009 年第 102 期，第 97—82 页。

② 同上书，第 97 页。

全社会每一个普通公民都来关心环境议题，探讨和辩论环境问题，认清不同环境问题背后特定的框架和目的，并将人类对待环境的态度推广至人类对待自身的态度，使得人与环境的关系更趋一致与和谐。基于此，本研究主要目的有三：

一、引入环境传播的概念、理论和研究方法，补充和完善国内现存的环境传播研究；结合中国本土的环境传播实践进行理论创新，补充中国本土在全球环境传播研究中的缺失部分，让全球环境传播更趋丰富与多样。

时至今日，环境传播在国外已经成为了一门独立的学科，而且被越来越多的大学采纳为一门重要的课程。2011年9月，中国复旦大学首开先河，设立了中国第一门"环境传播"课程，虽然仅为周末选修课，环境传播毕竟作为一门正式的学科开始进入中国的教育研究领域。但遗憾的是，国内学者还是主要关注大众传媒的环境新闻传播，而环境新闻传播只是环境传播的一个重要方面，国内的环境传播研究样态上主要集中在这一个部分，甚至可以说仅仅停留在对环境新闻报道的单一研究上，环境传播的概念简单等同于环境新闻传播，这有可能将普通民众从环境传播的主体中剥离出来，似乎对环境的传播与交流仅仅是大众传媒和政府的事情，与己无关。这不仅不利于解决已经存在而且十分迫切的环境问题，对于中国未来的环境传播研究也极为不利。因而，将环境传播的概念清晰界定，并对其理论框架、研究方法进行引介与探讨十分必要。

在此基础上，本研究还希望将中国的绿色实践结合到全球环境传播的研究中，这一方面有助于环境传播的本土化发展，进而丰富环境传播的全球化研究；另一方面，环境传播的中国实践是全球环境传播一个不可或缺的组成部分，目前国内对这个部分的研究还比较缺乏，因而，将环境传播与中国实践相结合是本研究的重要创新与首要目的。

二、强调环境传播过程是一个社会建构的过程，召唤社会每一个普通公民都来关注环境议题，通过人与人之间的环境争论和探讨，达到建构环境问题、参与环境决策和改善环境现状的目的。

无可否认，自然、环境是一种物质存在，然而当物质与事件、问题结合起来的时候，生态问题、环境问题就成了被建构的社会存在。环境问题如全球气候变化、水污染、大气污染、酸雨效应、建坝问题等都会涉及大量环境话语的生产，这些话语可能建构出各种各样的环境理念和主张，而这些主张背后，可以追溯到经济、政治或者文化驱动的原因。环境传播因而与人类如何看待环境本身和人与环境的关系问题相关，具有实用的和建构的两种手段和功能，即一方面"环境传播教育、警示、说服、调动和帮助我们解决环境问题"，另一方面"环境传播帮助建构、表征作为我们所理解的主体的自然和环境问题本身"。① 分析环境传播中这些环境问题、观念、主张、诉求语境下的不同动力，剖析环境传播主体的各种话语表征方式、特点及话语的权力关系，有利于理解环境问题的建构过程并增进绿色公共领域的持续和健康发展。

环境传播的社会建构学立场强调社会的每一个成员在环境传播中都扮演着极为重要的传播主体角色，每一个公民对环境问题的探讨、交流与传播对于绿色公共领域的建构都至关重要。本研究主要关涉环境传播与中国绿色公共领域的建构，因而环境传播的各个方面都与每一个公民息息相关。这种环境的社会建构学立场也有助于政府在实践中有效进行环境立法、环境决策及环境外交。

环境需要每一个人来建构和传播，人类通过传播的方式对环境理念和环境主张进行建构、扩散和实践，最终能形成一个作为环境话语空间的绿色公共领域，而该领域的构成和发展也是环境传播不可缺少的一个重要载体，绿色公共领域中所涉及的各种类型的个体和群体，生产出的各种类型的环境话语都将影响到我们生存的环境本身，以及我们如何看待环境与人的关系，因而对这个过程进行研究极有必要。

三、本研究重在阐明环境传播与中国绿色公共领域的关系问题，环境传播的主体要素包括新旧媒体的传播者、环境 NGO、普通社区公民以及政府部门的环境传播者，这些主体对环境的传播都对绿色公共领域形成影响、产生互动。与此同时，本研究呼唤学者将"绿色公共领域"当作一种"环境公共话语空间"的存在来看待。

环境公共话语空间存在的场合是非正式的，形式是多种多样的。参与和卷入的个体及群体可以是每一个普通公民，生产和繁衍的话语是和国家威权话语、技术精英话语相对而言的。本研究将绿色公共话语空间中的符号从形式上分为两大类：语言符号和行动符号。正如 20 世纪著名的修辞

---

① Robert Cox, *Environmental Communication and the Public Sphere*, London：Sage Publications, 2010，pp. 20—21.

理论家肯尼斯·贝克（Kenneth Burke）所言，语言和其他符号不仅诉说，而且行动。[①] 绿色公共领域中的话语不仅诉说着人类对环境的理解、对环境理念不断展开的文化探讨和斗争，同时也促使各种绿色行动产生，包括公民自身的环境保护行动和对环境立法的促进行动，这也恰恰符合环境传播建构和实用的两个功能。

为实现这三个目的，本研究首先对国内外与环境传播相关的文献资料进行搜集与整理，将国外环境传播已有的概念界定、理论框架、研究方法进行引介与综述，同时发掘国内环境传播研究的不足与亟待完善之处；在理论分析与方法创新的过程中，将中国本土有关环境传播的话语实践进行了较详细与全面地分析，从社会建构的立场与视角，考察环境传播与中国绿色公共领域的影响、互动关系。

由于环境传播既具有实用的功能，又是具有建构的功能，环境传播的符号一方面建构问题和卷入讨论，另一方面还召唤行动，进而改变话语力量的权力关系，促进政府的环境立法与决策。研究以下各章就从实用与建构两种功能（着重强调建构功能）、环境公共话语的语言与行动符号两个方面，采用内容分析、案例分析、话语分析、调查访谈等定性和定量研究的方法，结合中国的绿色话语实践来具体分析环境传播与公共领域的关系问题。

第二节　综述及基本理论框架

回顾"绿色"话语的经典，记忆犹新的还是美国生物学家、文学家及环境保护运动的始作俑者雷切尔·卡森（Rachel Carson），早在20世纪60年代初，她就一直认为农业用杀虫剂等化学药物给人类投下了一个"并非吉祥"、"令人担忧的阴影，因为简直不可能去预测人的整个一生接触这些人类未曾经验过的化学和物理作用物的后果"。[②] 她在生态名著《寂静的春天》中写道，"美国公共健康服务处的大卫·普莱士博士说：'我们大家都生活得提心吊胆，害怕某些原因可能恶化我们的环境，从而

---

① Kenneth Burke, *Language as Symbolic Action：Essays on Life，Literature，and Method.* Berkley：University of California Press，1966，p. 366.

② R. Carson, *Silent Spring*, Boston，MA：Houghton Mifflin，1962，p. 188.

使人类变成一种被淘汰的生物而与恐龙为伍。'有人认为我们的命运也许在明显危害症状出现之前的二十年或更早一些时间中就已经被决定了……杀虫剂与环境疾病分布的相关性表现在什么地方呢？我们已经看到它们现已污染了土壤、水和食物，它们具有使得河中无鱼、林中无鸟的能力。人是大自然的一部分，尽管他很不愿意承认这一点。现在这一污染已彻底地遍布于我们整个世界，难道人类能够逃脱污染吗？"

不管此书当时给世界各利益集团带来了多大的争议、抵制与震撼，26年后的 1988 年，卡森的预言多少被言中，"根据美国环保局的报告，全美32 个州的地表水已经被 74 种不同的农业化学药品污染，其中包括除莠剂阿特拉津，而它被认为是人类的潜在致癌物。……每逢春天来临，密西西比河的阿特拉津含量会经常超过饮用水的安全标准。1993 年，整个密西西比河流 25% 的水质都是如此。"①

国内，被称为"中国卡森"的原《人民日报》记者徐刚在 1988 年发出的警世呐喊"阳光下和月光下的砍伐之声，遍布了中国的每一个角落，我们的同胞砍杀的是我们民族赖以生存的肌体、血管，从这个意义上说，中国是一个天天在流血的国家。……伐木者，醒来！"②

20 世纪中期环境传播这一概念虽然还没有被理论性地建构成型，大量和环境相关的话语却已经开始通过杂志、报告文学、公开发行的书籍等形式蔓延开来，这些早期的绿色话语空间有一个共同特点：揭露环境问题。通过犀利的文字将各种环境问题提到公共议程从而引发大众争议。基于此，环境危机是建构的还是现实存在的问题一度成为环境传播学者争论的基本问题。以下将分别论述本研究依据的主要理论基础和框架。

一 环境传播的社会和文化建构：立场、方法、框架

环境传播研究于 20 世纪七八十年代兴起后，在研究立场与方法上一直存在两种路径，即环境的现实主义路径及社会建构主义路径。现实主义派的立场主要从环境现实及环境管理两方面出发，一是强调物质、自然和

---

① 张威：《唤醒公众环保意识的群体——美国环境新闻的轨迹及其先锋人物》，《世界环境》2004 年第 4 期，第 44 页。

② 徐刚：《伐木者，醒来！》，《新观察》1988 年第 2 期，第 8 页。

非社会现象必须被看作具有因果效能的；二则强调应该有可能对它们存在的"现实"做出客观要求。

环境传播的社会建构派研究立场与现实派并不是相对的，但却是有区别的两种路径。首先在立场上坚持"环境是社会建构的概念应该是环境社会学中最为基本的概念"①。这种立场并非否认自然的物理存在，因为"污染是会引发疾病，物种确实濒临灭绝，生态系统不能无限吸收人类施予的压力，热带雨林正在消失"②，但"仅仅因为坚持一些东西是社会阐释的并非意味着它们就不是真的"③，这些环境问题的描述往往基于复杂的社会、经济和政治语境，尤其是当某一环境问题中有许多证据向多种解释开放时，直接将一个可以讨论的环境议题变成显而易见的危机问题，是极其不明智的，事实证明没有绝对的真理可言。

基于社会建构学立场，环境传播的研究采用意义阐释的方法、符号学方法、话语分析方法搭建起一座环境建构学派的理论研究框架。

首先，环境传播的建构学研究承认污染、能源减少和科技失控等环境问题的有效性，但其首要方法和任务不是去记录这些问题，而是解释它们是社会定义、谈判和合法化动力过程中的产物。环境建构派呼吁："社会客体一定是有意义的，而物质客体只有被纳入社会中才有意义，意义可说是区别社会与物质特征的一种方法。"④ 比如火山喷发是一种物理现象，如果其只是发生于偏远的无人荒岛，可能无人论及，但是如果其发生于人群密集的大开发区，且长时间没有喷发历史，那么这种火山喷发就具有了社会意义，需要对其原因、当地地理、人文、经济等因素进行阐释，简单记录这些问题不是建构学派的方法。Kroma 等学者就曾经以农业化学药品广告为例分析了"农药"是如何被建构成"绿色农药"的，在"农药"这个物理存在被冠上"绿色农药"的社会意义之后，环境建构学的方法是解释"绿色农药"是如何具有合法性而被纳入"绿色"市场，强调其

---

① S. Lockie, Social Nature: the Environmental Challenge to Mainstream Social Thoery, In R. White (ed.) *Controversies in Environmental Sociology*, Cambridge: Cambridge University Press, 2004, p. 29.

② J. S. Dryzek, *The Politics of the Earth*: *Environmental Discourse*, Oxford: Oxford University Press, 1997, p. 12.

③ Ibid.

④ S. Sismondo, Some Social Constructions, *Social Studies of Science*. 1993, No. 23, p. 524.

背后的经济因素在环境传播中的建构性动力。①

其次，符号学方法也是环境建构研究的基本理论支撑点。符号包括文字和图像两方面，由能指与所指两部分构成。比如表征气候变暖问题，环境建构学者通过用文字分析北极融冰现象对北极熊的影响，通过大量图片展现全球旗舰物种北极熊的生存危机，来阐释全球气候已经到达了"引爆点"（Tipping Point）。

学者 Greider & Garkovitch 将全球环境变化概念化为一种"景观"类型，通过考察这道景观在符号层面的构造与争斗，研究者不仅在交锋而且被相互整合。这道环境"景观"是多元、多义而开放的，可以应用于社会生活的各个方面。② Sonnett 等学者还通过比较媒体对 2002—2004 年美国亚利桑那州及新墨西哥州持续干旱的报道框架，发现同样是干旱问题，由于媒体在时间和空间上的不同话语建构，干旱背后的社会和政治驱动各不相同，前者强调现存地表水传输系统对公众认识干旱影响及社区卷入的阻碍与矛盾，而后者则侧重基础设施建设及规划过程引发居民水权纠纷的矛盾问题。③

环境现实主义学派曾经批评环境建构主义者，指责其声称所有的环境主张都是有效的，这样将可能导致社会学家不努力在实践中去寻求解决环境问题的方法，因为同样有效的环境主张将所有环境问题放在同一地位，从而失去了积极解决环境问题的动力。④ 因而，学者 Burlingham & Geoff 认为环境的建构方法是危险的，对于环境管理非常不利。比如说研究全球环境变化问题，建构学就会影响到研究者不去关注环境变化的原因、结果和全球环境的改良。⑤

---

① Margaret M. Kroma, et al., "Green Pesticides: A Historical Analysis of the Social Construction of Farm Chemical Advertisements.", *Agriculture and Human Values*, 2003, No. 20, pp. 21—35.

② T. Greider, L. Garkovitch, "Landscape: the Social Construction of Nature and the Environment", *Rural Sociology*. 1994, Vol. 59, No. 1, pp. 1—24.

③ John Sonnett et al, "Drought and Declining Reservoirs: Comparing Media Discourse in Arizona and New Mexico, 2002—2004", *Global Environmental Change*, 2006, No. 16, pp. 95—113.

④ 参见 R. Dunlap, W. R. Catton, "Struggling with Human Exemptionalism: The Rise, Decline and Revitalization of Environmental Sociology." American Sociologist. 1994. Spring, pp. 5—30; T. Benton, "Biology and Social Theory in the Environmental Debate", pp. 28—50 in Redclift and T. Benton, *Social Theory and the Global Environment*. London: Routlege.

⑤ Kate Burlingham, Geoff Cooper, "Being Constructive: Social Constructionism and the Environment", *Sociology*. 1999, No. 33, pp. 297—316.

　　实际上，环境建构学派的符号学方法通过考察环境符号维度，揭示出环境变化问题中意义协商与争夺的过程，在此过程中，环境问题的原因、结果都被纳入符号与意义的斗争中，建构出各种环境问题中人类对自然不同大小、方式的影响程度。建构学派承认自然环境的影响力是不容忽视的，但大众需要探讨的是这种影响力的大小和方式是如何被建构的。[1] 问题的影响大小存在"紧迫的环境问题会引起强烈的关注"之说，"大量证据表明，被大众高度关注的环境议题并不是那些被很好记录下的或是实际影响最大的现实问题，而是被某些组织或机构最有效地推至公众意识中的问题"。[2]

　　此外，学者 Capek 曾以美国得州一个反对居住地被污染，主张"环境正义"的抗议运动为例，认为关注运动的符号维度非常有效，因为符号往往能成为实际行动的重要来源。[3] 如何在环境倡议运动中成功架构所主张的环境理念至关重要，这可能会极大地影响到运动的过程和结果。对各种环境问题和环境理念采取建构学的方法，可以帮助公众更好地理解环境本身，从而理解某些环境危害的重大影响，并采取相应行动。这种对环境的文化概念框架及价值理念的建构性考察反而有利于促进政府的环境政策制定和立法。

　　再次，从话语分析的方法来考察环境问题也是环境建构学派经常使用的。探讨一个与环境相关的问题，建构派不仅要从环境文本本身来分析，还要从社会、文化、政治因素来考察。对于社会建构派来说，他们并不否认环境风险存在着客观性，比如20世纪70年代国际环境NGO——"绿色和平"在海上的护鲸行动，但此环境保护的话语实践中，政治语境的考察十分重要。当时该行动之所以成功并被西方世界高度推崇，促使保护鲸鱼的相关法律制度出台，导致了社会变迁，是由于当时正处于美苏冷战时期，"绿色和平"组织护鲸的话语实践使得苏联野蛮、不文明、破坏性的

　　[1]　John Hannigan, *Environmental Sociology*, London and New York: Routledge, 2006.

　　[2]　S. Yearley, "The Social Construction of Environmental Problems: a Theoretical Review and Some Not-very-Herculearn Labors", in R. E. Dunlap, F. H. Buttel, P. Dickens and A. Gijswijt (eds.). Sociological Theory and the Environmental: Classical Foundations, Contemporary Insights. Lanham, MD: Rowman&Littlefield, 2002, p. 276.

　　[3]　S. Capek, "The 'Environmental Justice' Frame: A Conceptual Discussion and an Application", *Social Problems*, 1993, No. 40, pp. 5—24.

形象得以凸显。

　　对环境问题从社会、文化、政治、经济等维度进行建构性考察，是环境传播的重要方法，这种研究框架并非如环境现实派所言，即建构派所认为的环境问题都是建构的和具有不确定性的，这极易为那些出于自私的经济和政治原因驱动的利益团体所利用，成为破坏环境的正当策略。① 相反，对各种社会因素的考察与对各种意义进行开放，反而有利于有效的环境规划与立法。如学者 Cantrill 等在文章中分析，由于自我归属感在人类对待环境的关系中有着非常重要的地位，因而政府在制定环境政策的时候如果事前将当地人的文化建构因素考虑在内，将会有利于促进环境立法。② Wu 则对中国环境政治方面的国内外研究进行了综述，总结出"国家和环境管理、公众意识和环境社会活动、环境外交和国家关系"三方面的研究领域，建构出环境和政治的关系图景。环境建构主义的方法与框架为环境传播提供了多维视野和多样化的研究领域，也成为本研究的重要理论工具和分析基础。

二　环境传播中的修辞策略：隐喻（metaphor）和视觉图像（visual image）

　　环境传播中，环境问题如何被建构，哪些环境问题更需要急迫解决，环境风险如何被建构，环境倡议运动中环境主张的提出如何吸引公众注意、提升公众环境意识，"环境正义"如何成为中心议题，都可以从修辞学的方法或策略中找到理论轨迹。

　　修辞学研究可以追溯到古希腊时代的亚里士多德（Aristotle），他在《修辞学》中针对当时市民演讲的艺术，把修辞定义为"研究任何情况下说服的可能手段和方法的一门学科或一种能力"。③ 这种修辞的艺术不是简单的技巧运用，而在于去挖掘和发现既定情态下可得到的资源从而达到说服的能力。这使我们注意到，修辞学强调去发现和利用可以说服别人的

① 参见 John Hannigan, *Environmental Sociology*, London and New York：Routledge，2006。

② James G. Cantrill, Susan. L. Senecah, "Using the 'Sense of Self-in-place' Construct in the Context of Environmental Policy-making and Landscape Planning", *Environmental Science&Policy*. 2001, No. 4, pp. 185—203.

③ J. A. Herrick, *The History and Theory of Rhetoric：An Introduction*, Boston：Pearson, 2009, p. 77.

资源去达到影响别人或者影响事件的目的。环境传播中，隐喻修辞和视觉图像修辞是比较重要的两个方面，这两种策略也成为本研究的重要方法和手段。

隐喻是语言诗学功能中一个重要的修辞形式，罗曼·雅各布森（Roman Jacobson）将隐喻和转喻看作是诗学分析的基本模式。文学语言强调语言本身的特征，是对语言的配置、组合和加工，是对日常语言的扭曲和变形。他认为人们对语言的选择具有相似性和隐喻特征，在对语言符号的组合过程中具有毗连性和换喻特征。传播学者李岩指出，"隐喻是一个词（能指）以一种破除老套、非字面意义的方式，应用到一个目标物或者动作（所指）之上，它强调能指与所指的相似（对应）关系"。① 在环境话语中，隐喻是一个很重要的修辞手段，因为我们经常自己会说或者从大众传媒中听说"大自然母亲"、"生态平衡"、"生命之网"、"绿色水库"、"食物链"、"环境正义"等名词，它们把大自然比作母亲，把生命世界看作牵一发而动全身的网络。又如记者徐刚把自然环境的一草一木比作"肌体"、"血管"等，这些都是隐喻，这种用隐喻来建构、说服、传播环境理念和主张的手段，功能在于通过"以此说彼"来进行比较说服。

罗伯特·考克斯（Robert Cox）指出某个环境议题或问题对公众的认知影响经常是和不同种类的隐喻相联系的。隐喻种类指的是"言语所拥有的与众不同的特征以与其他言语相区别的形式和类型"。② 比如20世纪80年代末中国出现的一批揭露环境问题的文学及新闻作品中，除徐刚的《伐木者，醒来！》外，张健雄《崩溃的黄土地》、沙青《北京失去平衡》以及《中国青年报》记者就大兴安岭火灾采写的一系列报道《红色的警告》、《黑色的悲哀》、《绿色的咏叹》等，这些文字对人类滥挖、滥砍、滥牧、滥垦等行为给大自然造成的灾难性后果进行了描写，类似于《寂静的春天》，都可归属于"环境悲歌"类的隐喻修辞。

和这些隐喻运用相关的是环境理论建构下有差异的意识形态，包括科学、工业、政府和非政府组织等团体利益的语境。比如医疗机构看来普通的"医疗垃圾"可能被周围居民视为"毒垃圾"；政府认为正常的"人口

---

① 李岩：《媒介批评：立场、范畴、命题、方式》，浙江大学出版社2005版，第28页。

② K. H. Jamieson, J. Stromer-Galley, "Hybrid Genres". In T. O. Sloane (Ed.). *Encyclopedia of Rhetoric* (pp. 361—363). Oxford, UK: Oxford University Press, 2001, p. 361.

增长"可能被人口学家定义为"人口爆炸"等。了解隐喻在环境传播中的实用和建构功能有助于理解各种环境概念、主张和事件的前因后果，在此基础上，普通公众也可以更全面地理解各种环境纠纷、问题、风险的实质，从而更清晰地表达自身对环境的主张、参与环境辩论从而在绿色公共领域的建构中建言献力。

　　视觉图像的修辞法也是环境传播中一个常用的策略。早在18、19世纪，表现美国西部风光的油画及照片就影响着美国人的环境认知。以后，各种各样的表征环境的图片，包括洪水、生物多样性、森林过度砍伐（见图1－1）、北极融冰、水污染等题材不一而足。

　　图1－1　2009年11月，名为"幽灵森林"的艺术展在伦敦中心的特拉法加广场展出，十棵被砍伐的树墩从非洲加纳运到英国伦敦，艺术家 Angela Palmer 将这些珍贵树木的残端作为"气候变化"的隐喻呈现在公众眼前，她说："缺失的树木部分，意味着持续的森林砍伐已经使得世界失去了赖以呼吸的肺。"加纳在过去50年已经因为乱砍滥伐而丧失了90%的雨林。

　　　资料来源：Art Galleries 以及英国卫报网站。

　　考克斯认为视觉图像有三个方面的功能：一是激发人们对自然的各种态度；二是帮助架构某个环境问题的整个事态；三是加大某个已被定义为环境问题的紧急程度。[①] 比如那只在融化的冰河中奄奄一息的北极熊（图1－2）。2005年初，科学家们发现由于气候变暖，北冰洋出现了大量

　　① 　Robert Cox, *Environmental Communication and the Public Sphere*, London：Sage Publications, 2010, p. 67.

融冰，造成北极熊赖以生存的环境遭到破坏，北冰洋的融化使得它们不得不游很长的距离才能找到浮冰栖息，这直接导致它们或被海浪吞没或经常处于体温过低状态而濒临灭绝，奄奄一息的北极熊已成为全球气候变暖的浓缩性的符号。它迫切呼唤大家都来关心北极熊的生存状态和正视全球气候变暖的危机。

图 1 - 2　奄奄一息的北极熊如今已经成为了人类表征全球变暖的浓缩符号

资料来源：NRDC（Natural Resources Defense Council）官方网站 http：//www. savebio-gems. org/polar/。

Olson 等学者观察到，公共图像常常以修辞的方式运作，其功能在于说服。[①] Hawee & Messaris 回顾了图像修辞的历史和功能建构，早在欧洲文艺复兴时期，艺术家们就用油画的表征方式对公众进行说服。[②] 其说服的主要目的在于"打动观看者，以及通过油画的表述方式引起观看者情感的共鸣，最终煽动他们采取符合道德的行为"[③]。这个目的通过三种视图策略达到：一是画中的人物不仅完成画中赋予的动作，同时还展示出与观看者的情感共鸣（比如画中圣母玛利亚在十字架旁一边指着自己的儿子一边将眼光朝向观看者）；二是用透视法创造一种想象的真实空间，吸引观

①　参见 L. C. Olson, C. S. Finnegan, D. S. Hope, *Visual Rhetoric：A Reader in Communication and American Culture*. London：Sage Publications, 2008。

②　参见 D. Hawhee, P. Messaris, "Review Essay：What's Visual about 'Visual Rhetoric'?", *Quarterly Journal of Speech.* 2009, Vol. 95, No. 2, pp. 210—223。

③　C. V. Eck, *Classic Rhetoric and the Visual Arts in Modern Europe.* Cambridge：Cambridge University Press, 2007, p. 55.

看者也想进入；三是使用各种各样的错视画派工具创造一种在油画及真实空间（经常是教堂）的连续性想象。这些视觉策略通过图像修辞比文字更能博得观看者对自身生活现状的认同感。① 现代的媒体视觉技术比中世纪当然更加突飞猛进，一些幻觉设备包括 3D 技术的使用，使得传受之间情感的嵌入式（build-in）建构以及说服的达成有了更多的共同点，从这个意义上来说，图像似乎比文字更能产生情感共鸣。

同时，视觉图像表征还具有多义性和开放性，也正因如此，对环境表征的图像就有可能被误读。当 2005 年底，中国第二大淡水湖洞庭湖被大片大片的杨树环绕时（见图 1 - 3），光从图片看，普通民众可能感受到自然之美，而造纸厂读到的是商业利润，环境保护主义者却看到了生态危机，因为杨树对于洞庭湖生态系统来说属外来物种，威胁生态平衡②。因此，"只有将文字和图片融合在一起才能克服其各自在揭露和解释世界相关方面的局限"。③ 视觉图像修辞与环境公共领域问题近年来越来越成为学界研究的热点。

三　环境政治："以言行事"的符号、话语和权力关系

符号、话语、权力关系三个概念及相关理论在环境传播的研究中非常重要，三者各有研究侧重，理论庞杂。简单来理解，可以用意义、话语实践与社会文化实践三个方面的侧重点来分别概括，以下具体考察与论述了这三个概念的相关理论知识。

符号学重视意义的获得与交换，与环境相关的文字、图像、语言等符号，所履行的不仅仅是信息性功能，更重要的还有互动性功能，既强调"语言在'内容'表达中的作用"，即用来表达命题和传达信息，又注重其"表达社会关系与个人态度"、"建立和维持社会关系"。④

瑞士语言学家索绪尔认为任何一个符号都是由能指与所指构成。能指是符号的物质形式，由声音—形象两部分构成。这样的声音—形象在社会

---

① D. Hawhee, P. Messaris, "Review Essay: What's Visual about 'Visual Rhetoric'?", *Quarterly Journal of Speech.* 2009, Vol. 95, No. 2, p. 56.

② 参见谭剑《百万杨树吞噬"长江之肾"洞庭湖》，《经济参考报》2005 年 5 月 23 日。

③ A. G. Gross, *The Rhetoric of Science.* Cambridge, MA: Harvard University Press, 1996, p. 62.

④ 参见 G. Brown, G. Yule, Discourse Analysis., 外语教学与研究出版社、剑桥大学出版社 2000 年版影印本. pp. 1—3.

图1-3　洞庭湖区内的外来物种杨树不仅影响泄洪，更毁灭着洞庭湖脆弱的原生态系统

资料来源：东洞庭湖自然保护区姚毅摄。

的约定俗成中被分配与某种概念发生关系，在使用者之间能够引发某种概念的联想。符号学家艾柯将符号定义为：在既定的社会成规下形成，能以某个事物代替其他事物，就是符号。在这个意义中，符号包含了符号本身和它的文化因素。皮尔斯按照符号和其对象的关系，将符号分成象征的、图像的、指示的三类，考察使其成为该种符号的方式。①

　　符号学家罗兰·巴尔特则从意义构成的过程出发，将符号赋予"神话"性，将能指/所指转化为直接意指/含蓄意指两部分，揭示了意义生成、交换与共享的不断流转方式。语言因而有了建构一切事件的权力。比如"大禹治水"，其直接意指的一种以"疏"代"堵"的环境治理方式，如今已成为积极合理的教育方式的"神话"，可适用于任何领域。这些符号学知识成为笔者在下文探讨国内外关于环境的"绿色"与"红色"理念的重要理论依据。

　　修辞学家肯尼斯·贝克认为，我们的语言和其他符号不但"说"事情而且"做"事情，即使是非感情的语言也是有一定说服力的。② 这种

① 李岩：《媒介批评：立场、范畴、命题、方式》，浙江大学出版社2005年版，第16—15页。

② Kenneth Burke, *Language as Symbolic Action*: *Essays on Life*, *Literature*, *and Method*. Berkley: University of California Press, 1966, pp. 360—379.

"以言行事"的理念与 20 世纪中期英国语言哲学家奥斯汀及其学生美国语言哲学家约翰·塞尔（Searle）的"言语行为理论"（Speech Act Theory）不谋而合，即强调语言的意义在使用中，"言语不仅仅用来指称事物；它实际上做出某种行动"。① 也就是说"说话即做事……说一种语言就是从事一种由规则支配的行为方式"②。

奥斯汀（Austin）从行为的角度研究语言，提出了著名的言语行为理论，考察对一个完整的言语行为如何进行分析，他认为人们说一句话至少要完成三种行为之一种：（1）言内行为（Locutionary Act）：是指说话行为本身，就是通过句法、词汇和语音表达字面意义的行为。③ 比如国际环境 NGO "绿色和平"组织（Greenpeace）告诉我们："在中国，每年有 380 万棵大树被做成一次性筷子，它们只使用一次就被随意丢弃，每 10 秒钟，就有一棵绿树因此倒下。"④ 这句话有语音和语法，有能指和所指共同产生的意义。（2）言外行为（Illocutionary Act）：是通过说话来做某事，向每一个普通公民发出行动指令。⑤ 如：拒绝使用一次性木筷！（3）言后行为（Perlocutionary Act）：是指说话人说的话对听话人产生的影响，是取得效果的行为。⑥ 如公众最终停止使用一次性木筷。

塞尔进一步补充和完善了言语行为理论，认为"任何话语都带有言外之力，话面意义和说话用意（言外之力）是同一个事物的两个方面；认为每个以言表意的行为都是以言行事的行为⑦"。前述"绿色和平"组织的说法不会只出现话面意义的时候，而是任何时候都具有言外之力。

在环境传播中，言语行为表现在各个方面，这种召唤环境行动的符号

① ［美］斯蒂文·约翰：《传播理论》，陈德民、叶晓辉译，中国社会科学出版社 1999 年版，第 151 页。

② J. R. Searle, *Speech Act.* Cambridge：Cambridge University Press，1969，p. 22.

③ J. L. Austin, *How to Do Things with Words.* 外语教学与研究出版社、牛津大学出版社 2002 年版影印本，pp. 94—108。

④ 参见绿色和平组织官网，"筷子森林"行动主页：http：//act. greenpeace. org. cn/kuaizi/。

⑤ J. L. Austin, *How to Do Things with Words.* 外语教学与研究出版社、牛津大学出版社 2002 年版影印本，pp. 94—108。

⑥ 顾曰国把三者翻译为说话行为、施事行为、取效行为，也有翻译为语意、语旨、语效的，本书采用小约翰著《传播理论》一书中的译法，同时也参照胡春阳著《话语分析：传播研究的新路径》一书观点。

⑦ J. R. Searle, *Speech Act.* Cambridge：Cambridge University Press，1969，p. 24.

包括具有独特作用的语言、艺术、摄影、街头游行甚至是科学报告，通过这些形式，语言不仅诉说环境问题，最重要的是召唤环境保护行动。符号的行动或互动功能在绿色公共领域中表现为：一方面卷入他人来讨论、置疑环境意义、理念和问题，另一方面唤起绿色公共领域中的普通公众实施言后行为，即采取环境保护行动。比如通过传播云南干旱的环境信息以及展示当地人受持续缺水影响所遭受到的灾难图片（图1-4），普通公众一边踊跃讨论干旱的各种原因（比如极端气候变化、雨水太少、树木砍伐严重导致水土流失等），还会一边自发捐款捐物，并且在日常生活中联想到云南灾区的缺水而下意识地节约用水等。

我们从朋友、网络博客、微博、微信、新闻媒体、人人网、开心网或者facebook、U-tube以及电影电视中接收到大量的环境图像和信息，这些符号不仅极大地影响了我们对环境的认知，同时其言外之力也呼唤着我们实施行动。"绿色和平"组织曾发起过以"拯救鲸鱼"为主题的名为"头脑炸弹"（Mind Bomb）的图片征集活动，通过网络向每一个公民（包括专业的和非专业的）寻求有关鲸鱼的照片，就是利用各种各样有视觉冲击和行动诉求的摄影图片，影响普通公众的环境保护意识、引发实际的环境保护行动，并最终促进政府立法。中国著名的环境纪实摄影家卢广、热爱自然环境题材的摄影师奚志农等都是通过摄影图片所带来的情感震撼，一方面揭露性地报道中国的环境问题，另一方面以言行事，呼吁政府部门加强环境立法，呼唤普通公众用实际行动保护自己生存的地球环境。

图1-4　2010年3月，一位老汉坐在云南省罗平县九龙镇干涸的牛街河水库库底。曲靖市罗平县是云南最大的油菜种植基地，2009年以来的特大干旱却让这里40多万亩油菜花几近绝收。

资料来源：网易新闻云南干旱图片。

　　环境符号如何能有效发挥既"说"还"做"的功能，关键在于符号的建构者如何将一系列与环境相关的概念和理论加诸到问题中，同时"通过考察这些问题的实际语境来分析该环境议题如何影响政府决策"。① 这就涉及到环境话语及权力关系的政治学方面。

　　谈到话语，福柯（Foucault）用"话语"表示"一组陈述，这组陈述为谈论或表征有关某一历史时刻的特有话题提供一种语言或方法。……话语涉及的是通过语言对知识的生产。但是，……由于所有社会实践都包含有意义，而意义塑造和影响我们的所作所为——我们的操行，所以所有的实践都有一个话语的方面"②。语言学家费尔克拉夫（Norman Fairclough）也强调"话语与社会结构存在一种辩证关系"，话语是被社会结构所构成，并受到其限制，同时，话语不仅仅是表现世界的实践，而且在意义方面说明世界、组成世界、建构世界。③ 费尔克拉夫和福柯都注意到话语的实践，这种实践不是使用话语表达意义的实践，而是指话语建构意义以及建构世界的实践。因此，话语的实践以一种权力关系的形式运作。

　　在福柯眼里，权力不是宏观层面由上至下运作的唯一直线，而是一种相互交错的网络，"权力以网络的形式运作，在这个网上，个人不仅流动着，而且他们总是既处于服从的地位又同时运用权力④"。个人既可能是权力的实施者，又可能是权力的支配和控制对象。因而，"权力不应被看作一种所有权，而应被称为一种战略；它的支配效应不应被归因于'占有'，而应归因于调度、计谋、策略、技术、动作⑤"。在这一点上，葛兰西的霸权理论与福柯比较接近，他认为"意识形态斗争是诸种斗争之一种，赢得其他集团的赞同或取得优越性——霸权是权力斗争的关键。文化霸权的取得不单靠统治阶级的外部强制力，更主要的是靠一种让人不易觉

---

　　① Stephen, Hopgood, *American Foreign Environmental Policy and the Power of the State.* Oxford: Oxford University Press, 1998, p. 265.

　　② ［美］斯图尔特·霍尔编：《表征：文化表象与意指实践》，徐亮、陆兴华译，商务印书馆 2003 年版，第 44 页。

　　③ ［英］诺曼·费尔克拉夫：《话语与社会变迁》，殷晓蓉译，华夏出版社 2003 年版，第61 页。

　　④ ［法］米歇尔·福柯：《规训与惩罚》，刘北成、杨远婴译，三联书店 1999 年版，第 28 页。

　　⑤ 同上。

察的社会价值共识来使某种观念获得一致赞同①"。由此可知，霸权绝不是某种被特定集团占有或强加的"东西"，而是一种策略性的"关系过程"。②雷蒙·威廉姆斯（Raymond Willams）认为，霸权就是人们日常生活实践的矛盾过程，在这个过程中，文化的共享现实和常识被建构、更新和改变。因而，在某种给定的社会形态中，没有霸权中心，有的只是各种各样的霸权节点，而霸权话语只能存在于与竞争或敌对话语之间的对抗和交锋中。③

DeLuca强调视觉图像话语就是一种意识形态的霸权政治，图像激发出来的审美规范充满了政治性的一面，同时图像对意义的争夺也取决于不同时期的社会、经济和历史语境（Context）。比如1975年"绿色和平"组织与苏联大型捕鲸船之间的正面交锋图片（见图1-5）曾引起媒体的大量报道和全球关注。"交锋中，绿色和平成员驾驶的橡皮艇迅速插入，从中阻挠捕鲸过程。其中有一艘橡皮艇直穿海浪，挡在了一艘捕鲸船的前面。只听一声巨大的断裂声，一枚装有炮弹的鱼叉擦着绿色和平行动者的头皮飞了过去。鱼叉扎入距离橡皮艇仅几英尺的海水中，径直刺进了附近一只鲸鱼的后背。"④这场交锋既是工业话语与环境保护话语的斗争，也是在当时美苏冷战的历史和政治语境下，东西方之间"文明与野蛮"等冷战话语的意义争夺战。这幅画面成了拯救鲸鱼的经典画面。之后，国际捕鲸委员会投票决定无限期中止商业捕鲸。此外，我国纪实摄影家卢广的一系列长江"水污染"照片（图1-6），也是在用环境保护话语与"牺牲环境是发展的代价"等工业话语进行斗争的霸权过程，之后引起国家环保总局的关注，促使一大批污染性极强的厂矿企业被关闭。

借助一定的历史语境，通过媒体进行话语的霸权争夺过程，还经常表现在普通公众或者环保主义者的日常环保实践或"环境正义"行动中，如厦门的集体"散步事件"，南京的"法桐保卫战"等。这些话语实践直

---

① 参见胡春阳《话语分析：传播研究的新路径》，上海人民出版社2007年版，第150页。

② Kevin Michael DeLuca, *Image Politics：the New Rhetoric of Environmental Activism.* London and New York：Routledge, 2009. p. 93.

③ E. Laclau, C. Mouffe, *Hegemony and Socialist Strategy：Towards a Radical and Democratic Politics.* London：Verso, 1985, pp. 135—139.

④ 参见绿色和平组织官方网站，"拯救鲸鱼行动"，2009年10月19日发布，资料取自2011年5月19日，网址：http：//www. greenpeace. org/china/about-old/people/ships/save-whales/。

图1-5 1975年，绿色和平组织成员驾驶橡皮艇插入苏联大型捕鲸船与鲸鱼之间，捕鲸鱼叉从队员头上擦过，径直叉入前方的鲸鱼后背。

资料来源：绿色和平（中国）官方网站。

图1-6 "伤痛与希望"：卢广长江水污染系列摄影展图片，左图后是密集的污染企业；右图拍摄了太仓杨林港渔村的晚上，多家工厂还在继续轰轰作业。

资料来源：腾讯网。

接导致了社会文化变迁。

四　媒体的环境传播：新闻运作的框架分析及相关理论

美国大众传播学教授 Corbett 曾经和她以前的记者同事打赌，说她可以将"本地新闻版"的任何一篇报道改写为环境故事，结果她赢了这个赌注。毕竟，几乎所有的新闻故事都和大气、水、能源、食品、纸张或树木、矿物质或金属、土地使用、动物等环境因素有所牵连。这个故事告诉我们，新闻可以有不同的写法，通过不同的角度，整合不同新闻事实片断，从而生产出可以放在不同版面的新闻，也可以将"软"新闻和"硬"新闻重组置换。这些角度、重组或构造法就是社会学家及大众传媒学者热议的"框架"。媒体的环境传播实践也遵循各种不同的框架。

李普曼（Walter Lippmann）在《舆论学》一书中分析，我们身处的环境太大、太复杂，我们无法处理和应付如此繁杂混合的世界，然而我们必须身处环境中，因此我们只能重建一简化的模式以便管理。[①] 在环境报道中，由于新闻工作者大部分都不是环境专家，因而其新闻来源往往都离不开政府部门、环境科学专家、网络数据库等不同方面，环境新闻记者将环境科学知识进行简化及主观框架来向公众传播环境信息并不少见。

社会学家欧文·戈夫曼（Erving Goffman）定义框架就是人们用来理解现实的认知地图和释义模式。媒介框架正是通过联系旧的熟悉的理念和假设，帮助人们处理新问题和新体验。[②] Corbett 也分析了环境新闻框架的种类和特征，指出环境新闻报道的5W模式、"倒金字塔"写法就是一种框架，环境关键词的运用、隐喻和视觉图像等修辞的运用也都是框架。[③]

恩特曼（Entman）认为，框架包含了选择和凸显两个作用，媒体通过突出某一方面、削弱其他方面来构架新闻，从而将读者的注意力导向被突出的部分。[④] 塔奇曼（Tuchman）考察了美国电视的新闻中心对新闻作品的日常生产、新闻事实网的建构与流通、新闻消息的来源及媒体如何报道妇女运动的整个过程，认为"新闻是建构的现实"[⑤]，"新闻就是作为框架"[⑥] 而存在的社会资源。简单地说，新闻框架就是选择和排列生活客观

---

① ［美］沃尔特·李普曼：《舆论学》，林珊译，华夏出版社1989年版，第1—3页。

② Erving Goffman, *Frame analysis：An essay on the organization of experience.* Cambridge，MA：Harvard University Press，1974，p. 156.

③ Julia B. Corbett, *Communicating Nature：How We Create and Understand Environmental Messages.* Washington：Island Press，2006，pp. 121—133.

④ R. M. Entman, "Framing：Toward Clarification of a Fractured Paradigm", *Journal of Communication*，1993，No. 43，pp. 51—58.

⑤ ［美］盖伊·塔奇曼：《做新闻》，麻争旗等译，华夏出版社2008年版，第173页。

⑥ 同上，第30页。

事实的主观活动，因为正如吉特林（Gitlin）所言："媒介不是社会被动的反光镜，而是不停移动的聚光灯。选择是媒介行动的工具。一个新闻故事采用特定的框架并且拒绝或者淡化不符的资料。一个故事就是一个选择，一种观察事件的方式，也是我们从视线所及处进行筛选的方法。"①

恩特曼的"选择与突显"、塔奇曼的"选择和排列"以及吉特林的"聚光灯"隐喻都强调了媒体在新闻报道方面的框架运作。比如国内外媒体对近年来长江中下游流域多省份持续干旱的环境报道，境外媒体如CNN、美国之音广播等，往往将报道的"聚光灯"投射在"长江三峡大坝"当年的建设争议上，三峡大坝的负面影响被"选择与凸显"出来，即将气候变化的原因选择性地归结于三峡的建成，强调和凸显三峡对长江中下游生态环境的负面作用，将"水汽输送条件不足"等原因排列于报道中不显眼的位置，即淡化其他原因；境内媒体如《人民日报》、新华社报道等，则往往淡化处理"长江三峡大坝"的负面原因，而选择将"东部大气环流系统异常"、"冷空气活动显著"等原因突出于报道中。新闻把关者的这种主观性"选择与排列"就形成了有差异的气候报道框架。

恩特曼还认为媒介框架具有"问题定义、因果解释、道德评估，以及处理方法"四个功能。在对美国新闻中呈现的"冷战"框架这一事例的分析中，恩特曼用框架栖息的四个场所来阐释名词性框架的含义，他认为"框架在新闻传播过程中至少有四个栖息地，即传播者、文本、受众和文化"②。通过一系列的动词"框架"过程，如价值观的影响、字词的挑选和运用、文化的储存等，这四个框架的栖息地能够呈现出各自不同的名词"框架"类型。③ 本书下文在对新旧媒体的环境传播研究中，媒体对长江中下游的气候报道、日本核泄漏及中国"盐荒"报道、环境灾难报道的案例分析都基于新闻框架理论。

值得强调的是，不论是以报纸、杂志、广播电视为主的传统媒体（旧媒体），还是通过互联网技术，以手机、电脑、手提设备为中介的新媒

---

① T. Gitlin, *The Whole World is Watching*: *Mass Media in the Making and Unmaking of the New Left*, London: University of Califarnia Press, 1980, pp. 49—51.

② Ibid., p. 52.

③ R. M. Entman, "Framing: Toward Clarification of a Fractured Paradigm", *Journal of Communication*, 1993, No. 43, pp. 51—58.

体，其在新闻生产和制作的流程中，都始终遵循着以及时、新鲜、反常为主的新闻价值框架以及围绕"事件"进行报道的新闻框架。新闻传播学者 Anderson 分析，环境新闻报道经常是以"事件"为中心进行叙述，充满了强烈的视觉元素，而且总是试图符合 24 小时新闻不间断报道的日常模式。① 比如朱亚、王新杰在对《人民日报》关于室内环境污染的报道研究中发现，媒体对室内污染的报道与国家法律的颁布及污染事件的故事性紧密相关。2003 年之所以成为环境室内污染报道的高峰，是因为 2002 年室内装修导致公民健康受损的事件频发，当年 10 月国家又酝酿出台室内空气污染标准，新闻在这方面的关注度才不断强化，而实际上从 20 世纪 90 年代初科学界在这方面的研究早就已经开始。②

又比如 2005 年松花江污染事件发生之前，中国淡水污染其实已经非常严重，但媒体鲜有报道，直到松花江污染事件这一恶性生态破坏事件爆发后，由于其故事性、图片的视觉冲击及国际国内影响都很大，使得新闻价值迅速凸显，之后中国水污染报道才逐渐增多。中国学者徐艳旭也有类似发现，2008 年是《人民日报》报道环境新闻数量较少的一年，因为所有版面几乎都留给了四川汶川大地震这一震惊国内外的灾难事件。③ 因而，环境"事件"往往构成了环境报道的中心，这种"事件型"报道框架极易导致环境报道成为环境灾难报道，因为环境事件往往意味着环境灾难，比如松花江污染、汶川地震、日本地震及核泄漏等。

新闻框架直接影响和左右公众对环境的认知度和行为态度。比如 Liu 等学者根据中国零点调查机构对北京、上海等十个大中城市的居民进行的环境态度和行为调查，发现 80% 以上的被调查者都从电视、报纸和杂志上获取环境信息并且也愿意在有环境投诉时寻求媒体帮助。④ 大量研究表明，大众传媒在进行环境传播的过程中对于公众的环境认知及舆论影响方

---

① Alison Anderson, *Media, Culture and the Environment*, London：UCL Press, 1997, p. 117.

② 参见朱亚、王新杰《环境新闻与环保预警——以〈人民日报〉室内环境污染报道为例》，《青年记者》2008 年第 21 期，第 26—27 页。

③ 参见徐艳旭《人民日报 30 年环境新闻报道分析》，《青年记者》2009 年第 6 期，第 40—41 页。

④ John Chung-en Liu, A. A. Leiserowitz, "From Red to Green—Environmental Attitudes and Behavior in Urban China". *Environment*. 2009, No. 51, pp. 32—45

面起着重要作用。① 而且学者 Protess 等通过分析芝加哥大学里的有毒废弃物或有毒垃圾的电视系列报道，还发现美国的电视环境纪录片可能对政策制定者的影响比对普通公众的影响更大。② 由于受众的个人生活经历、文化价值观、受教育程度等不同因素的影响，他们对各自的环境新闻文本的解码方式会有所差异，作者文本和读者间产生如霍尔（Hall）所说的"主导——霸权式、协调式、对抗式三种解码地位"③。因而，受众对环境新闻的记忆和消化都是有选择性的。

比较一致的观点是，大众传媒对受众的影响只停留在对环境认知的浅层次上，能否形成积极的环境态度并采取相应的环境行动，还有待更多证实和研究。国际传播学界针对受众的"态度——行为沟"研究方面也有一些成果，通过将"社会规范"整合到环境倡议和媒体报道信息中，受众认知和行为会发生更大的改变，比如向受众传达"别人在做同样的事情"这个认知，利用受众心理效应比简单呼吁改变能更大地影响其行为。④ 国内传播学界在环境新闻的受众效果研究方面尤其不足，还有极大的需要补充研究的空间。本书在研究环境 NGO 的媒体传播策略，以及环境倡议话语通过媒体传播对受众认知及行动的影响方面，借助了以上受众效果研究理论。

五 环境风险传播：一种建构绿色公共领域的方法

1986 年，德国社会学家乌尔里希·贝克（Ulrich Beck）首次在其影响巨大的论著《风险社会》中提出用"风险社会"的概念来描述后工业社会，"我们身处其中的社会充斥着'组织化不负责任'的态度，尤其令人

---

① 可参见 T. Antwater, M. B. Salwen, M. B., R. B. Anderson, "Media agenda-setting with Environmental Issues", *Journalism Quarterly*. 1985, No. 62, pp. 393—397; H. B. Brosius, H. M. Kepplinger, "The Agenda-setting Function of Television News", *Communication Research*. 1990. Vol. 17, No. 2, pp. 183—211; J. W. Parlour, S. Schatzow, "The Mass Media and Public Concern for Environmental Problems in Canada 1960—1972", *International Journal of Environmental Studies*. 1978, No. 13, pp. 9—17。

② D. L. Protess, et al., "The Impact of Investigative Reporting on Public Opinion and Policymaking: Targeting Toxic Waste", *Public Opinion Quarterly*, 1987, No. 51, pp. 166—185.

③ 李岩:《媒介批评：立场、范畴、命题、方式》，浙江大学出版社 2005 版，第 143—145 页。

④ V. Griskevicious, R. B. Cialdini, N. J. Gooldstein, N. J., "Social Norms: An Underestimated and Underemployed Lever for Managing Climate Change", *International Journal of Sustainability Communication*, 2008, Vol. 3. p. 6.

不安的是，风险的制造者以风险危险品为代价来保护自己的利益"①。后工业社会在创造极大物质财富的同时，也给人类带来难以想象的风险，包括生态环境、政治、经济与社会诸多领域的风险。其中，"人化风险"或"社会化自然"所带来的风险是最早引起社会关注的。贝克指出，当今社会的风险是基于现代化本身所带来的大规模的自然风险，以及对人类生活造成不可逆转的威胁潜力上形成的。这些风险带来深远的和一系列相应的危害，比如核电站事故、全球气候变化、化学污染以及生物工程学的转基因改造等，而暴露在这些风险中的人群分布是极不均等的。在美国，20世纪80年代，那些在环境风险影响中的低收入社区和确信"污染企业及有毒废品掩埋地对人是不构成危害"的技术专家、官员之间产生了极大矛盾，不少事实证明专家的确是错误的。

　　风险传播较早被定义为"任何告知个人关于风险的存在、属性、形式、严重性及可接受性的私人之间的传播或者公众传播"。② 实际上，环境问题都是以风险问题存在着的，比如工业倾倒污水行为存在着对海洋生物多样性的破坏风险及对人类的健康风险，河流建坝造成断流严重威胁着鱼类栖息地及周围生态环境，有毒废弃物的掩埋与焚烧可能影响到周围居民的身体健康等。风险传播过程往往与各利益集团对环境问题或事件的争议紧密联系，因为"不同的世界观为我们提供了强有力的文化焦点，其扩大了一些危险、模糊了另外一些威胁，却最小程度地选择甚至忽略了其他一些危险"。③ 对这些危险大小、影响方式与程度的争议过程就是风险传播的过程。因而，"风险社会"及"风险传播"的提出为环境传播提供了一种有益的思路及方法，借此，绿色公共领域得以不断推动。

　　在环境建构主义者眼中，关于风险以及环境的知识并不那么像一幢已经完工的建筑物，反而更像是永远在建设中的飞机场。也就是说，试图去评价讨论中的风险到底是真的还是假的并不重要，重要的是讨论进程中始终有新的定义和不同的解决方案出现。总的来说，环境风险的建构性分析在国内外研究成果中主要呈三种走向：环境风险的文化建构、社会学途径

① ［德］乌尔里希·贝克：《风险社会》，何博闻译，译林出版社 2004 年版，第 22 页。

② A. Plough, S. Krimsky, "The Emergence of Risk Communication Studies: Social and Political Context", *Science*, *Technology*, *and Human Values*, 1987, No. 12, p. 6.

③ Dake, K. (1992). Myths of Nature: Culture and Social Construction of Risk. *Journal of Social Issue*. Vol. 48. No. 4. p. 33.

以及政治维度。

环境风险的文化建构理论总是强调一个简单而基本的问题：为什么人们总是强调某类风险而忽视其他？更具体地说，为什么我们社会中有这么多人都把污染问题挑选出来作为他们尤其关注的问题？答案在于我们社会的各种关系阶层中的文化价值和经验取向的不同，有关注市场逻辑的个人利己阶层，有遵循官僚体制的政府官员，还有以生态为中心、质疑科学的权威性和技术理性的环境保护主义者。因此，对风险的公众认知和风险的可接受程度都是集体建构的结果。"所有的定义都存在偏见，因为不同文化的理念都在环境风险的状况、事件、对象尤其是关系等方面进行着意义的协商。"① 而正是这些来自不同文化族谱中的声音构成了绿色话语空间，又如吉登斯（Gidens）所言："由于技术革新所带来的风险的结果变得越来越难以预测，因而我们现在生活的社会似乎比此前任何时候都更加充满了风险，后现代社会一个显著的特征就是这些风险的持续不可知性。"② 因而风险传播来源于不同声音的架构，同时不同声音对于风险的认知弥足珍贵。

Renn 将环境风险传播的社会学途径分为两个方面：一是个人主义 VS 结构，二是客观 VS 建构。第一个方面我们质问：对风险的不断质疑是否显示风险是可以被解释的，这种解释是个人意图还是组织结构的布局使然；第二个方面其客观方法指的是风险及其表现是真实的，而建构方法则认为这些其实都是由社会集团和机构编造的社会性人工制品③。在风险社会建构的过程中，Hilgartner 认为考察风险社会定义的概念结构是首要的，这主要包括对三个概念要素的分析：（1）可能引起风险的客体（对象）；（2）假定或公认的危害；（3）断定客体及危害具因果关系的联系。④ 在对这三大要素的过程研究中，先识别环境风险的对象最初来源于谁（哪

① Dake, K. (1992). Myths of Nature: Culture and Social Construction of Risk. *Journal of Social Issue*. Vol. 48. No. 4. p. 27.

② David Miller, "Risk, science and policy: definitional struggles, information management, the media and BSE". *Social Science&Medicine*, 1999, No. 49, p. 1245.

③ 参见 O. Renn, "Concepts of Risk: A Classification". In S. Krimsky and D. GGolding (eds.) *Social Theories of Risk*. Westport, CT: Praeger, 1992。

④ 参见 S. Hilgartner, "The Social Construction of Risk Objects: or How to Pry Open Networks of Risk", in J. F. Short Jr. and L. Clarke (eds.) *Organizations*, *Uncertainties and Risk*. Boulder, CO: Westview Press, 1992。

里），然后对环境"危害"的争议性定义进行多方探讨，最后考察风险客体及危害之间的因果联系依据的是何种标准（比如是科学证据还是道德标准等），这些因素的过程研究都是风险传播的重点和难点，也成为本书下面几章进行环境风险分析的理论基础。

考克斯认为对环境风险的技术理性及文化理性是两种互补和需要综合考虑的方面，比如了解化学危害对人的身体健康的影响方式及使用剂量的水平非常重要，但是文化理性方法将技术理性方法扩大了，前者还考虑到风险发生的语境以及被迫住在危险环境中的社区民众的价值语境。[①] 这两种方法各自所强调的因素可参见表1-1。

表1-1   **风险技术理性及文化理性相关因素表**

技术理性	文化理性
对科学方法、解释及证据的信任	对政治文化及民主程序的信任
权威及专家诉求	民间智慧、同质群体及传统诉求
分析的边界狭窄、简化	分析边界宽广；包括类比、历史先例的使用
风险去个性化	风险的个性化
强调统计变量及可能性	强调风险对家庭及社区的影响
呼吁连续及全球适用性	关注特定性而较少考虑连续性
无法叙述的影响是不相关的	不可预期及言说的风险都是相关的

资料来源：A. Plough, S. Krimsky, "The Emergence of Risk Communication Studies: Social and Political Context", *Science*, *Technology*, *and Human Values*, 1987, No. 12, p. 9.

贝克指出，由于污染和风险不像收入和教育那样可以直接感知，它要依赖于科学的感知来确定。这样受害者的命运就交给了专家来决定。面对风险，现代社会中的普通人非常无助，因为风险的确定具有知识依赖性和不可见性。[②] 随着科学自身成为社会理性批判的对象，怀疑的主体开始从科学一方转向实践者一方，即谁在拿着科学数据和论证进行着有利于自身的决策活动。在环境风险传播中，许多声音都在斗争性地定义着风险，不同的利益集团建构着不同的可接受的风险。

这些不同的利益集团包括：科学家（政府专家、大学专家及独立专

---

① Robert Cox, *Environmental Communication and the Public Sphere*, London: Sage Publications, 2010, p. 200.

② ［德］乌尔里希·贝克：《风险社会》，何博闻译，译林出版社2004年版，第66—79页。

家），政府官员，受风险危害影响的普通民众、环境保护组织、法院及第三方环境仲裁机构等。Palmlund 将这些团体区别为六种角色类别，即：风险承担者（或受害者），声援风险承担者的倡议者（如环境 NGO 或社区运动发起者），风险制造者，风险研究者，风险仲裁者及风险告知者（如媒体、朋友、组织等）①。比如中国厦门"集体散步"事件中就涉及这些不同的利益集团：社区受风险危害的居民、厦门市政府官员、台资企业（风险制造者）、企业专家、独立专家及政府专家、当地环境 NGO 等，他们分别对 PX 项目的风险类型、危害性有无、危害程度进行各自有利于自身的定义，不断进行有意义的协商与谈判。对环境问题的这种争论性传播有利于中国绿色公共领域的发展与完善。

犹如学者 Renn 笔下所描述的风险的"社会竞技场"，以上六种角色都被贴上了戏剧性的标签，各自争夺和协商着对风险的定义，企图通过话语最终影响立法者的决策。这颇似中国古代的宫廷争斗剧，不同角色代表不同的利益团体，在宫戏舞台上钩心斗角，企图在权力关系的消长中寻找有利于自己的位置和话语。

风险的建构就这样被巧妙地和权力的政治语境联系起来，在对风险的评价中，在架构风险的各种激烈辩论中，权力如何运作，这在环境风险的政治中至关重要。比如在环境风险评估的公民听证会上，为环境风险的制造者说话的风险专家们不论是在位置设定上还是对风险资料的掌握上都处于强势，专家话语也一直以来被政策执行者建构为理性的、客观的，而普通公民的话语往往归入"非理性、情绪化"一类，法庭或第三方仲裁机构依据的又总是明确的证据。这种风险评价程序往往导致了一系列"遏制性话语修辞"，比如专业技术话语制造了科学是中立的这样一个表象，但这种话语的技术性、专业性和模糊性不仅加大了专家和公众之间对话及协商的难度，同时也忽略了普通公众想要的答案或话语。这就使得某些引发风险的话语虽然在道德上应受到谴责，但却通过技术策略巧妙性地获得成功，权力就在这个过程中运作，它使得大众的风险框架屈从于社会中被权力青睐的技术话语。权力、不平等及风险的社会建构性特点在许多社区环境保护案例中都可以找到，这些社区往往是弱势的，由于经济、地理或被

---

① 参见 I. Palmlund, "Social Drama and Risk Evaluation", in S. Krimsky and D. Golding（eds.）*Social Theories of Risk.* Westport, CT: Praeger, 1992。

社会隔离等原因而边缘化的地区。[①]

在绿色公共领域中，风险可以引发各种不同的讨论，风险到底是客观因素决定的还是建构的，风险背后的政治、伦理等社会因素都值得公众进行不断地探讨和辩论。"怒江建坝之争"所引发的思考是中国环境风险传播中的一个典型案例，学界普遍认为"怒江建坝之争"是中国绿色公共领域形成的基本标志。

第三节 研究方法

本研究采用定性研究为主，定量研究和定性研究相结合的方法，其中具体包括调查统计法、案例分析法、内容分析法、文本分析法、深度访谈法、话语分析法。这种多样化、灵活性大、综合性的研究方法有利于弥补各种方法之间的局限。

环境传播探讨的是人与人之间、人与自然之间的关系问题，而绿色公共领域面向的是生活中所有的普通公民。基于大量国内外二手资料中已有大规模的此类统计取样及调查研究的成果，本书在涉及对普通公民的环境信息接收渠道、环境保护的态度和行为方式以及对环境 NGO 的公民认知度的了解方面，进行了小范围内的小样本调查取样研究。

首先，由于城市市民是绿色公共领域的主要话语建构者，因而市民被确定为主要调查对象，笔者确定了调查对象的七类职业范围：大学生、一线工人、政府公务员、私企职员、外企职员、国企职员（包括医务人员、大学教师等）、记者及编辑，根据这七类不同职业范围采用了非概率抽样技术中的雪球抽样法。"雪球抽样也称网络抽样，是一种根据已有研究对象的介绍，不断辨识和找出其他研究对象的累积抽样方法……雪球抽样开始时，样本可能只有一个或少数几个人，但在随后的时段里，这几个人会凭借自己的社会关系，介绍新人加入，新人也有社会关系，于是，随着关系网络的不断扩大，样本也越滚越大……雪球抽样特别适合用来对成员难以找到的总体进行抽样，如城市中的散工等。"[②] 由于绿色公共领域涉及

---

① 参见 A. Blowers，D. Lowry，B. D. Solomon，*The International Politics of Nuclear Waste*. London：Macmillan，1991.

② 郝大海：《社会调查研究方法》（第二版），中国人民大学出版社 2009 年版，第 26 页。

各种职业和年龄的公民，笔者在和七类相关职业的社会关系代表联系后，采取滚雪球的方式共取得了有效问卷 1640 份，最后涉及的职业类别分为新闻从业人员、工人、公司职员（包括私企、外企、国企）、公务员、大学生、律师、教师、退休人员及自由职业者九类，并分析得出相关研究结论（"公民环境调查问卷"样本见附录 1）。

案例分析法是贯穿全书的一种重要的定性分析方法。本书涉及到各种环境理念和主张等意义系统的社会建构问题，因而经常会用到某个环境事件的案例（如松花江污染事件、中国西南省份干旱事件）；某份报纸对某个环境问题的报道案例（比如分析沪杭两地都市类日报对日本地震及核泄漏事件的报道案例）；绿色公共领域的大事件（如"怒江建坝之争"、"南京法桐保卫战"）等，并在各案例分析中采取了内容、文本分析及话语分析的定量和定性结合的方法进行深入研究与探讨。

此外，由于研究中涉及大众传媒、新媒体、环境 NGO 中的另类媒体研究，因而报纸、广播、电视的环境新闻报道以及另类媒体中的环境文本被作为内容和文本分析的样本。同时，在对某个案例分析进行研究的同时，内容分析法成为有效分析文本的一种定量研究方法。"内容分析是大众传播研究领域内已得到广泛运用的研究方法，它传统上基于定量研究或半定量研究，主要用于考察某类议题是怎样在新闻媒体得到表征"，[①] 因而在本书所有的案例分析中，内容分析法在辨识新闻报道的重要特征方面提供了非常重要的手段。但是，正如 Siedman 所言，"很少有人置疑定量研究的内在主观性，定量研究要求'选择'一些变量及基线数据，要求对结论进行阐释，要求对事实和证据进行选择……定量研究中主观性虽然不被允许但总是内在地被卷入"。[②] 所以，内容分析与定性分析的技术，如深度访谈及话语分析，综合在一起就变得非常有效。[③]

基于此，笔者在对某些媒体报道案例进行内容和文本分析之后，又专门设计问卷（见附录 2）针对环境记者或编辑填写，在此基础上，对媒体记者、环境 NGO 官员进行了半结构式的深度访谈。半结构式访谈又叫焦

---

① Alison Anderson, *Media, Culture and the Environment*, London: UCL Press, 1997, p. 138.

② 转引自 R. Walker, *Applied Qualitative Research*, Aldershot: Gower, 1985, p. 13。

③ 参见 T. R. Lindlof, T. P. Meyer, "Mediated Communication as Ways of Seeing, Acting and Constructing Culture: the Tools and Foundations of Qualitative Research". In *Natural Audiences: Qualitative Research of Media Uses and Effects*, T. R. Lindlof (ed.), Norwood, NJ: Ablex, 1987, pp. 1—30。

点式访谈，笔者事先列出要探讨的问题，但题目并不固定，只以提纲或粗略的问题来确定访谈的范围，在访谈中仍然保持一种开放的方式（事先并不硬性规定语言表述方式，也不确定提问的顺序），围绕与研究课题密切相关的问题进行提问和深度探讨。这种方法有助于了解被访者真实的想法，更有可能了解到研究者事先没有想到的一些问题。①

基于半结构式提纲的深度访谈中，平均访谈时间为四十分钟，最高访谈时间为一小时，至少为三十分钟，访谈结果都全程录音并完整记录，这些资料对本研究的重要观点形成和支持提供了极大帮助，也成为本研究获取第一手资料的重要途径。

话语分析是本研究极为重要的一种定性分析方法，由于本研究基于社会建构的视角及媒介与文化批判的立场，采用了符号学和修辞学的方法，因而话语分析方法将贯穿整个研究。费尔克拉夫的媒介批判的话语分析框架（CDA）包括了话语文本、话语实践及社会文化实践三个维度②，是本研究进行话语分析的有力工具。

最后，本研究主要以国内外与环境传播相关的二手资料为主，但考虑到二手资料的优缺点（见表1-2），本研究非常注重一手资料的获得，将一手资料和二手资料相结合进行研究，一手资料一方面从调查问卷及深度访谈中获得，另一方面，笔者在大众传媒及国际环境NGO的多年实践工作经验中积累了和环境传播相关的大量资料，这也成为一手资料的重要来源。大量的国内外期刊、学术专著、学术及调查报告、报纸、广播电视节目、网络媒体及环境NGO的另类媒体等则为本研究提供了丰富的二手资料。

表1-2　　　　　学术研究中二手资料的优势及局限对比表

优　势	局　限
更少的资源要求（节约时间和金钱）； 不唐突（收集快，质量比一手资料更高，更有益处）； 纵向研究可行（有可比较的数据）； 可能得到预期之外的发现（从对第二手资料的分析中受益）； 资料永久性	二手资料中其数据收集的目的可能与个人的学术研究需要不符； 评估或证实将会很难或者要花费大量成本（商业目的）

资料来源：摘自 Saunders et al. , *Research Methods for Business Students*, N. J. : Prentice Hall, 2003, pp. 200—202。

① 田国栋、冯学山：《访谈》，《上海预防医学杂志》2003年第11期，第539页。

② 参见［英］诺曼·费尔克拉夫《话语与社会变迁》，殷晓蓉译，华夏出版社2003年版。

第二章

主要概念的界定

> 环境传播旨在加强社会正确应对环境信号的能力，这些环境
> 信号与人类文明及自然生态系统的福祉息息相关。
>
> ——— Robert Cox，2007

围绕本研究的中心概念主要有两个：环境传播以及绿色公共领域。为便于后面几章的深入阐述，本章先对这两个重要概念进行定义及范畴的脉络梳理。

第一节 环境传播的概念及演变

在探讨环境传播之前，有必要先界定一下"环境"的概念。对环境进行精确定义是非常困难的，因为环境总是相对于某一中心事物而言，随中心事物的变化而变化。《汉语大词典》对环境的释义是：周围的地方；环绕所管辖的区域；周围的自然条件和社会条件。《中华人民共和国环境保护法》（1989 年）对环境的指称为："影响人类生存和发展的各种天然的和经过人工改造的自然因素的总体，包括大气、水、海洋、土地、矿藏、森林、草原、野生生物、自然遗迹、人文遗迹、风景名胜区、自然保护区、城市和乡村等。"[①] 本研究参考后者对环境的定义。

一 环境传播概念在中国的演变与发展

环境传播（environmental communication）在中国学界还没有被完整定

---

① 参见《中华人民共和国环境保护法》第一章第二条。该法于 1989 年 12 月 26 日由第七届全国人民代表大会常务委员会第十一次会议通过并于即日起颁布施行。共六章四十七条。

义过，国内学者主要关注大众传媒的环境新闻传播，然而环境新闻是环境传播以媒体为中介进行的一种话语传播形态，至于环境传播的总体研究则鲜有涉猎者。目前来看，与环境传播相属相近的概念，国内主要有以下几类，从以下的概念梳理中也可以看出环境传播的演变与发展历程。

（一）环境新闻传播（学）

许正隆认为，所谓环境新闻，即是用新闻手段传播人们关心的种种环境信息，是变动着的环境事实与新闻的表达或传播方式的完美结合。它应该具备环境问题本身所包含的科学性、连续性、多变性等特点，而作为"新闻家族"的一员它又具有新闻本身所固有的事实、新鲜、迅速、典型等特色。[①]

王宏波认为，生态新闻是专指以反映人们从事维持生态平衡、提高人类生存环保意识的活动的专类新闻报道。[②]

张威认为，环境新闻学是有关环境报道的学问，它探求环境报道的独特规律，聚焦于人与自然环境的矛盾及其产生的社会问题，重在将人类环境的现状告知受众，引起社会的警示。[③]

程少华认为，所谓环境新闻学，狭义理解是指以大众传播手段传递的、公众普遍关注的各种环境保护方面的信息；广义理解，是指以大众传播手段传递的、为达到人与自然和谐相处可持续发展而进行各种活动的信息。虽然目前国际学术界对"环境新闻"还没有形成一个公认的权威定义，但至少可以这样理解，"环境新闻"是以新闻报道的形式反映变动着的环境事实。[④]

邓利平认为，环境新闻，是指人与自然环境发生关系的事实。自然环境涵盖"天生丽质"的山河大地，也指经人工改造了的自然物质。人与自然发生的关系既有融洽的，也有失衡的，从新闻传播实践来看，重点是后者，即更多的报道人与自然产生的矛盾引起社会关注，追求人与环境的和谐。[⑤]

---

① 许正隆：《追寻时代把握特色：谈谈环境新闻的采写》，《新闻战线》1999 年第 5 期，第 40—41 页。

② 王宏波：《生态新闻是物质文明建设的重要一环》，《新闻三昧》2000 年第 3 期。

③ 张威：《环境新闻学的发展及其概念初探》，《新闻记者》2004 年第 9 期。

④ 程少华：《环境新闻：一个时尚的绿色议题》，《声屏世界》2004 年第 3 期，第 11—12 页。

⑤ 邓利平：《环境新闻传播：提升公众环境伦理的重要途径》，《广播电视大学学报》（人文社会科学版），2007 年第 3 期，第 27—31 页。

以上定义都将环境传播的概念整合进了传统新闻学的理论框架中，将环境当作一种新闻选题与新闻报道的对象，即"新闻家族"的一员来看待，因而比较强调新闻文本的写作方式与新闻价值的判断，比如人与自然环境中的"矛盾"、"失衡"关系的报道，"变动"着的环境方面等。同时，以上定义还是基于传统的"反映论"模式，认为新闻是对环境事实的"反映"，从而忽略了环境问题的社会建构性，也就是忽视了传播主体中人的主观能动性因素。

（二）环保传播

王莉丽认为，环保传播应该是通过大众传播作为媒介，进行有关环境保护问题的信息、环境保护的思想及观念的传播。广义上的环保传播指的是通过人际、群体、组织、大众传媒等各种媒体和渠道进行的传播活动。狭义的环保传播是指通过大众传媒，包括文字媒体报纸、杂志、广电媒体广播、电视，新媒体电影、网络等，对环境状况、环保危机、环保事件、环境文化、环境意识、环境决策、环保法制、环保产业、公众参与等环保相关的问题进行的信息传播。[①]

环保传播的定义将环境研究从新闻层面转向了传播层面，并将新闻传播的内容从简单的环境新闻报道扩展到与环保相关的各种环境问题，传播方式也不仅限于大众传播（依托新旧媒体），从广义上将人际、群体和组织传播性质引入环境传播中，扩展了环境新闻传播的领域。但该定义从内涵及外延上看都太广太泛，对传播主体及传播方式、方法的提及都不够具体，大众传媒从业人员的主体地位从其定义看还是首要的，传播也只是一种"信息传播"，仍然忽视了环境传播的公共建构功能。

（三）环境伦理及环境风险（传播）

追根溯源，该层面概念较早渗透于生态文学的发展中。

张立军和乔焕江认为，生态文学是特指诞生于工业化进程造成的现代自然生态危机和精神生态危机的背景下，通过对人与自然关系的描写来映现人与社会、人与人、人与自我等关系，表现人类所面临的自然生态危机及其背后所蕴含的深层的精神生态危机，对自然、人、宇宙的整个生命系统处于存在困境的生命进行审美观照和道德关怀，呼唤人与自然、他人、宇宙相互融洽和谐，从而达到自由与美的诗意存在的文学。[②]

①　王莉丽：《绿媒体——中国环保传播研究》，清华大学出版社 2005 年版。

②　张立军、乔焕江：《生态文学诞生根源探析》，《长春大学学报》（社会科学版），2004 年第 41 期。

接着，学者邓利平提出了环境伦理的概念。环境伦理，是指人对自然所承担的一种道德责任，或者说是人与自然环境和谐的关系，它把调整人与人、人与社会的关系扩展到调整人与自然的关系，重视从道德的角度上认识自然、保护环境。作者还指出环境伦理的意识在全社会还不够普遍，还基本囿于精英阶层而未深入普通大众，这对经济的可持续发展及建设和谐社会的目标会带来不利的影响。[①]

学者郭小平较早关注了环境风险议题，认为环境风险议题在大众传媒和公众意识中获得了很高的优先性。环境风险议题不只是一个"公众"话题，更是一个"公共"话题。媒体对环境风险的报道，是风险沟通研究的重要领域之一。"风险沟通"就是一个建立在风险建构理论的基础上、以公众感知为基础的风险信息互动的过程。[②]

以上对生态文学、环境伦理与环境风险概念的考察实际上都是对环境议题的公共传播方式，将环境置于多学科背景之中，补充、丰富了环境传播在中国的研究领域。环境传播不仅限于基于大众传媒新闻从业人员的环境新闻传播，而是一种公共传播，环境问题是一个"公共"话题，也是人类应该承担的"道德责任"问题，它强调和注重的是人与自然环境之间的关系，强调社会对环境公共建构的过程，因而以上定义使得环境传播概念在中国的内容、形式更趋完整和多样，方法则从"反映"论转向建构论，建构功能是对前述两类环境传播概念注重其实用功能的一个重要补充与完善。

从"环境新闻传播"到"环保传播"再到"环境伦理及风险传播"的拓展，环境传播概念的形态和范畴在国内经历了不断的发展和演变。总的来看，对环境新闻学研究的定义，大部分都集中于"新闻写作"、"环境事实"或者"环境报道"手段或方式的强调，媒体的作用就成了环境信息的告知者及环境问题的监督者，受众即人的作用在环境新闻传播中被忽视。

随着 Web2.0 时代的到来，所有网民都可能成为环境传播主体，此外，环境 NGO 在中国的崛起，也使得环境新闻传播的主体不断壮大。环

---

① 邓利平：《环境新闻传播：提升公众环境伦理的重要途径》2007 年第 3 期，第 27—31 页。

② 郭小平：《风险沟通中环境 NGO 的媒介呈现及其民主意涵——以怒江建坝之争的报道为例》，《武汉理工大学学报》（社会科学版），2008 年第 5 期，第 771—776 页。

保传播的定义虽然将环境传播的研究从新闻层面转向传播层面，并进一步扩充了环境新闻学的传播主体，环境传播的信息内容也更加具体化、特定化，但还是将大众传媒置于主要和绝对主动的地位，这无形中降低了普通公众在传播中的重要地位，也完全忽视了人与自然的关系问题。同时，与以上对环境新闻学的诸多定义一样，这个在学术界引用率较高的环保传播的定义更多地强调大众传媒对环境信息的"透明"式反映，注重新闻的实用价值而忽略了环境传播的社会建构性功能。

当学者们把眼光从"新闻"、"大众传媒"等字眼上移开，将自然、人、宇宙的关系形成一个广阔的网络互动性传播来看待的时候，环境传播才慢慢在中国初具雏形。在中国的环境新闻—环保传播—环境传播的概念演变和发展过程中，生态文学在中国的出现功不可没，张立军和乔焕江在对生态文学的定义中，我们欣喜地看到了学者对人与自然共同体的关注问题，这可以说是环境生态伦理学研究的先兆。在随后的演变和发展中，环境伦理传播及环境风险传播纷纷纳入学者研究的视野。环境伦理更多地强调了人与自然的关系、生态危机等问题，而环境风险则突出了生态环境问题的建构性立场。这些议题的发展都极大地丰富了中国国内学者对环境传播的学科性研究以及学理性探讨的可能。

二　环境传播概念在国外的演变与发展

追溯国外，在环境传播成为国外大学一门专门的学科之前，国外学者对环境传播的研究也经历了将其置于传统新闻学的学科框架之内的过程。与国内相似的是，国外学者在对环境新闻学（Environmental Journalism）的精确定义上也缺乏共识，大学校园中环境新闻写作的课程很多，但环境新闻理论的专门课程却寥寥无几[①]。具有四十多年环境记者从业经验的学人麦克尔·佛洛姆（Mickael Frome）经过专门研究，最终对环境新闻学进行了界定："（环境新闻学）是在制定决定过程中，在调查研究的基础上，一种有目的、为公众而写的，以充分准确的材料为依托、反映环境问题的新闻写作[②]。"然而，这也并不是公认的环境新闻学定义，因为将环境新

---

① 王积龙，蒋晓丽：《什么是环境新闻学》，《江淮论坛》2007 年第 2 期，第 92—96 页。

② M. Frome，Preface. *Green Ink*：*An Introduction to Environmental Journalism*. Salt Lake City：University of Utah Press，1998，p. ix.

闻学理解为纯粹的"写作"远远不够，学者本人最后告诫读者："环境新闻学绝对不仅仅是一个职业，抑或报道与写作，而是一种生存方式。"①这让研究者把目光投向环境传播学。

早在1996年，美国的北亚利桑那大学传播学院就成立了"环境传播资源中心"（Environmental Communication Resource Center），力图通过把环境新闻学纳入传播学领域，并冠之以"环境传播"，使其变为成熟学科。该中心给环境传播下了这样的定义："环境传播可以被看作传受双方都参与、并通过有效信息传播、相互倾听与公众辩论来完成的交流过程，我们认为这种传播是建立人们与环境（良好）联系的基石，并以此为手段提高人们的环境意识、推进可持续发展的环境实践。"②这种以环境为对象，以人与人交流为手段，突出可持续发展目的，关注公众辩论与环境实践的理论，比环境新闻学更为健全和严密，但其基调仍然属于环境实用论，对环境的社会建构方面没有进行过多的阐释和强调。

追溯到环境传播的最初源头，德国社会学家尼可拉斯·卢曼（Luhmann）为生态传播下定义："（生态传播是）旨在改变社会传播结构与话语系统的，任何一种有关环境生态议题表达的传播实践与方式。"③卢曼从认知论与现象学的角度出发将环境危险（Environmental Danger）定位为"社会"与"自然"产生深度关联或裂变的中间纽带。因此，他认为，环境传播的核心是联结生态安全与社会变革的符号解释行为和话语建构行为。与此同时，学者迈尔森和里丁（Myserson & Rydin）从参与主体的复杂性和特殊性出发挖掘"环境"之外的构成元素——公民与社区组织、环保组织、科技专家、企业及其商业公关、反环保主义组织、媒体与环境新闻。因此，通过研究六种社会声音所搭建的网状结构背后的话语关系和传播关系，可以进一步认识环境传播的内在特性。④

---

① M. Frome, Preface. *Green Ink: An Introduction to Environmental Journalism.* Salt Lake City: University of Utah Press, 1998, pp. 21—23.

② R. Dardenne, M. J. Waters, *Examining the Handbooks on Environmental Journalism*, Florida: Lisa Rademakers, 2004, pp. 15—16.

③ N. Lhumann, *Ecological Communication.* (Trans. by J. Bednarz.), Chicago: University of Chicago, 1989, p. 28.

④ 参见刘涛《环境传播的九大研究领域（1938—2007）：话语、权力与政治的解读视角》，《新闻大学》2009年第102期，第97—82页。

环境传播学者兼环保专家罗伯特·考克斯总结前人成果，在最新著作中将环境传播界定为："环境传播是我们理解环境本身以及理解我们与自然世界之关系的，一种实用（Pragmatic Vehicle）和建构的手段（Constitutive Vehicle）。通过这样一种符号方法和手段，我们用它来建构环境问题及协商社会各界对环境问题的不同反应。环境传播有两方面功能：一是实用的功能。它教育、警示、说服、调动和帮助我们解决环境问题。它关注在行动中进行传播的工具意识。它不仅是解决环境问题或者进行辩论的工具，也经常是公众环境教育运动的一部分。二是建构的功能。环境传播帮助建构、表征我们所理解的主体（自然和环境问题）本身。通过形成我们对自然的观念感知，环境传播让我们理解和讨论森林和河流是一种威胁还是一种富足的表征，自然资源是视为开采的对象还是看作主要的生命支撑系统，是可以征服的还是值得珍爱的①。"

此外，考克斯在环境伦理问题上进一步指出："环境传播是旨在构建良性环境系统和培育健康伦理观念的危机学科（Crisis Disciplines）。"② 从而将环境传播与环境危机管理、风险管理联系起来，进一步有效地寻找到了自己的学科定位。本研究将在考克斯对环境传播的界定基础上，将主要关注点放在环境建构方面，对环境传播与公共领域的关系问题进行进一步探讨。

第二节　绿色公共领域的界定及其中国语境

人们习惯于用绿色来表征自然环境，"绿色"经常代表着生命、健康与生机。在"2001 世纪论坛——绿色与环保"开幕式上，绿色被隐喻为"地球之肺，生态宿生，生命的象征，地球上生物多样性之源头，人类生存发展的根基"。还有学者将"就环境论环境"的新闻比喻为"浅绿色"，而将"从工业文明的发展理念和生活方式中洞察环境问题的病因，从发展的机制上防止、堵截环境问题的发生"的新闻称为"深绿色"。③ 不管是

---

① Robert Cox, *Environmental Communication and the Public Sphere*, London：Sage Publications, 2010, pp. 20—21.

② Robert Cox, "Nature's 'Crisis Disciplines'：Does Environmental Communication Have an Ethical Duty?", *Environmental Communication：A Journal of Nature and Culture*. 2007, Vo. 1. No. 1, p. 6.

③ 参见诸大建《现代环境革命：从浅绿色到深绿色》，《文汇报》2002 年 6 月 3 日。

"浅绿色"还是"深绿色"，都体现了传播者将自然环境的议题与问题作为思考、探讨与研究的对象。本书在将环境传播与公共领域进行关联之前，有必要对公共领域这个不太容易界定的概念先作一个简单梳理。

一　对绿色公共领域的理解：基本特征、构成要素及相关界定

首先，从现有关于公共领域问题的中文译著来看，国内学者对公共领域的研究可以用"纠结"两个字来形容。一方面，学界公认，早在1958年，阿伦特（Aerndt）在《人的条件》一书中首先从"政治层面"提出了"公共领域"（public realm）概念和"私人领域——社会领域——公共领域"的三分理论框架，拉开了研究公共领域问题的序幕；而1961年哈贝马斯（Habermas）的《公共领域的结构转型》使"公共领域"（public sphere）彻底概念化并成为一种独立的学术话语，当时此书并没有引起学界足够重视，到了1989年随着东欧剧变、苏联解体以及哈氏第一个英文译本的问世，"公共领域"立即成为了英语世界讨论的热点，其论域几乎波及了所有社会科学领域。之后，国内学者的研究热情也被点燃，一大批译介与探讨文章、专著接踵而至。

另一方面，正如哈贝马斯从1989年苏联东欧剧变中所意识到的，"电视使得游行民众在广场和街道的真实在场转变成为无所在不在的在场，因此，他们展现出了革命力量"。[1] 哈贝马斯从这一事件中看到了"福利国家大众民主"的活力以及他过去低估了的大众传媒尤其是电视在这场变革中的作用。电视转播既帮助见证了这一革命事件，其自身也实践和完成了从民主德国到罗马尼亚剧变的这一系列政治转型。基于此，对于公共领域的研究似乎又成了一个非常敏感的学术议题，许多国内学者持谨慎态度，再加上公共领域本身的理论系统比较庞杂，许多研究都没能透彻明晰、整合全面地对其理论范式进行深入研究及严密定位。比如在其内涵规定上出现了公共权力说、公共理性说、公共交往说、私人领域说等分歧，外延上则有第三部门说、传媒领域说、公民社会说等意见分野。因此，有必要将本书对公共领域的运用进行一些说明。

本研究将绿色公共领域看作一个围绕自然环境为公共议题的绿色话语空间，是关于环境议题的政治型公共领域，遵循学术界已有的对公共领域

---

[1]　［德］哈贝马斯：《公共领域的结构转型》，曹卫东等译，学林出版社1999年版，第32页。

诸要素及运作机制的各项特征及原则。虽然公共领域理论产生于西方资产阶级语境，但正如许纪霖通过对中国近代公共领域的形成和演变的分析，发现公共领域如同市民社会、资本主义、社会主义、理性性、工业化等概念一样，已经从一个特殊的经验分析，演化为一个拥有广泛解释力的理想类型，它从欧洲的历史中被抽象出来，成为一个与现代性问题相关联的普适性的解释架构。"公共领域最关键的含义，是独立于政治建构之外的公共交往和公众舆论，它们对政治权力是具有批判性的，同时又是政治合法性的基础。只要在整个社会建制之中出现了这样的结构，不管其具有什么样的文化和历史背景，我们都可以判断，它是一种公共领域。"①

本书所要探讨的基于自然环境语境下的绿色公共领域尤其注重将绿色公共领域视为一种作为绿色公共话语空间而存在的领域。哈贝马斯曾强调公共领域部分成型于各种各样的谈话中，在这些谈话中，个体集合起来形成一种公共总体。就环境传播而言，当我们将不同的个人卷进谈话中、质疑或者辩论中时，我们将个人对环境的关注就纳入到公众事务中，从而产生出一个有影响的领域，这个领域可以影响我们和其他人如何看待环境本身以及我们和环境的关系。这种私人到公共的转换发生在各种范围内的论坛和社会实践中，形成一种与环境相关的绿色公共领域。

本书强调公共领域的建构性，哈氏在1964年给公共领域下了定义："所谓公共领域，我们首先是指我们的社会生活中的一个领域，某种接近于公众舆论的东西能够在其中形成。向所有公民开放这一点得到了保障。在每一次私人聚会、形成公共团体的谈话中都有一部分公共领域生成。然后，他们既不像商人和专业人士那样处理私人事务，也不像某个合法的社会阶层的成员那样服从国家官僚机构的法律限制。当公民们以不受限制的方式进行协商时，他们作为一个公共团体行事——也就是说，对于涉及公众利益的事务有聚会、结社的自由。在一个大型公共团体中，这种交流需要特殊的手段来传递信息并影响信息接收者。今天，报纸、杂志、广播和电视就是公共领域的媒介。当公共讨论涉及与国家活动相关的对象时，我

---

① 许纪霖：《近代中国的公共领域：形态、功能与自我理解——以上海为例》，《史林》2003年第2期，第78页。

们称之为政治的公共领域，以相对于文学的公共领域。"①

为使作为"绿色"话语空间的公共领域范畴更加清晰，本研究在哈氏对"公共领域"的定义基础上，通过澄清与界定三个比较容易混淆公共领域的方面，来理解中国绿色公共领域的特征与要素：

易混淆一：绿色公共领域就是官方论坛，专门为政府官员进行政策制定而设。虽然有许多官方组织或者赞助的网络论坛以及绿色公共活动，比如公民听证会、社区环保活动，但公共领域并不仅限于这些方面，更多时候绿色话语空间是在政府管辖之外的。这就如同古希腊人日常生活中的公共广场一样，在那个广场上，每天人们都会进行生活日常用品的买卖和交易，同时也借机聚集在一起讨论社区和城邦生活。

界定一：绿色公共领域不是官方交流场所，而是就环境议题沟通市民社会与政治国家的中介性话语空间，公共性是其重要特征之一。

资本主义语境下的公共领域概念是以市民社会理论为基础发展起来的，但其与市民社会理论并不相同。传统市民社会理论把那些不能与国家相混淆或者不能为国家领域所吞没的所有社会领域称为市民社会，它们受市场经济调控而远离国家政治权力的影响，形成了"国家—市民社会"的二元理论范式。在此范式中，市民社会是一个广阔的民间自治领域，在其现实形态上，包括个人家庭、经济交往、社会活动的私人领域以及以公共意见表达为核心的公共领域等所有"非国家的社会空间"②。随着晚期资本主义垄断的形成、经济领域对政治权力的要求，以及国家对私人经济领域的干预增强，出现了"国家的社会化"和"社会的国家化"过程。如此一来，政治与经济、国家与社会就由分离走向了融合，市民社会理论的二元对立范式遭遇危机，在这种情况下，公共领域理论弥补了市民社会理论的缺陷，成为联结政治国家与市民社会之间的中间领域。

如此说来，公共领域"是在国家和社会间的张力场中发展起来的"，是随着国家与社会的相互渗透而发展起来的中介场域，它本身就是国家与市民社会之间的一个张力场，占据着一个不同于"政治国家"和"市民

①　参见展江《哈贝马斯的"公共领域"理论与传媒》，《中国青年政治学院学报》2002年第2期，第125页。

②　杨仁忠：《公共领域论》，人民出版社2009年版，第9页。

社会"的理论空间。①

哈氏解释说，因国家和市场经济关系的扩张而出现的社会的分离是一条基本路线，公共领域一直是私人领域的一部分，但它有别于私人领域，而只限于与公共权力机关（即国家行政机关和司法机关）有关的事务，而政治公共领域以公众舆论为媒介对国家和社会的需要加以调节。

公众舆论意味着每一个社会公民的意见与建议，这与官方论坛中的官方话语空间完全不同，公众舆论能够成为调节国家与社会的媒介，公共性特征弥足珍贵。哲学家阿伦特在分析人的条件、极权主义起源和现代宪政困境等问题的过程中提出了公共领域问题，系统建构了人类活动的"劳动——工作——行动"类型以及与之相对应的人类活动的范围即"私人领域——社会领域——公共领域"的三分理论框架，人类在前两种活动中受限于自然体力与工具，而只有在行动活动中不受必然性约束而能拥有自由与自律。这种作为行动的活动范围，就是公共领域。其特征在于：它是一个排除了任何仅仅维持生命或服务于谋生目的而以公开自由的身份从事政治活动的空间，言语交谈是其基本行动方式，政治自由是其本质，永恒不朽是其追求，公共性是其核心理念。②

随着以报纸为首的传统大众传媒的出现，公共性原则的功能开始转型，传统大众传媒开始制造、展示与操纵公共领域及公共性，似乎公共性必须依靠精心策划和具体事例来人为地加以制造，公共性已不再"存在"而必须加以"制造"，因而阿尔特曼（Altmann）称这种现象为一种"交往"行动。在此基础上，哈氏区分出两种不同的政治交往领域：一是非正式的、个人的、非公共的意见系统，另一个是正式的、机制化的权威意见系统。非正式的交往领域包括三个层面，最低层面是没有经过讨论的文化自明性，如对死刑的态度。第二个层面是讨论较少的个人基本的生活经验，如对安全的渴望。第三个层面则是人们经常讨论的文化工业的自明性，即通过传媒不断灌输或不断加工的短暂的结果，而消费者的自由时间主要面对的就是这些传媒。

公共性在哈氏那里被区分为"被操纵的公共性"及"批判的公共性"

---

① ［德］哈贝马斯：《公共领域的结构转型》，曹卫东等译，学林出版社 1999 年版，第 170 页。

② ［德］汉娜·阿伦特：《人的条件》，竺干威等译，上海人民出版社 1999 年版。

两种。当没有组织的私人形成的公众进入了操纵的公共性的旋涡，所依靠的只是"公众舆论的交往"，而只有通过批判的公共性作为中介，才会产生严格意义上的"公众舆论"。因而，以下标准对于一种意见在何种程度上成为公众舆论至关重要：该意见是否从公众组织内部的公共领域中产生；以及组织内部的公共领域与组织外部的公共领域的交往程度，而组织外部的公共领域是在传播过程中，通过大众传媒在社会组织和国家机构之间形成的。①

　　随着网络媒体、手机媒体等不同于报纸、广播、电视、杂志等传统大众新媒体的出现，一种意见在多大程度上成为公众舆论的过程中变得更加复杂与微妙，本研究在以下各章具体案例的分析中都予以考虑与探讨。需要补充的是，基于中国的特殊体制与国情，在包括绿色公共领域在内的社会各领域的发展中，政府部门不作为公共领域的一部分，但其对公共领域的影响在中国是极其重要和不容忽视的，因而本研究最后一章专门对政府部门的环境传播进行分析与探讨，以期厘清绿色公共领域与政府环境传播之间的千丝万缕、错综复杂的关系问题。值得强调的是，在绿色公共领域的建构和发展过程中，公共性特征始终不可或缺，本书在以下各章中也不断对传播主体的公共性影响进行反思。

　　易混淆二：绿色公共领域的形式非常抽象而显得一成不变。实际上，绿色公共领域的风格和形式非常具体，而且多种多样。比如一个投诉电话、一场新闻发布会、一次会议、一个网络博客、一条微博发言，都可以成为绿色公共领域的形式和载体，越来越多的环境 NGO 也开办了自己的内部刊物或者网站，通过这些另类媒体（又称替代性媒体）的影响，公共领域的形式也就更多了。

　　界定二：联结不同个体、公民之间言谈与行动的形式及媒介是丰富多样的，也是公共领域运作的关键要素。古希腊城邦的街头演讲、议事大厅就是古典公共领域的媒介；教堂、宫廷、私人庭院、城堡厅堂等曾扮演过中世纪代表型公共领域的沟通中介；咖啡馆、展览厅、俱乐部、书报、各种沙龙聚会则为近代早期资产阶级公共领域提供了交往空间；到了现代，表达与沟通的媒介"包括教会、文化团体和学会，还包括了独立的传媒、

---

　　① ［德］哈贝马斯：《公共领域的结构转型》，曹卫东等译，学林出版社 1999 年版，第295 页。

运动和娱乐协会，辩论俱乐部、市民论坛和市民协会，此外还包括职业团体、政治党派、工会和其他组织等"①。

　　除以上种种媒介外，互联网时代为中国公众创造了一个比大众传媒时代更广阔的话语空间，如果说报纸、杂志、广播电视这些旧媒体无法满足大众发表意见的公共需求，那么互联网这个拥有无限虚拟空间的新媒体则最大限度地满足了公众的话语需求，因为这个话语空间向每一个网民开放，并且拥有更多的话语自由。今天，任何一个掌握简单互联网上网技能的公众都可以在天涯社区、猫扑社区等虚拟社区论坛上发言，通过博客书写自己的绿色政见，最快速度地在腾讯微博或新浪微博上披露信息、发表意见，绿色公共领域的形成与发展离不开这些形式多样而具体的媒介。

　　易混淆三：绿色公共领域是精英话语、理性话语或者专业性技术性较强的话语空间。在本研究的探讨中，笔者认为"绿色"话语空间绝不仅限于精英式的理性话语，尤其是互联网出现以后，所有网民都可以对某一个环境公共事件进行评论，所有网民都可以带动自己的朋友、同事或家人来闲聊"绿色"话题；"绿色"话语不仅可以出现在公民听证会上、报纸评论中、集会演讲中，还可以出现在街头聚会中、网络论坛中、微博发言，以及各种各样的非正式的只要能带动其他人进行谈话、讨论或者符号性的传播行动中。因而，本书探讨的绿色公共领域并不专指技术专家和精英参与的话语空间，它注重参与式民主和建构性民主，呼唤多种声音和多种风格的传播方式，是普通公民都可以参与、随意讨论和发言的空间和领域。

　　界定三：作为绿色话语空间而存在的绿色公共领域是任何一个普通公民都可以参与讨论绿色话题的空间，它通过各种形式与类型的话语碰撞，公众之间经由辩论有望就某一环境议题达成共识。哈贝马斯的公共领域理论，是以18世纪欧洲——主要是英国、法国和德国的历史为背景，分析了当时资产阶级社会中出现的俱乐部、咖啡馆、沙龙、杂志和报纸，是一个公众讨论公共问题、自由交往的公共领域，它形成了政治权威重要的合法性基础。他强调，公共权力是否合法，是否代表民意，要看是否在公共领域之中得到了经由自由辩论而产生的公众舆论的支持。

---

　　① ［德］哈贝马斯：《公共领域的结构转型》，曹卫东等译，学林出版社1999年版，第29页。

共识是由不同的公民间通过交流和辩论而达成的，公民并非都是环境专家、技术精英或者环境决策者，因而交流与辩论这个共识形成的过程绝不是强制性或命令性的，而是通过人们自主的理性讨论形成的公共舆论，中间难免存在非理性成分，正如曼宁所说："合法性并不是来源于先定的个人意愿，而是个人意愿的形成过程，亦即话语过程本身……合法的决定并不代表所有人的意愿，而是所有人讨论的结果。赋予结果以合法性的，是意愿的形成过程，而不是已经形成的意愿的总和。……哪怕冒着与长久传统相抗的危险，我们也必须肯定，合法性原则是普遍讨论的结果，而不是普遍意愿的表达。"①

Web2.0 时代的到来，人与人之间的交流、互动变得更加便捷与简单，讨论的方式也变得更加多样与灵活，通过手机就可以随时随地就任何绿色公共议题发表看法，公众的政治参与门槛降低，参与讨论的热情因而日渐高涨，这些都为公共交流与辩论并且最终达成共识提供了可能。比如在"怒江建坝之争"前后，普通公众在互联网上发起了长达好几年的"要不要敬畏自然"的绿色大辩论，形成了"挺坝派"与"反坝派"两种话语类型，通过长时间讨论，话语中也有不理性言论的存在，但最终在公共探讨或话语争夺过程中被摒弃，达成双方普遍认同的结论，这有利于中国绿色公共领域建构与发展过程中的合法性基础的形成。

二　中国当代绿色公共领域的类型考察

与西方资本主义发展的历史背景不同，中国自社会主义新中国成立不久，就先后经历了"大跃进"、"文化大革命"等对经济、文化破坏较大的极端运动，之后很长一段时间都重在恢复生产和满足人民群众最基本的物质需求上，计划经济和国家垄断不仅支配左右着人们的经济生活，而且也桎梏着人们的思维和精神文化生活。20 世纪 80 年代以来，市场经济的号角将许多人从长期的禁锢与对政府的依赖中唤醒，人们除了全力以赴地在市场经济的浪潮中搏击打拼、赚取经济利润外，也有人开始将目光投向被工业文明和市场利益不断吞食的自然环境。

早在 1973 年，专业杂志《环境保护》就创刊了，1984 年中国政府将

---

① 参见［德］哈贝马斯《公共领域的结构转型》，曹卫东等译，学林出版社 1999 年版，第23 页。

环境保护定为基本国策以后，越来越多的人把环境问题纳入社会焦点问题来看待；而这些问题的关注形式，一开始是以报告文学的类型出现的。从文学样式这一点来看，与西方资产阶级公共领域最初通过读书会、论坛、沙龙、桌社等媒介产出的文学小册子有些许相似，但与资产阶级公共领域由"各色人种混杂"参与不同的是，中国绿色报告文学最初都是从媒体精英笔下产生的。因而，中国当代绿色公共领域具有绿色文学与绿色政治并存的特点，随着新媒体的介入，参与主体也从精英逐渐转向大众。

（一）"绿色"文学公共领域与政治公共领域并存

"八十年代的某一天，我偶然间渴望知道自然在想什么。我绞尽脑汁，如饥似渴地求教于古人今人。我跋山涉水，马不停蹄地往来于荒野闹市。终于，我望见了自然界虎视眈眈的眼睛，听到了自然界咬牙切齿地诅咒……"①

这是最初扛起生态报告文学大旗的沙青在其处女作《北京失去平衡》中的开场白。作品从北京缺水的严酷现实写起，揭示"一切生灵赖以生存的水，在北京已被榨取到惨不忍睹的地步"。作者指出这一危机既是天灾，更是人祸——工业消耗、环境污染、不合理的农业结构、严重的资源浪费、无序的规划等，都在疯狂地掠夺与浪费着北京的水资源。作者通过实地采访，用大量的事实和数据，揭示出缺水的严酷现实和真实原因，塑造了水利干部赵清祥、水利局总工程师黄震东、环保局处长郭中庆等独具个性的人物，在简洁生动的叙事中，蕴藏着深沉的忧患意识，具有强烈的艺术感染力。评论家认为"《北京失去平衡》开启了中国生态文学的大门"②。

1987 年，沙青的《皇皇都城》又将北京大量的城市垃圾问题摆在大众眼前，1988 年的《依稀大地湾——我或我们的精神现实》则对准了黄土高原因乱砍滥伐、滥牧造成的水土流失问题。徐刚除创造了《伐木者，醒来！》的轰动外，还借着《沉沦的中国》、《拯救大地》、《江河并非万古流》等一系列生态报告文学讲述了中国当代的环境危机和现状，沙青与徐刚的纪实报告文学反响极大，此后，一大批以生态、环境为文学题材的纪

---

① 沙青：《北京失去平衡》，1986 年（http://www.doc88.com/p－717866037793.html）。

② 参见张艳梅、吴景明《近二十年中国生态文学发展概观》，《山东理工大学学报》（社会科学版），2007 年第 2 期，第 10—14 页。

实报告、小说、诗歌、童话等纷纷涌现，生态文学一时间成了大家讨论的热点，而沙青和徐刚可以说是中国"绿色"文学公共领域的创始人。

20世纪90年代以后，生态文学的形式开始从单一走向多元。如黄宗英的《小木屋》和徐迟的《生命之树常绿》分别讲述了现实生活中的生物科学家和植物科学家如何献身于自然保护工作的故事。还出现了生态散文，如李存葆的《大河遗梦》、周小枫的《鸟群》等，小说如杜光辉的《我的可可西里》、哲夫的《黑雪》、《天猎》等，不仅揭露出人类对于自然环境的破坏，也指出物欲社会中人类心灵的被污染。同时，生态文学的主题也从早期对环境生态的危机记录和歌颂抒情发展到了对环境危机下深层次的制度根源的批判。如张抗抗在小说《沙暴》中对沙暴本身及草原沙化原因进行了人性、体制等方面的根源性批判。

诗人华海则用尖锐的锋芒对竭泽而渔式的现代化和工业文明进行了反思与批判。就像《保护海蜇的小海》里舀水的小孩一样，纵然那海蜇最后还是会死去，纵然那小海无论如何也不能灌满，纵然连那大海都会变成死海、毒海甚至枯海，他们依然要非常耐心地、"不停地/用小小的矿泉水瓶/舀水"。华海不仅自觉地、专注地创作了大量生态诗，而且还联络了一群诗人持续地在《清远日报》上开辟生态诗专栏，发表并探讨生态诗，从而形成了我国诗坛乃至整个文坛的一个独特的现象——"清远现象"。他们尝试着从生态的角度、以维护生态系统持续健康存在为出发点，认识并表现自然，探寻自然与人类的关系，思考人类在自然承载限度内生存和发展的途径。[①]

随着生态文学的批判意识日益显露，同时，越来越多的环境记者开始拿起手中的笔为大自然疾呼，绿色文学公共领域由于涉及与国家活动相关的对象，日渐带上了政治公共领域的特征。1987年中国青年报《红色》、《绿色》、《黑色》三部曲从大兴安岭火灾谈到人类的短视及对环境保护管理的漠视；1994年中央人民广播电台汪永晨制作的广播特写《这也是一项希望工程》，讲述了一所苏北小学保护环境、爱护鸟类的故事，之后引起了国内外300多所小学的参与。1997年，汪永晨反映长江白色污染的报道《"白"了长江》，促使交通部和国家环保总局很快下发了"禁止在

---

① 王诺：《保护海蜇的小海》，《读书》2006年第6期，第162页。

长江航行的船只上使用塑料饭盒的规定"①。

（二）"精英型"绿色公共领域转向"大众型"绿色公共领域

绿色公共领域在当代中国的成长、发展与互联网络的兴起息息相关，以报纸、广播、电视为首的旧媒体虽然可以使许多公共议题和公共事件得以大范围传播，从现实的"在场"转变为无所不在的"在场"，然而它毕竟掌握在大批媒体精英及政府精英的手中，因而绿色公共领域最初的发起者离不开媒体精英，包括大量的生态文学作家及媒体记者，比如作家张抗抗、《人民日报》记者徐刚、中央人民广播电台记者汪永晨等。这批有着环境忧患意识的媒体精英们首先将环境危机与环境议题通过传统媒体的力量传达给普通受众，不仅影响了受众的环境认知，也激发了一大批志愿者投入到环境保护与环境传播的行列中来。值得一提的是，汪永晨本人还是环境 NGO、中国较早的环境草根组织"绿家园"的创始人，在她的呼吁及带动下，于 2000 年成立了"北京环境记者沙龙"，每月邀请专家与记者志愿者一起探讨环境问题，目前还发展了"上海环境记者沙龙"开始每月一次的研讨活动。

随着互联网开始进入每个普通家庭，网络的互动性、即时性与匿名性迅速吸引了上亿的普通网民来关注各类公共事件与公共议题，对于环境问题的探讨与传播也变得更加方便与容易。2003 年的"怒江建坝之争"事件就是由媒体精英牵头，联合国内外环境 NGO 的力量，依靠普通大众的集体合力发起的，最终建构了中国真正意义上的绿色公共领域。

2003 年 7 月，"三江并流"被联合国教科文组织正式批准为世界自然遗产，同年 8 月，国家发改委却通过了怒江中下游两库 13 级梯级开发方案。主张者倾向于经济效益，反对者着眼于环境保护。基于网络论坛的"口水战"就此展开。2003 年，民间草根环境 NGO"绿家园"召集 62 位科学、文化艺术、新闻、民间环保界的人士联合签名，反对建坝。国际环境组织随即也给予关注，在"第三届中美环境论坛"上将保护最后的生态江——怒江定为讨论的主题。2004 年 2 月，温家宝总理批示："对这类引起社会高度关注，且有环保方面不同意见的大型水电工程应慎重研究、科学决策。"2005 年 8 月，由《中国水危机》的作者马军执笔，99 名个人

---

① 张威：《绿色新闻与中国环境记者群之崛起》，《新闻记者》2007 年第 5 期，第 20 页。

及 61 个环保组织签名的《民间呼吁公示怒江水电环评报告的公开信》呈送国务院、国家发改委、国家环保总局等有关部委。至此，怒江建坝工程被延缓搁置。[1]

2007 年 12 月，第一财经记者章柯发表了《水电开发该降温了》一文，由此将互联网上这场长达数年（2003—2009 年）的"反坝"与"挺坝"的争论再次推向高潮。自始至终，这场社会大辩论卷入了媒体记者、政府专家、大学专家、独立专家、环境 NGO、广大环保志愿者、普通民众的集体参与。"怒江建坝之争"事件被国内外学界一致认为是中国绿色公共领域形成的标志。[2] 其后的"圆明园铺设防渗膜事件"以及以网络微博为介质发起的"南京法桐保卫战"，使得中国绿色公共领域进一步发展和完善。

第三节　环境保护运动与环境传播的公共建构

一　环境保护运动的概念

环境保护运动又称为环境倡议运动，在本研究中是一个重要的与环境传播相关的概念，是环境传播中常用的手段与环境话语实践，它对于环境理念的建构以及促进社会发展方面意义重大。

所谓环境倡议运动，广义地说，可以为行动的策略性路线，这一系列路线的设计与传播相关，最终是为了达到某种特定目标。也就是说，运动的发起是为了赢得胜利或者能够带来某种实质性的改变，因而它不仅仅只是对政策提出质疑。如今，许多运动发起者都动员大量的会员以及大范围的普通公众参与，通过公众游说说服、电子邮件、联合签名上书、上访、电话投诉以及其他"草根"手段给政府立法议程造成舆论压力。[3] 但这还只是环境倡议运动的一部分，运动模式随着运动目标、媒介使用、说服策略、受众定位的不同而有所差异，它包括公众教育、影响政府的环境立法

① 曹海东：《怒江的民间保卫战》，《经济》2004 年第 5 期，第 16 页。

② 参见 Guobin Yang, Craig Calhoun, "Media, Civil Society and the Rise of a Green Public Sphere in China", *China Information*, 2007, No. 21, pp. 211—236。

③ Robert Cox, *Environmental Communication and the Public Sphere*, London：Sage Publications, 2010.

运动、社区组织、联合抵制以及一些直接的环境抗议行动组成。环境倡议运动也是环境保护运动，它侧重强调运动的针对性、主题性、说服性和目的性。环境倡议运动一般分为三大类（见表2-1）。

表2-1　　　　　　　　　　　环境倡议运动的模式

倡议模式	目标
政治及立法渠道： 政治倡议 诉讼 选举政治	影响立法或者法规 要求机构或者企业遵循环境标准 动员投票
对普通公众的直接诉求 公众教育 直接行动 媒介事件 社区组织	影响社会态度和行为 通过抗议行动影响特定行为 为增强环境倡议效果的媒介报道 动员市民及本地居民产生行动
消费者和市场 绿色消费 企业责任	通过利用消费者的购买权利影响企业行为 消费者的联合抵制；股权持有者的行动

　　资料来源：Robert Cox, *Environmental Communication and the Public Sphere*, London：Sage Publications, 2010, p. 228。

　　由于体制及市民文化的差异，中国的环境倡议行动主要集中于"对普通公众的直接诉求"这一类别，第一类和第三类鲜有涉及，不过随着公民消费观的不断发展和变化，"绿色消费"诉求得到强化，这方面的环境倡议运动也开始有增加的趋势。这三类环境倡议运动模式的特点比较鲜明，但其诉求有时又互有交叉，比如厦门"散步"事件及广东番禺反对垃圾焚烧发电厂事件，既是对污染企业的抗议，同时也是一种社区组织行动，动员本地社区居民联合抵制污染项目的进展。而2010年12月"绿色和平（中国）"发起的"筷子森林"行动，既是大规模的公众教育，也是一种"绿色消费"理念的倡议与宣传。

　　2010年12月18—20日，"绿色和平"在北京举办"我本是一棵绿树"公众参与活动。8万余双被使用后丢弃的一次性筷子，被拼接还原成4棵高约5米的"大树"，以唤起人们的森林保护意识。（见图2-1）绿色和平（中国）希望通过该活动，呼吁公众拒绝使用一次性筷子，保护中国原本匮乏的森林资源。根据国家林业局2004—2009年的统计数字，中国年产约570亿双一次性筷子，每年为生产一次性筷子而减少森林蓄积118万立方米，相当于消耗约380万棵树。如果把中国年产的一次性筷子首尾相接，可以往返月球 15 次。① 目前，绝大多数用来生产一次性筷子的木材都取自国内，一次性筷子的大量生产和消耗，无疑会给我国本来就匮乏的森林资源带来更大的压力。图片展示的"筷子树"，是由 20 多所大学的 200 多位志愿者经过 3 个星期的努力，到餐馆搜集废弃的一次性筷子后做成的。

图 2-1　绿色和平经过两年多筹划，3 个月的行动，发动 200 多名志愿者将 8 万双废弃的一次性筷子还原为 4 棵"大树"，呼吁公众停止使用一次性筷子

资料来源："绿色和平（中国）"官方网站。

社会学家将环境保护运动与早先（旧）的社会运动区分开来，认为环境保护运动是"新兴的社会运动"（此外还包括女权运动、公民权运动及同性恋运动）。② 综观社会学家对新旧社会运动的考察，有前后两种不同的研究方法的转向，即从社会运动的资源调动范式转向身份认同范式。资源调动范式是社会学家们在理解社会运动时关注社会运动的组织与资源方面，而近年来，大多数的社会学家尤其是欧洲的社会学家，将着眼点转

---

① 参见腾讯网绿色频道《绿色和平拯救森林"筷行动"，我本是一棵绿树》（http://news. qq. com/a/20101220/001696. htm）。

② Kevin Michael DeLuca, *Image Politics: the New Rhetoric of Environmental Activism*. DeLuca, London and New York: Routledge, 2009, p. 97.

向了社会运动的修辞方面。

　　新兴的社会运动在两个方面与旧式不同：议题与组织。议题方面，早先的社会运动着重于对有形物资的分配，体制内政治权利和安全等问题，而新兴的社会运动更关注个人及集体的身份认同、质疑社会规范、挑战体制管理的逻辑方面，一言以蔽之，即解构已有的社会命名。换句话说，研究的方向已经从经济立场转为文化立场，或者说从国家和经济领域转向公民社会领域。这个趋势形成的部分原因在于"被社会运动挑战的统治领域不仅控制了生产的手段，还控制了象征物品也就是文化的信息及图像的生产"。① 从组织方面来看，新兴的社会运动抵制组织化（工会或党派）的正规模式，取而代之的是没有等级差别的草根式的集体社会网络。

　　这些转变使社会运动的定义从"物体"（Object）面向转为"行动"（Activity）面向。如有学者将社会运动视为"行动系统"（Action System）、② "集体行动方式"③，或"围绕主要文化模式的社会控制产生的矛盾"④ 等。Touraine 还认为"社会运动"可以被"舆论转型"（public opinion transformation）所取代⑤，而 Melucci 则强调社会运动不是一件"事情"（thing）而是影响"集体意识"的"对体制的符号性挑战"⑥。这种社会运动的修辞学视角基于社会和政治的集体建构立场，有利于我们解释社会是如何变迁的。正如 Cathcart 所言："运动（Movement）并不是物质世界的简单移动（move）。运动只能从点滴片断的行为中得到解释，并通过相应的符号形式和意义'创造'出来，而这些符号形式和意义是与现存的符号形式和意义有着各种关系的。运动是符号性的构成，因为它的对抗策

---

① A. Touraine, "An Introduction to the Study of Social Movements", *Social Research*, 1985, No. 52（Winter）, p. 774.

② A. Melucci, "The Symbolic Challenge of Contemporary Movements", *Social Research*, 1985, No. 52（Winter）, p. 792.

③ Ibid., p. 795.

④ A. Touraine, "An Introduction to the Study of Social Movements", *Social Research*, 1985, No. 52（Winter）, p. 760.

⑤ Ibid., p. 786.

⑥ A. Melucci, "The Symbolic Challenge of Contemporary Movements", *Social Research*, 1985, No. 52（Winter）, pp. 789—814.

略是与现存的法定团体的符号形式与内容并置的。"①

二 环境传播的公共建构理念

环境传播研究涉及人与自然环境的关系问题，因而我们每一个公民都负有环境传播的责任，环境传播的公共建构就是每一个普通公众通过各种媒体与中介就任何环境议题进行辩论与探讨，最终形成一个公共绿色话语空间的过程。综合上述对环境传播与绿色公共领域的界定与分析，两者之间的关系与影响遵循了以下运作图式（见图2-2）。

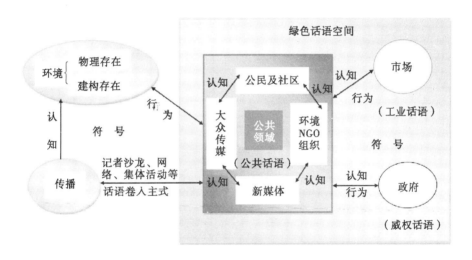

图2-2 环境传播和绿色公共领域建构与影响话语机制

首先，环境传播作为一种符号性的行动手段和途径，其功能和目的既是为了实用性的教育、警示、说服、调动和帮助我们解决环境问题，又是为了建构和表征我们所理解的自然与环境问题。因而，人们在进行传播时，环境客体以两种方式影响主体的认知，一种是自然的物理存在（比如北极熊），另一种则是通过主体建构的存在（比如全球气候变暖），环境的这两种存在通过传播的符号方式，以沙龙、网络等各种话语载体为中介进入绿色公共领域，从而影响人们对环境的认知和态度，公共领域各主体之间通过人际、组织、大众传播等形式产生互动与影响，又建构出各种环

① R. S. Cathcart, "Defining Social Movement by Their Rhetorical Form", *Central States Speech Journal*, 1980, No. 31 (Winter), p. 268.

境问题，在环境认知与环境问题建构的基础上，还可产生环境（绿色）行动，因而形成环境、传播与公共领域间的互动循环的影响机制。

其次，公共领域是沟通市民社会与政治国家的中间领域，因而公共话语理想上希望摆脱威权话语及工业市场化话语的操纵，成为以公共性与责任感为己任的绿色公共话语空间。在此空间内部，以自然及环境问题为公共话题，主要以四大传播主体为公共动力：公民及由公民组成的社区组织，国内环境 NGO（包括大学及中学环保社团以及草根环境 NGO），报纸、电视、广播、杂志为主的大众传媒（旧媒体）以及互联网、手机为代表的新媒体。这四大主体间通过公共话语卷入各种观点的碰撞与辩论并产生互动，借此，自然及环境问题的认知与符号得以传播。

此外，公共话语空间的外部还受到以市场代表的工业话语、以政府为代表的威权话语这两种话语的影响。一方面，工业话语如"经济发展不得不以牺牲环境为代价"、"绿色产品"、"有机食品"等及政府威权话语如"低碳出行"、"节能减排"、"GDP 持续快速增长"等都对公共话语在绿色认知及绿色行动上施加控制及影响。另一方面，公共话语通过各种传播手段竭力对工业话语、政府威权话语进行反抗与协商，通过形形色色的符号、辩论、集体行动实践，对威权话语施加压力与影响，促使政府部门采取有利于环境保护的行动，如组织环评听证会、新闻发布会、制定环境保护法等，这些符号性行动因而可导致大批污染型工业撤离以及促进绿色法规的制定与完善。

值得强调的是，在环境传播和绿色公共领域的建构与影响机制中，表征"绿色"的符号充斥于绿色话语空间，通过公共领域主体间的讨论与辩论，各种环境意义、环境问题与环境风险不断被生产与重置，符号通过图像、语言、修辞的方式得以传播。同时，正如肯尼斯·贝克所强调的，语言和其他符号不仅"说"事情而且"做"事情，又如奥斯汀和塞尔主张的"说话就是做事"、"任何以言表意的行为都是以言行事的行为"[1] 一样，环境传播是一种符号性的行动，通过各种符号的生产与消费，公共领域各主体对环境的认知与建构得以部分完成，环境传播的最终意义在于行动与实践：通过号召越来越多的人参与环境问题的辩论，普通公众都能认识到环境问题及风险的多义性与开放性，能行动起来保护自己生存的环

---

[1]　参见 J. R. Searle, *Speech Act.* Cambridge：Cambridge University Press, 1969。

境，政府能制定有利于环境保护的法律与合理的环境评审程序，市场能兼顾对环境友好的科学发展方向。符号在意义建构上的功能，成为我们认知的源泉，也是我们行动的利器。

最后，基于第一、二章对本研究目的、理论框架及主要概念的界定，借助环境传播和绿色公共领域的建构与影响的话语机制图，接下来的四章分别按照以下脉络进行阐释：第三章首先从符号学的视角对国内外环境传播中的各种环境问题及风险的建构进行分析，涉及环境运动及环境话语的社会建构及权力关系问题；第四、五章则从绿色公共领域的四大环境传播主体着眼，依次分析以报纸、杂志、广播电视为主的传统大众传媒（旧媒体）、互联网络媒体（新媒体，同时也是作为公民及社区间传播的主要方式）及环境 NGO 如何建构及影响绿色公共领域。第四章主要考察了传统媒体进行环境新闻传播的机制，并对其"绿色"公共性进行了批判性解读，同时审视了新媒体进行环境传播的特点，分析了以微博为代表的网络绿色公共话语空间的形成与发展，以及新旧媒体在环境传播中的话语博弈和对中国绿色公共领域的互动影响。第五章侧重分析环境 NGO 如何推动中国绿色公共领域的发展，环境 NGO 的绿色话语策略及其环境"公共"政治是如何运作并如何实践其传播行动。

本研究专门辟出一章（即第六章），探讨公共领域之外政府的外力影响，从政府的环境传播体制入手，考察政府的环境政策及话语如何影响绿色公共领域的建构与发展，以及政府目标驱动、政策驱动的环境传播的语言及行动是如何影响传播中的公共身份认同，进而在一定程度上限制了绿色公共领域的进一步发展，绿色公共领域这个作为中介场域的公民话语实践又如何能影响政府立法、决策从而导致社会政治变迁。

由于市场性的工业话语经常与环境保护话语形成鲜明对比，市场与传统媒体以及与政府的关系也十分微妙，因而在各章中都会有所提及而没有作为专门一章来分析。

第三章

中外环境符号的公共建构

> 传播者有可选择的代码或符号。所选择的符号影响该活动对接收者的意义。因为每一种语言——每个符号——都和一种意识形态对应，所以，一组符号的选择，不管是否有意识，都是一种意识形态的选择。
>
> ——Samuel Becker，1984

我们的日常生活充满了符号，因为有了符号，世界才变得有意义。当然，要使我们所处的社会存在，符号还须具备共享的意义，正如芝加哥学派的开创者乔治·荷伯特·梅德所指出的："社会形成于一个群体的有意义的符号中……社会是一个由社会相互作用构成的网络。在这个网络中，参与者通过使用符号给自己的和他人的行动赋予意义。甚至社会的各种制度也正是由那些制度中的人的相互作用而建立起来的。"[①]

我们的衣食住行中，这种共享的有意义的符号随处可见。食品中的绿色标识码表征着"无公害食品"或"有机食品"；每天我们还会给生产出的大量生活垃圾分类，小区内随处可见四种颜色的公用垃圾桶：红色——有毒垃圾，绿色——厨房垃圾，蓝色——可回收垃圾，黄色——其他垃圾；出门后还可看见广告牌上倡导"低碳出行"的字样与符号，这可能促使我们选择公共交通工具或者步行；来到宾馆、饭店等公共场所，我们经常看到"严禁吸烟"、"节约用水"的标志；新房装修完毕我们还经常会检测一下空气中的甲醛浓度有没有超过 0.08 毫克/立方米（污染指标），否则就意味着室内环境已遭受污染而可能危害健康。

---

① 转引自［美］斯蒂文·小约翰《传播理论》，陈德民、叶晓辉译，中国社会科学出版社1999年版，第286页。

各种颜色、标记、数字、语言、字样组成了我们对环境的认知、理念与共识，这形形色色的符号承载着人类在过去、现在以及未来可能对"环境"的定义与经验性的理解。本章中，我们先考察中国社会及国际社会对于"环境"的认知与理念的谱系，以及不同意识形态下的符号选择和意义建构，然后分析"环境风险"的建构及运作过程，对"环境"话语（包括语言的隐喻及图像修辞方面）及权力关系进行探讨。

第一节　"红色"与"绿色"：中国社会的"环境"符号解读

我们常听人这样说："经济发展亮起了'红'灯"；"要发展'绿色'GDP"；还有"'红色'革命"；"人定胜天"；"'绿色'生态"；"生命之源"的说法。这些关于"红色"与"绿色"的有意义的符号选择，背后是不同的意识形态的支撑，因为正如经济开发与环境保护的矛盾理念一样，"红色"与"绿色"表征着两种不同的关于"环境"的意识与认知。本节笔者先详细考察中国古代社会民间及官方环境意识的萌芽及环境理念的建构，接着考察新中国成立后至今社会的环境理念转变过程，分析中国社会在漫长而复杂的发展进程中如何对绿色符号进行阶段性建构。

一　中国古代社会的绿色萌芽与哲学思考

纵观中国历史，"绿色"与"红色"的环境理念似乎经历了一个漫长的发展与演变过程。早在两千多年前的中国古代，一些类似于环境保护的"绿"意识就已经开始萌芽了，不过，最开始古人对自然环境的意识还和"保护"理念有一定距离，还仅仅处在将"天"置于第一，"人"为其次的序列意识中，由于科学知识的缺乏，"人"对于"天"最初还是处于敬畏状态。《春秋繁露·必仁且智》有记载："天地之物，有不常之变者，谓之异，小者谓之灾，灾常先至，而异乃随之，灾者，天之谴也，异者，天之威也，谴之而不知，乃谓之以威。"① 由于人做了一些有违天理良心的事，则天有可能降灾降祸于人，施与"天谴"，比如干旱、洪灾、疾病都属"天谴"之列。这就是西汉董仲舒提出的天人感应论。

---

① 转引自［清］苏舆撰《春秋繁露义证》，钟哲点校，中华书局 2011 年版。

董氏认为："人之为人本于天，天亦人之曾祖父也。"因此，天人是相互感应的。他说："王者欲有所为，宜求其端于天。"否则，天就会"先出灾害以遣告之"。若不自醒，"又出怪异以警惧之"。董仲舒的天人感应论尽管笼罩着浓厚的宗教神学迷雾，但他重视天道，强调人行必须符合天道，切不可肆意妄为。因而，上古时期，人将山川与百神一同祭祀。① 祭祀仪式多种，比如求雨的仪式，就有"焚"、"雩"、"舞"三种。最早的"焚"，是把人或牲畜放在柴堆上焚烧，以祭告雨神降雨。

远古人类对自然怀有敬畏之心，而日常生活、农业生产又和自然环境、季节变换休戚相关，因而古人将人类当作自然和宇宙生命有机体的一个重要组成部分来看待，这种意识很早就在《周易》中表现出来："有天地然后万物生焉"，"有天地然后有万物，有万物然后有男女，有男女然后有夫妇，有夫妇然后有父子，有父子然后有君臣，有君臣然后礼义有所措"；《周易·象传·坤》言："至哉坤元，万物资生。"在《周易》看来，人为天地自然所生，因而人与天地自然"同声相应，同声相求"。人可以"与天地合其德，与日月合其明，与四时合其序"；宇宙间"有天道，有地道，有人道"；人虽为天地所生，天地人结构同类，互参互动。人的作用就在于能够"裁成天地之道，辅相万物之宜"，即协调天地万物的变化，调节宇宙自然生态的良性循环。② 在此精神的启迪下，中国哲学形成了一个以天地人相互关系为主体的哲学思维模式。

人与自然的关系是中国古代哲学家思考得最多的问题。人和天究竟是一体的还是分离的？如果是一体的话，"人"和"天"是否有排序？如果是分离的话，人和天是否有力量的强弱对比？庄子和荀子在思考这些问题的时候给出了两种答案，庄子为代表的道家提出了"物我为一"的"天人一体论"，指出人与天本来是合一的，自然与人原本是一体的，自然而然的存在本质上是和谐的。只是人对自己的所谓聪明才智的无限张扬以及对自己的主体能动性的盲目乐观，从而破坏了人与天的和谐与统一。所以，庄子说："牛马四足是为天，穿牛鼻、落马首是为人"；"是故圣人无为，大圣不作，观于天地之谓也"。只有认识到"天与人不相胜也，是之

---

① 参见马华阳《先秦时期的环境保护》，《安徽农业科学》2008 年第 15 期，第 6576—6577 页。

② 参见高新民《中国哲学的天人学说及其当代价值》，《陇东学院学报》2007 年第 5 期。

谓真人"①。正因如此，庄子坚决主张要尽可能地克制因人的狂妄自大而对自然状态的任意破坏，并尽可能地恢复人与自然原本就和谐一致的状态。庄子的思想多多少少带上了"绿"的色彩，可以说是当代环境生态保护意识的初步萌芽。

当然，"天人合一"的思想并没有仅仅停留在意识上，当时确实有了一些极为严厉的环境保护的行动性法令。殷商时期，就有禁止在街道上倒生活垃圾的规定，而且视其为犯罪。《韩非子·内储说上》载："殷之法，弃灰于公道者断其手"。春秋战国时代，商鞅在秦国实施法治，也规定"步过六尺者有罚，弃灰于道者被刑"，严禁乱抛废物损害环境。从周代开始，人们就开始有意识地保护自然界的生物资源，如西周时期颁布的《伐崇令》规定："毋坏屋，毋填井，毋伐树木，毋动六畜，有不如令者，死无赦。"这是我国古代较早的保护水源、森林和动物的法令。②《周礼·地官》还规定大司徒的职责是，隆掌管天下舆图与户籍外，还要"以土宜之法，辨十有二土之名物，以相民宅而知其利害，以阜人民，以蕃鸟兽，以毓草木，以任土事"。就是说大司徒的工作职责包括：考察动植物的生态状况，分析其同当地居民的关系，并对山林川泽和鸟兽等动物加以保护，使之正常繁衍，保持良好状态，最终使人们生活在良好的生态环境中。③春秋战国以来各朝各代在环境资源保护上也都有一些管理举措。

与庄子看待人与自然关系问题的视角不同，荀子将人与自然分离开来，以他为代表，东汉王充、唐刘禹锡紧随其后的"天人相分"论就是建立在人与自然相互分离的前提下，主张以积极主动的人为活动改变自然、改变环境的哲学学说。荀子的天人相分论是以否定天有意志、天有人格，并能支配和干预人的吉凶祸福为其立论基础的。所以，荀子认为天是物质性的自然存在，不具有人格和意志。他说："天行有常，不为尧存，不为桀亡。应之以治则吉，逆之以乱则凶。"人与其对天顶礼膜拜，企求吉祥，不如积极发挥人的能动性"制天命而用之"，利用自然为人造福。故言："大天而思之，孰与物蓄而制之；从天而颂之，孰与制天命而用

---

① 参见《庄子译注》，百花州文艺出版社2010年版。

② 程少华：《环境新闻的发展历程》，《新闻大学》2004年第2期，第78—81页。

③ 马华阳：《先秦时期的环境保护》，《安徽农业科学》2008年第15期，第6576—6577页。

之；望天而待之，孰与应时而使之，……故错人而思天，则失万物之情。"①强调发挥人的作用，遵循自然，改变环境，造福于人。

荀子的天人相分论虽然肯定了自然界是人类生命之本，但人与自然的物质存在不同，人具有生命和人格，因而在与自然的关系中占主动地位，自然可以加以改造而更好地为人所用，这与庄子"天与人不相胜"的思想有所出入。从一定程度上看，荀子的"天人相分"论为当代工业开发、自然资源利用的话语找到了源头。

二　中国当代社会的环境理念与绿色发展轨迹

历史发展到近代，中国自鸦片战争至新中国成立前夕一直处于半殖民地半封建社会的状态，"内忧外患，灾难深重"是这一时期的历史写照。1940年，毛泽东提出了"文化革命"的概念，在《新民主主义论》一书中，以"五四"为界，他把此前后的文化称为两个不同历史时期的文化：旧民主主义文化和新民主主义文化，并把文化与革命联系起来称为"文化革命"②。新中国成立后，毛泽东带领全国人民恢复和发展经济。

当时的中国"工农业不发达，科学技术水平低，除了地大物博，人口众多，历史悠久，以及在文学上有部《红楼梦》等等以外，很多地方不如人家，骄傲不起来。"③为了发展经济，完成中国社会主义三大改造和实现第一个五年计划，有歌谣唱道："我就是玉帝，我就是龙王，喝令三山和五岭开道，我来了。"1956年毛泽东在《水调歌头·游泳》中抒写下了"天堑变通途"的宏伟蓝图，把对自然的改造和社会主义建设紧密相连。

值得注意的是，新中国成立后，全国上下致力于对自然环境的大开发，不仅与当时的中国经济发展政策相关，比如"多快好省地建设社会主义"、"大跃进"等，同时也由于当时中国饱受自然灾害的影响，从而产生出"人定胜天"这种与自然斗争的环境理念。1954年长江、淮河洪水，1955年黄河下游冰凌洪水，1957年松花江大洪水，1958年黄河洪水，其后每隔五年全国有一次特大洪水发生；1966年河北邢台7.2级地震，

---

① 转引自高新民《中国哲学的天人学说及其当代价值》，《陇东学院学报》2007年第5期。
② 《毛泽东著作选读》（上册），人民出版社1986年版，第387页。
③ 《毛泽东选集》第5卷，人民出版社1977年版，第287页。

1970 年云南海通 7.7 级地震等，面对这些频繁的自然灾害，"人定胜天"的环境思想主张把自然灾害当作另一场革命战争，以打赢这场人与自然的战争，取得人类的胜利，如"与天斗其乐无穷，与地斗其乐无穷，与人斗其乐无穷"的环境话语。[①]"人定胜天"的思想在"愚公移山"精神中也有所体现。具体在环境话语实践中表现为围湖造田、开发北大荒、修水电站、建桥等。

"人定胜天"的思想最初在荀子的《天论》中可以找到出处，也有学者认为较早明确提出"人定胜天"的是宋人刘过《龙川集·襄阳歌》："人定兮胜天，半壁久无胡日月。"[②] 这些思想都将人与自然置于一种分离状态，同时人与自然存在力量对比，有强有弱。毛泽东则进一步发展，将人与自然的关系置于一种斗争状态，斗争的结果有输的一方也有赢的一方，而人是完全可以战胜自然、取得胜利的，西方学者朱迪恩·夏皮罗（Judith Shapiro）认为："'人定胜天'，这个被许多中国人提到的词语，成为毛泽东对自然界态度的中心。"[③] 并最终奠定了当时人类中心主义的环境思想，与"红色"革命思想一脉相承。

此后的环境发展实践表明，"红色"环境理念虽然在最初阶段有利于经济发展，并在一定程度上缓解了广大人民的生存压力，但最终没有解决根本问题。围湖造田就是一个典型例子。1958 年大办钢铁，片面强调"以粮为纲"，于是鄱阳湖、洞庭湖等一些地方，兴起了大规模的围湖造田运动。江西鄱阳湖的面积就因此减少了十五分之一。由于湖泊是一个天然蓄水池，作为中国最大的两个通江湖泊，鄱阳湖和洞庭湖承担着重要的对长江洪水的调蓄功能，因此，这两大淡水湖的面积减少后，长江一旦发生洪水就将失去调节和防御能力。1998 年的洪水灾害发生的重要原因就是湖泊的蓄洪量减少，围湖造田是弊大于利，得不偿失。这正如马克思在《自然辩证法》的"一步胜利二步三步失败论"中所说的："我们不要过分陶醉于我们对自然界的胜利。对于每一次这样的胜利，自然界都报复了我们。第一次胜利，在第一步都确实取得了我们预期的结果，但是在第二

---

① 吴绮雯：《论毛泽东"人定胜天"的环境思想》，《涪陵师范学院学报》2006 年第 5 期，第 120—124 页。

② 参见马国征：《"人定胜天"及其他》，《中华魂》2008 年第 6 期。

③ Judith Shapiro, *Mao's War against Nature：Politics and the Environment in Revolutionary China*. Cambridge：Cambridge University Press, 2001, pp. 67—68.

步和第三步却有了完全不同的、出乎预料的影响，常常把第一个结果又取消了。"①

20世纪60年代，世界范围内的环境问题逐渐突出，1971年中国重返联合国后，于1972年6月5日参加了联合国在瑞典斯德哥尔摩召开的"人类与环境会议"，了解了可持续发展思想。大会通过了《人类环境宣言》，它所规定的在保护和改善人类环境方面所应采用的共同观点和共同原则，成为世界各国在环境保护方面的权利和义务的总宣言，大会还宣读了一份非正式报告《只有一个地球》，6月5日从此定为"世界环境日"，环境问题成为全球性的重要议题，"绿色"发展观被提上国际日程。

中国自1979年经济改革的开始、农村家庭联产承包责任制的推广以及工业化进程的加快后，国内生产总值（GDP）每年平均以7%—8%的速度持续增长。经济的迅猛发展让国人一度骄傲和欣喜，然而，工业化发展的代价却是建立在环境污染日益加剧以及能源过度开发的基础上，随之带来的是人类生存环境的日益恶化，各种环境问题接踵而至。此时，中国政府开始考虑如何将经济发展与环境保护这对相伴相生的矛盾统一起来，从而于1984年将"环境保护"定为基本国策，之后在经济发展的同时，一直强调可持续的"绿色"发展观，如"绿色"生态、"有机食品"、"绿色GDP"、"低碳"、"节能减排"等，这些"绿色"话语一度成为大众流行话语。

从当代中国绿色发展的轨迹来看，"人定胜天"的"红色"理念有其哲学源头，也与当时的环境现状有关，该理念自被建构后并没有因自然环境的变化以及"绿色"发展观的提出而从社会实践中消失，"红色"与"绿色"的环境思想始终矛盾地贯穿于社会发展的整个过程。"怒江建坝之争"就是当代中国社会"红""绿"正面交锋的先例，背后是不同的环境意识形态的协商与谈判。"红色"与"绿色"环境理念是在不同的历史情境下符号建构的产物，"红"与"绿"相伴相生，矛盾发展，并将支配着未来中国社会的命运走向。

---

① ［德］马克思、恩格斯：《马克思恩格斯选集》，人民出版社1972年版，第517—518页。

第二节　"生态"与"正义"：国际社会的
　　　　　　"环境"符号建构

　　从国际上来看，20 世纪 60 年代中期，"环境退化几乎在所有工业化国家都成为一个新的、尖锐的社会问题"。[①] 工业革命以来的环境恶化使得人类的生存与发展面临困境与危机，环境问题也从局部、区域化的边缘问题转移到中心位置，欧美等发达国家在战后相继兴起了环境保护运动，其中以美国环保运动的声势最为浩大，本节对国际环境保护运动的历史及发展态势进行解读，揭示这一系列的环境话语如何建构全球化的绿色理念。

一　"回归自然"的环保运动：从"荒野"到"自然景观（资源）"的话语

　　国际环保运动以美国最早发起且声势最大，在对环境保护运动以修辞学方法来审视的基础上，美国的环保运动可以追溯到 19 世纪末、20 世纪初一场名为"回归自然"的荒野与资源保护运动。美国是一个自然资源极其丰富的国家，然而在商业、矿业、牧业和农业依次将美国的西部开发向前推进的过程中，自然资源遭到了惊人的浪费与破坏。

　　"他们清除了土地上的自然植被，……他们差一点砍光了从大西洋畔一直伸展到大平原区的一望无际的硬木森林；他们杀死了绝大多数为捕兽者所遗漏的野生动物；他们还使一度清澈的河流中填满了从被侵蚀的土地上冲刷下来的泥泞。但更严重的是：他们毁坏了土地本身。"[②]

　　19 世纪，美国人对自然的传统印象是将自然当作敌人来看待，是"荒野的自然"，其对人类的生存形成明显的威胁，这从当时和现在的一些神话体的文学作品中可以找到。比如狼在童话故事所扮演的重要角色：在《彼德与狼》（*Peter and Wolf*）以及迪士尼版的《美女与野兽》（*Beauty*

---

　　① ［加拿大］O. P. 德怀维迪：《政治科学与环境问题》，《国际社会科学杂志》（中文版），1987 年第 3 期，第 30 页。

　　② ［美］弗·卡特、汤姆·戴尔：《表土与人类文明》，庄崚、鱼姗玲译，中国环境科学出版社 1987 年版，第 18 页。

and the Beast）中，树林对孩子们来说就是非常危险的地方。我们所熟悉的电影《指环王》（*Lord of the Rings*）有个明显的对比，就是霍比特人的住处被表征为文明、温和与迷幻之所，而有着森林与山峦的阴暗世界则充满了行走的树木、魔鬼和其他险恶的生物。这种对未驯服的自然所持有的消极态度可以从学者 Nash 对美国边境西进时期的一段文字中体会到：

　　"荒野之国就是敌人。开拓者的任务就是破坏荒野。将荒野作为具有景观和娱乐价值而保护起来是先驱们最后才会考虑的事情。问题是荒野太多而非太少。荒野之地只能作为人类要对抗甚至求生的物理障碍，因而这是一场对荒野的战争。在国家的土地上，树木要清理干净，印第安人要迁离，野生动物要被消灭。自然的骄傲来源于将荒野转变为文明，而不是因为公众的享乐而留存。"①

　　19 世纪末，美国开拓边疆的任务已经基本完成，城市的不断延伸和扩大使自然景观消失殆尽。人口密集、过度的噪声和污染及其他社会问题使城市生活压力剧增，未被人化的自然突然具有了特殊的社会意义，一股对乡村和户外生活的怀旧情绪慢慢在城市的中产阶层中酝酿，在这种情况下，"回归自然"运动于一战后迅速崛起，它包括一系列活动的相继出现：夏令营，荒野小说，乡村俱乐部，美国西部观光牧场或农场（供休假游憩），野生动物摄影，公众景观公园和"童子军（一种针对青少年的野外活动训练方式）"等。接着，未被污染的自然景观展览被陈列在博物馆中，大自然的圣洁与美好被文学家所称颂，亨利·梭罗（1817—1862）的《瓦尔登湖》以浪漫主义的哲学笔调揭示了人与自然的关系，让人们相信自然是有生命的，它不因人的存在而存在，"人可以通过认识自然来认识自身"，"自然在人与上帝的沟通中起着重要的中介作用"②。

　　这场对"荒野"的意义争夺运动卷入了社会各阶层的广泛参与和讨论，其中约翰·缪尔这位文学家兼环保活动家是环境传播学者经常提到的人物，它是继梭罗之后美国最著名的荒野保护主义者。最早研究环境传播的学者 Christine Oravec 称约翰·缪尔是加州原始山脉保护中最初与最重要的胜利者，虽然梭罗等作家表达了一种对荒野保护的关切意识，但只有缪

---

①　R. Nash, "The Value of Wilderness", *Environmental Review*. 1977, No. 1, pp. 15—16.

②　［美］亨利·戴维·梭罗：《瓦尔登湖》，徐迟译，译文出版社 2004 年版。

尔成功地将这种关切化为对国家公众的有效诉求。[1] 缪尔唤醒了荒野保护的国家情绪，他将加州的约塞米蒂山谷的故事传遍了整个美国大陆，唤醒了所有普通公众都来保护自然奇观的热情。然而，缪尔最初并不是靠发动环境保护运动来说服公众，而是以笔为号角，将自然的美丽故事以修辞的方式叙述给公众，通过语言和图片成功地将"荒野之地"建构成"雄浑壮丽的自然景观"，最终敦促政府建成了约塞米蒂国家公园。他还领导和建立了美国第一个自然保护组织——塞拉俱乐部（Sierra Club），此后，他才组织了第一次全国范围内的反建坝的大型环境保护运动。

美国人从工业社会的压力中感叹未被人类污染的原始自然景观的消失，因而"回归自然"运动利用了美国当时这种普遍的文化怀旧情绪，创造出一系列可以辨识的象征性符号与标识：马，黑美人[2]，加利福尼亚红杉，大峡谷，黄石国家公园的间歇泉，甚至"烈火赤子"（Smokey the Bear）的漫画熊[3]。这些符号有些是真实存在的，有些是虚构的，所有"这些符号与神话让人们发现，荒野在形成美国人性格方面是一股主要力量。"[4]

从"荒野"到"自然奇观"、"自然资源"的话语在美国19世纪末20世纪初的国家公园体制上发挥了巨大作用，1872年第一个国家公园——黄石国家森林公园建成之后，阿迪朗达克国家公园（1885）、约塞米蒂国家公园（1890）、红杉国家公园（1890）、火山口湖国家公园（1902）等相继成为主要的自然奇观式的公园，是荒野保护实践的重要成果。[5]

---

[1]　Christine Oravec, "John Muir, Yosemite, and the Sublime Response: A Study in the Rhetoric of Preservationism", *Quarterly Journal of Speech*. 1981, Vol. 67, No. 3, p. 245.

[2]　《黑美人》（*Black Beauty*）是 Anna Sewell 于1877年在英国出版的畅销小说，1890年在美国再版。这本书最初是为支持动物保护运动的，后来它为更加广泛的野生动物保护氛围的形成做出了重要贡献。

[3]　"烈火赤子"（Smokey the Bear）是一只穿着森林消防队员制服的卡通熊形象，源于1940年美国发起的历史上持续时间最长的防止森林火灾的公益广告运动，"烈火赤子"形象及广告语"只有你能防止森林火灾"（Only You Can Prevent Forest Fires）的广告语被95%的成人及77%的儿童认知。

[4]　P. J. Schmitt, *Back to Nature: The Arcadian Myth in Urban America*. Baltimore, MA: Johns Hopkins University Press, 1990, p. 175.

[5]　高国荣：《美国现代环保运动的兴起及其影响》，《南京大学学报》（哲学·人文科学·社会科学）2006年第4期，第48页。

二　生态保护运动："生态系统"中心与"人类"中心的生态学话语

1970 年 4 月 22 日，美国 3000 万人走上街头，举行"地球日"游行活动。这是历史上规模最大、影响最广的环保性群众活动，这被普遍认为是现代环境运动的开始。这次环境运动被美国媒体认为是新环境保护的"第一天"，环境保护议题迅速而广泛地得到公众认同。① 环境运动从此拉开了以生态学为理论武器的序幕，其中值得一提的是 20 世纪 70 年代左右以卡森（Carson）为代表的生物学家及文学家对自然与人的关系提出的"生态学"概念。

卡森通过 4 年时间研究了美国官方和民间关于使用杀虫剂造成污染危害情况的报告，于 1962 年出版了《寂静的春天》这一划时代的著作，她首次将"生态学"、"食物链"、"生命之网"以及"生态平衡"等词汇带入流行文化。通过生态学这一阐释的关键话语，她将社会中大量有问题的关系简化为"环境危机"（Environmental Crisis）。Commoner 用生态学的四个法则来总结卡森的考察：任何事物都是和其他事物相互联系的；任何事物都会导致某种结果；自然知道得最多；天下没有免费的午餐。② 这些法则有可能过度简化了"生态系统"为中心的生态学，但却在当时甚至现在都产生了强大的修辞力量。

在此基础上，Aldo Leopold 将生态学与伦理结合起来，提出了著名的"土地伦理"（Land Ethic）说，他认为自然应该被看作社会共同体（community）而非商品（commodity），因而自然世界也同样具有民族伦理性的权利。③ 人类对生物共同体的任何干扰不仅会产生特定的影响和后果，在 Leopold 看来，还是一种错误行为。20 世纪 80 年代，环境保护主义者开始从工业文明的发展理念和生活方式中思索环境问题的发生和防止机制时，"土地伦理"说影响显著。

与此同时，以"生态系统"为中心的生态学话语与"人类"中心的生态学话语形成竞争性话语，对比鲜明。西方文化中，有"现代科学之父"称号的培根、笛卡儿、伽利略等早就将自然建构为人类学科的一个对象（object），

---

① R. Gottlieb, *Forcing the Spring: the Transformation of the American Environmental Movement.* Washington, DC: Island Press, 1993, p. 199.

② 参见 B. Commoner, *The Closing Circle.* New York: Bantam Books, 1971。

③ John Hannigan, *Environmental Sociology.* London and New York: Routledge, 2006, p. 45.

从此以后自然的支配意义就被动摇，并在科学与工业发展的文明中被改变。发展往往是工业主义的目标，工业的发展必然要干扰自然界的原生态，工业主义话语将发展和自然联系起来定义我们的社会，并且使一些理念与行动正当化，比如"无限制发展的必要性和可能性"观念，基于技术与工具理性的"技术包治百病"，并且将所有非人类的生命形式当作"可供利用的资源"的想法。这种话语实际上充斥于政府发言、大众传媒、会议、论坛等场合。"现有的表意群里，自然就是用来为工业主义引擎加油充电的资源仓库。"①

工业主义话语不仅是政府寻求经济发展的主要依据，甚至也为某些环境保护主义者提供了宣传语境。在一些环保资料中，我们经常看到"基因库"这个词，保存生物多样性是环境保护的一个重要目标，在理解为何要保存生物多样性时，公众宣传总是提到生物多样性为人类提供了丰富的"基因库"，这个隐喻实际上着眼于人类长远的经济发展，隐含之意在于"某些生物可能内在价值并不高，其价值的高低就在于能为人类提供何种用途"，即"生物多样性是一个可持续的资源，它具有直接或间接的经济潜力②"。与濒临灭绝的生物种群不同，"生态系统有足够的弹性为人类滥用，它完全可以在不阻碍经济发展的前提下保存下来"③。这种"人类"中心论与此前"生态系统"中心论的生态话语代表了不同的文化意识形态。

难怪许多学者感叹自然已死。随着工业技术和科学的发展，人类登月成功并从月球上拍摄到完整的地球全息图片，"自然"就成了一种艺术的形式，正如麦克鲁汉（McLuhan）所言："生态诞生了，而自然过时了"④；"天下已经没有自然这种东西了，……我们已经消灭了自然——那个在人类存在之前就独立存在的世界以及那个围绕和支撑人类社会的世界。"⑤ 如果"自然"被理解为非人的、不被人触碰与污染的荒野、限制与支撑人类的资源库以及文明的分割点，那么这些作家们就此宣告了"自

---

①　Kevin Michael DeLuca, *Image Politics: the New Rhetoric of Environmental Activism*. London and New York: Routledge, 2009, p. 48.

②　J. C. Sawhill, "What Good are Pupfish and Periwinkles", *New York Times*. June 9, 1999, p. 23.

③　J. Jr. Cushman, "The Nation: Timber! A New Idea is Crashing", *New York Times*. Jan. 22, 1995, Section 4, p. 5.

④　Kevin Michael DeLuca. *Image Politics: the New Rhetoric of Environmental Activism*. London and New York: Routledge, 2009, p. 63.

⑤　Bill McKibben, *The End of Nature*. New York: Random House, 1989, pp. 86—89.

然"之死，或者至少警示人们，"自然"存在严重危机。

雷蒙·威廉姆斯（Raymond Williams）曾经在他的著作中讨论过自然的意义，比如把自然当作女神、母亲、君主、机器等，他认为："虽然不易察觉，自然包含了大量的人类历史，自然的概念就是人类的概念……和社会中的人的概念，是不同形态的社会的概念。"① 这种种隐喻不仅仅表明自然已经成为一种文化社会定义，而且具有不同的意识形态，不同的隐喻支撑着不同的理念与行动，将不同的社会关系等级自然化，并维持着不同的社会秩序。我们可以美国主流媒体称为极端环境保护组织的NGO——"地球第一！"（Earth First!）为例，来说明以"生态系统"为中心的生态保护话语是如何在意识形态层面与"人类"为中心的工业主义话语进行意义争夺，并如何支撑其理念与行为的。

环境NGO"地球第一！"成立于1979年，是在工业主义话语盛行，生态环境持续恶化的语境下产生的一个松散的民间草根团体。"地球第一！"不承认自己是一个组织，而是一场运动。这场运动只有参与者，没有正式的成员，所有参与者试图用各种可能的手段"直接行动"（Direct-action），如果法律不能解决问题，他们不惜用自己的身体阻止环境的破坏。② 其创始人David Foreman相信人是生态系统的一部分，因而自然法则高于人类法则，"人类没有任何上帝给予的权利，去完全地使用、破坏和操纵地球上的任何一寸土地"③。

一直以来，"地球第一！"对美国林业部门的许多做法非常不满，反对滥牧、滥伐及矿井开采。1987年8月10日，美国广播电视公司（ABC）由彼德·詹宁斯（Peter Jennings）主持的"晚间世界新闻"（World News Tonight）用4分20秒时间将"地球第一！"的一次森林古树保护行动引入公众视线。新闻报道的标题为"森林战争"（War in the Woods）。电视画面中，"地球第一！"的成员以各种主流媒体认为"极端"的行为来保护森林中的千年古树，他们有的坐在100英尺高的大树上（见图3-1），有的用锁链将自己围锁在伐木机器旁边以阻碍机器工作，有的

---

① R. Williams, *Problems in Materialism and Culture*. Great Britain：Redwood Burn，1980，p. 71.

② 更多相关信息可参见 Earth First! 官方网站资料：www. earthfirst. org.

③ 参见 ABC 新闻 "War in the Woods"，8/17/1987，转引自 Kevin Michael DeLuca, *Image Politics：the New Rhetoric of Environmental Activism*. London and New York：Routledge，2009。

手拉手躺在伐木者的必经之路，阻塞了整条道路，还有的用泥土将自己掩埋在古树的周围，只剩下头留在泥土外面（见图 3 - 2），时不时地高喊。"保卫所剩无几的荒野，保卫所剩无几的世界。"（Defending what's left of the wilderness，defending what's left of the world.）

图 3 - 1　"地球第一！"的运动者为避免伐木者对古树的破坏，经常会采取住在树上的方式（tree sit），与树共存亡。

资料来源：Google 搜索。

图 3 - 2　"地球第一！"的运动者们将自己脖子以下都埋在泥土里，以阻止伐木工人使用机器接近大树从而进行破坏。

资料来源：DeLuca（2009）。

这些环境运动者们将自己与土地、树木、自然生态系统合而为一。在大树上的环保者只栖息在一块极小的平台上，没有任何的活动空间，他们以大树的视角来看待这个世界，实际上他们就成为了"树"本身。他们与树的依存关系可以从后来的一个环保运动的例子找到注脚，Julia Butterfly Hill 曾经为了保护加州一棵千年红杉——Luna，在这棵红杉树上生活了738 天（从 1997 年 12 月 10 开始），她告诉大家这棵千年大树是如何为她遮风挡雨甚至躲过"厄尔尼诺（EL NINO）"等加州历史上最恶劣的风暴，她的行动由此阻止了 Luna 被砍伐的厄运①。

———————————

①　参见 Julia Butterfly Hill 的主页：http：//www. juliabutterfly. com/en/。

同样的，"地球第一！"的环保者们将自己掩埋在土地中，他们就成为了"大地"本身，他们选择了与大地平行的视角来看待这个世界，他们埋在地下，失去了任何行动的能力，就如同大地一样，他们甚至不能用手驱赶围绕着他们的蚊虫，并且只能像大树一样仅依靠外界的滋养，比如依靠别人给他们喂东西吃，而且每天他们都要面对伐木工人与森林执法者的责难与谩骂，但是他们与大树、土地相依相存，树木为他们遮雨，而他们则让树木避开伐木者的"屠刀"，他们大声对着人类呐喊："这块土地是'你们'的土地！"并不惜用自己的生命去保护古树和森林。电视摄像机在他们的脸上推拉摇移，现代技术将他们无助的脸呈现在观众面前，"这张求助的脸是对我们的请求和要求，这里有一种势在必行的力量触动着我们的内心深处"①。

通过这些充满意义的符号画面、语言、文字，"地球第一！"用生命邀请我们来认识树木、土地和这个自然世界，呼唤我们来反思"人类"中心的生态学将人类以外的世界还原为"资源库"的危险，呼唤我们来关注工业实践是如何破坏这个和他们的身体，也是我们的身体密切相连的自然世界。发展，并不是从对自然"资源库"的技术开发和大规模物质生产中获得的，而是从对生态系统的内在价值及重要性的认可中取得。人类是庞大生态系统的一部分，因而需要有节制地生活。通过对这些文化符号的重新辨识和定义，环境运动者们试图与主流意识形态争夺意义，将工业文明下的霸权话语所建构起来的人类身份去魅，并重新建构以"生态系统"为中心的个人和社会身份。

三　环境正义运动：环境与种族平等的话语

一战后初期，美国的环境问题主要是空气污染，1943 年洛杉矶光化学烟雾事件和1948 年的多诺拉烟雾事件都曾经震惊世界，石化产品——塑料制品、杀虫剂、燃料和食品添加剂、洗涤剂和溶剂等的广泛使用，带来了新化学污染，另外，"在用电量每年以 7%—10% 的速度递增"的情况下，核能发电被认为是提供廉价电力的最理想选择，但它又导致了核辐射污染。②

---

① A. Lingis, *Foreign Bodies*. New York：Routledge，1994，p. 167.

② R. Gottlieb, *Forcing the Spring*：*the Transformation of the American Environmental Movement*. Washington，DC：Island Press，1993，p. 76.

在许多人看来，"核能象征着科技的被滥用：像神话里的精灵再也放不回魔瓶里"，核能一旦用于战争，甚至可以使地球上的所有文明毁于一旦，核能的和平利用也潜藏风险，因为核辐射、核泄漏和核废料处置在技术上都是很棘手的问题，一旦发生事故，就会使放射性物质散播开来，污染空气、水源和土壤。① 比如举世皆知的美国三里岛核电事故及日本福岛核电事故导致的核泄漏事件。正如史蒂芬·霍金所言：人类有能力创造核技术，但尚不能明智地利用它②。

进入环境中的核放射性物质可以通过食物链在所有生物体内聚集，从而最终殃及人类，导致基因突变、不孕不育和各种癌症。如果说，"战后初期，环境问题主要是烟尘污染，而到了六七十年代，对空气污染的担心已经被化学污染和核污染的恐惧所取代"。③

随着卡森《寂静的春天》问世，环境问题与公众健康问题紧密联系起来，卡森在书中历数杀虫剂等化学物品对环境和健康造成的灾难性后果：污染人类赖以生存的空气、水和土地；通过食物链，有毒物质从低等生物向高等生物不断传递与富集，使鱼虫鸟兽因中毒而大量死亡；破坏人的免疫系统，改变人类的遗传物质。滥用杀虫剂导致的食品污染与每个人的健康直接相关。实际上，最早将人体健康与城市工业环境联系起来的学者是身为医生的艾丽斯·汉密尔顿（Alice Hamilton），早在20世纪20年代，她就发现伤寒的流行与生活用水不卫生直接相关，化学溶剂、含铅汽油对人体健康损害极大。④ 直到20世纪六七十年代，与健康相关的抗议环境不平等运动开始纷纷出现，这些环境运动主要与三个方面的主题相关：杀虫剂污染，铅毒，铀危害。

环境运动与人体健康紧密相连，人体健康直接关系着人的生活质量。在美国，生活质量问题不仅受到美国中产阶层的关注，也是少数民族和穷

---

① ［美］米契欧·卡库、詹尼弗·特雷纳：《人类的困惑——关于核能的辩论》，李晴美译，中国友谊出版公司1987年版，第106页。

② 参见美国Discovery电视频道于2011年8月8日播出的《"与霍金一起探索宇宙"：关于一切的理论》。

③ ［美］巴里·康芒纳：（《与地球和平相处》，王喜六等译，上海译文出版社2002年版，第24页。

④ 转引自 R. Gottlieb, *Forcing the Spring*：*the Transformation of the American Environmental Movement*. Washington，DC：Island Press，1993，p. 47。

人的权利，因而环境保护有着非常广泛的群众基础，在此基础上，环境保护主义就成为一种世俗的宗教。而环境正义运动的话语最初也深深植根于美国基督教的话语。1987 年，美国基督教（UCC）所属的种族正义委员会（Commission for Racial Justice）签署了一份题为《美国的有毒垃圾与种族》的报告，指出五个美国黑人中就有三个居住在未处理的有毒垃圾点，报告以大量证据论述了环境种族主义的普遍存在，同时还证实了四年前美国总会计署进行的一项研究报告结果，即美国南部四个大型商业垃圾掩埋地中有三个都位于少数种族居住区。

美国环境正义运动的形成与发展过程中还有一个关键人物，即社会学家 Robert Bullard，他是南得克萨斯大学教授，居住在黑人聚集的城市休斯敦，1979 年，为了帮他的律师妻子准备一起法庭诉讼案件，他对休斯敦城市垃圾掩埋地的空间分布情况作了一次调查，并于 1983 年发表了一系列学术论文及著作，证实有毒垃圾分配大部分都集中于美国黑人及西班牙裔群居的城市与社区，这个现象不仅仅在休斯敦甚至在美国其他城市都是一样。随后，Bullard 发起了环境正义运动并成为克林顿政府在转型过程中发起的环境正义运动的领袖人物[1]，他为少数种族奔走疾呼：“所有美国人都应享有基本权利——即在一个健康的环境中生活与工作的权利。”[2]

1991 年，在美国种族正义委员会的资助下，第一届全国少数种族领袖峰会在华盛顿召开，最终确定了环境平等的三方面议题：程序平等（管理法规、规范及评审细则始终一致）；地理平等（危害性大的垃圾不应不成比例地被分配于某些特定的社区和地区）；社会平等（在环境政策制定时，种族、阶层及其他文化因素应该被考虑）。[3] Gottlieb 认为，这次推动环境正义运动的峰会，通过批准一系列规范及对一种新的环境政治的辨识

---

① 转引自 V. D. Miller, "Building on Our Past, Planning Our Future: Communities of Color and the Quest for Environmental Justice", in R. Hofrichter (ed.) *Toxic Struggles: The Theory and Practice of Environmental Justice*. Philadelphia, PA: New Society Publishers, 1993, p. 132。

② R. D. Bullard, *Dumping in Dixie: Race, Class and Environmental Quality*. Boulder, CO: Westview Press, 1990, p. 43.

③ C. Lee (ed.), *Proceedings, First National People of Color Environmental Leadership Summit*. New York: United Church of Christ Commission for Racial Justice, December, 1992.

与考察，跨越了一个"至关重要的定义门槛"①。

环境正义也是一个社会建构的框架，通过一系列修辞，运用法律、会议、学术讨论、运动、研究报告、伦理性的叙述等符号性的行动话语，定义了环境正义的四个主要组成部分，即：每个人都有知情权；当某地污染日程提请之时，相关个人有参与听证会的权利；被有毒污染物影响的个人都应有受到补偿的权利；个人都应有民主参与、决定未来可能受污染社区的权利。②

Aldo Liopold 的"土地伦理"说也为环境正义运动提供了理论基础，人类和土地是紧密相连的，自然不是机器，也不是隶属于人类的物品或同质的普遍化的空间。我们的社区既包括人，也包括动物、植物、水和土壤，这就是土地伦理所呼吁的"将我们的社会良知从人扩展至土地"③。人类具有的权利同样适用于与人类生存密切相关的土地，"人的归属感很大程度上与土地相关"。④ 人和土地是一个整体的物理空间，人和土地的身份共同建构了一种特定关系，通过这种特定关系，人和其所在地相互合在一起。也就是说，任何物理语境都是浸润着某种环境指称的社会文化世界，依靠这个世界，人类才能实现一种心理归属感，并能理解一些术语在特定方式下的建构，比如"有毒垃圾"及其他一些与生态和环境相关的话语是如何被建构的，即为什么医疗垃圾附近的居民称它为"有毒垃圾"，而不在那里的居民及专家却视之正常。

美国环境正义的话语于 20 世纪八九十年代影响了亚洲国家，印度尼西亚、印度等国家纷纷开始了当地的环境正义运动，并主持召开了一系列相关议题的国际会议。中国台湾的环境保护运动此时也开始与国际接轨。台湾的环运萌芽于 20 世纪 70 年代，主要以生态保护为主题、反公害为辅，比如中部地区的多氯联苯中毒案、保护关渡红树木等。此时的环境生态问题还属于社会边缘问题。直到 20 世纪 80 年代，随着环境保护议题在

---

① R. Gottlieb, *Forcing the Spring: the Transformation of the American Environmental Movement.* Washington, DC: Island Press, 1993, p. 269.

② 参见 S. Capek, "The 'Environmental Justice' Frame: A Conceptual Discussion and an Application", *Social Problems.* 1993, No. 40, pp. 5—24。

③ A. Leopold, *A Sand County Almanac.* Oxford, UK: Oxford University Press, 1949/1968, p. 209.

④ James G Cantrill, Susan. L. Senecah, "Using the 'Sense of Self-in-place' Construct in the Context of Environmental Policy-making and Landscape Planning". *Environmental Science&Policy.* 2001, 4, p. 186.

世界范围内成为热点，同时台湾实行多年的"戒严令"于 1987 年解除，20 世纪 80 年代遂成为台湾社运的"黄金十年"，其中环保抗争起步最早、持续时间最长、影响最大。①

"假如你先生来自鹿港小镇/请问你是否见到我的爹娘/我家就住在马祖庙的后面/卖着香火的那家小杂货店……台北不是我的家/我的家乡没有霓虹灯/繁荣的都市，过渡的小镇/徘徊在文明里的人们……"

罗大佑于 1980 年创作的这首《鹿港小镇》曾经让许多人感动而在中国大地传唱一时，不论是中国台湾还是大陆，20 世纪 80 年代的社会转型期发生的种种变化让许多人都感到不适应。当时台湾的"十大建设"已经完成，台北的农村景观迅速消失。鹿港是台湾的历史重镇，有全台湾第一个"古迹保护区"，弯曲的街巷中散布的"庙宇"就有 120 余座。当地人在 20 世纪 70 年代就成立了"文物维护及地方发展促进委员会"，还有一年一度的"民俗才艺竞赛"，一种世代相传的文化保守主义使得村民们对工业文明的负面效应格外敏感。

1985 年底，《联合报》称："美国杜邦公司拟在台湾彰滨工业区设立二氧化钛厂，经济部已经批准。彰滨工业区位于彰化县境内，占地 3820 余公顷，其中约三分之一面积在鹿港镇内。被批准的二氧化钛厂就设在鹿港，总投资额为 64 亿新台币。"

这条报道成为"反杜邦"运动的导火索。台湾人深知彰滨工业区这一烂尾工程所产出的大量垃圾已经威胁到了当地村民的健康与生活。鹿港的渔民和海洋养殖业者，最先感受到日益增多的工业污染的影响，他们害怕二氧化钛厂的废水处理会导致海水污染加剧，进一步影响他们的捕捞和养殖。宗教和文化人士也担心，新的工厂会对当地的文物保护和传统习俗不利。1986 年，在原彰化县议员李栋梁的带领下，村民们举着"我爱鹿港，不要杜邦"的横幅游行，一场万人签名、全村参与的"反杜邦"运动引起了全社会包括媒体和专家在内的大辩论，争论的焦点在于杜邦公司的"零污染"有没有可能。

----

① 关于台湾的环境保护运动情况，笔者综合参考了记者韩福东《环保运动推动台湾向民主社会疾行》（《南方都市报》2005 年 10 月 25 日）及台湾《玉山周报》（第 45 期，2010 年 4 月 22—28 日）、台湾环境保护联盟，1991 年，会长郑先佑《台湾环保运动的回顾及展望》（第 10—11 页）等相关资料。以下不再重复标注。

两年后，杜邦公司被迫将厂址迁往别处。加上此前三晃农药厂在乡民反对下的停业迁厂事件，这一系列台湾历史上里程碑式的环境保护运动唤醒了台湾民众的环保意识和环境正义理念。从1988年至2001年，台湾环境保护联盟每年举行反核大游行（见图3-3）。2004年后，该组织开始推动核安与核废议题，并关注反台南县东山乡设置垃圾掩埋场及反电磁波公害等环境正义运动。

图3-3　台湾环境保护联盟推动民众反核大游行，呼吁关注核安、核废问题。
资料来源：台湾《玉山周报》第45期，2010年4月22—28日。

值得强调的是，以上三种环境话语并不是孤立的或者固定不变的，三种话语其实总是处于流动状态，只不过随着时间的推移和环境的演变，某个时期某种话语被强调而处于支配地位，其他话语则可能被淡化，也有可能三种话语在不同的时期以三种不同的面貌出现，其本质特征并没有改变，犹如"新瓶装旧酒"。环境保护的这三种话语是不断"发展、明晰、分叉和解体的。

第三节　环境"风险"的话语公共建构案例：
　　　　以厦门、广州番禺的集体"散步"
　　　　事件为个案

德国社会学家乌尔里希·贝克关于"风险社会"的概念为当今的环

境问题提供了一个有益的理论工具，随着全球极端气候出现得越来越频繁，如 2004 年 12 月印度洋海啸，2005 年五级飓风"卡特里娜"袭击美国，2006 年我国四川发生媒体称为"50 年不遇"的特大干旱，2008 年8.8 级汶川大地震以及 2009、2010 年我国长江流域及云南、贵州等省的持续干旱，并且干旱情况一直持续到 2011 年 6 月初，从 6 月初开始湖南、湖北、江西等长江中下游地区气候发生急剧变化，一时之间，"旱涝急转"这个气候术语成为大众耳熟能详的流行语。类似"旱涝急转"的自然灾害，从表象来看似乎是受灾地区长期缺雨以及雨量骤增造成的，深层次的原因恐怕还得追究到工业文明发展对生态不断地干扰与破坏上，关于这个问题无休止的辩论始终与上述的三种环境话语相伴随。

"风险社会"的概念提醒我们正视这样一个事实：由于工业文明的不断发展，自然灾害已经不是简单、可直接预见地造成人员伤亡与物质损失，还有可能带来不可预测的"人化风险"。比如 2011 年 6 月 4 日晚浙江新安江一起车辆追尾事件中，一辆装载有化学品苯酚的槽罐车被撞，因事发时正逢"由旱转涝"的暴雨期，倾盆大雨使得泄漏的苯酚随雨水流入新安江，造成部分水体受到污染，这使得包括杭州在内的周边地区的市民面临生活饮用水风险。[1] 事发后才十天，杭州市一化学品仓库被雨水淹没，附近居民怀疑化学剧毒物质氰化钾泄漏会危害健康，政府部门在微博上不断更新调查结果以澄清风险相关问题。[2] 实际上，这种随自然灾害带来的不可预知的风险从 2011 年"3·11"日本里氏 9 级大地震中就已清楚可见，由于地震影响而导致的日本福岗核电站爆炸并产生的核泄漏风险，在很长一段时间内都将影响当地及周边地区的生态和居民生活安全。这些伴随自然灾害而来的风险越来越难以预知，且又似乎无处不在。

"风险社会"的概念提醒我们每一个普通公众，现代社会就是一个"风险"社会，我们绝不能假定那些可能被认为有风险的事物是一动不动地等在那里，是客观存在的，我们必须主动去预防，去辨识、定义它并且对这些可能的风险进行无止境地辩论与建构，环境传播的任务就是号召我

---

① 参见 2011 年 6 月 6 日《钱江晚报》A2 版：《建德苯酚泄漏，随雨流入新安江》。事发后，杭州市政府启动紧急预案，呼吁市民尽可能多储水。这起事故属于典型的不可预测的环境风险。

② 参见 2011 年 6 月 16 日杭州《都市快报》A11 版：张平，《昨石祥路化学品仓库被水淹/一度误传剧毒氰化钾泄漏/其实是氢氧化钾和氢氧化钠/杭州消防 10：43 分起连续微博发布准确消息及时消除恐慌》。

们如何多样化地去定义人与自然的关系以及人与人的关系。面对一天天拔地而起的化工厂、越建越多的垃圾焚烧站、离我们越来越近的垃圾掩埋场，环境传播要做的就是拿起建构与实用的武器，对这些"社会化自然"所带来的风险进行反复讨论与认证，通过文本、话语实践来完成社会文化实践，最终达到防范、减少风险和改善环境的目的。本节将以厦门及广东番禺的集体"散步"事件作为案例，分析环境"风险"是如何被话语公共建构的，Renn 所洞察的"社会竞技场"① 的话语框架是如何与权力发生关系的，而权力的运作又是如何促进社会变迁的。

一　环境"风险"的话语公共建构

第一章中笔者提到 Hilgartner 认为风险传播的难点与重点在于对三个主要概念元素的识别与过程分析，这三个概念元素即：可能引起风险的客体（对象）；假定或公认的危害；以及断定客体及危害间是否具有因果联系。② 我们就从对这三个概念元素的分析着手来研究厦门与广东番禺"散步"事件的公众风险传播过程。③ 在这个过程中，第一章中论及学者 Palmlund 区分的风险传播中的六大团体利益角色，即：风险承担者（或受害者），声援风险承担者的倡议者（如环境 NGO 或社区运动发起者），风险制造者，风险研究者，风险仲裁者及风险告知者（如媒体、朋友、组织等），都将在这个"社会竞技场"上登台，对环境风险进行话语协商与斗争。④ 因而，风险建构三方话语元素值得层层分析。

---

① 　O. Renn, "Concepts of Risk：A Classification", In S. Krimsky and D. GGolding（eds.）*Social Theories of Risk*. Westport, CT：Praeger, 1992.

② 　S. Hilgartner, "The Social Construction of Risk Objects：or How to Pry Open Networks of Risk", in J. F. Short Jr. and L. Clarke（eds.）*Organizations, Uncertainties and Risk*. Boulder, CO：Westview Press, 1992.

③ 　厦门"散步"事件资料综合参考：苏永通《厦门人：以勇气和理性烛照未来》，《南方周末》2007 年 12 月 26 日；袁越：《厦门 PX 事件》，《三联生活周刊》总第 451 期，2007 年 10 月 8 日出版；涂超华《厦门 PX 事件始末：化学科学家推动 PX 迁址》，《中国青年报》2007 年 12 月 28 日。广东番禺"散步"事件综合了以下资料：刘刚、周华蕾《广州："散步"，以环保之名》，陈剑杰《李坑，我们为你难过》，均取自《中国新闻周刊》第 44 期；汪伟《广州，垃圾和民意》，《新民周刊》2009 年第 47 期。下文不再逐一标注。

④ 　参见 I. Palmlund, "Social Drama and Risk Evaluation", in S. Krimsky and D. Golding（eds.）*Social Theories of Risk*. Westport, CT：Praeger, 1992。

（一）关注引起风险的客体（对象）来源

首先，在厦门"散步"事件中，引起风险的对象是位于厦门市次中心地区、离居民区仅四公里之遥的石化企业——当时厦门最大的台资化工企业翔鹭石化企业（厦门）有限公司及即将上马建设的 PX 项目。

附近居民通过网络论坛进行了资料查寻，发现这个 PX 项目一旦实施，可能引起巨大的环境风险。然而当地政府出于经济发展的考虑，忽视了风险来源的危害性，并在环境评估的程序上出现了不公正。

项目背景显示，这个年产 80 万吨 PX 项目的工程每年可为厦门带去 800 亿元的 GDP，而 2006 年，厦门的 GDP 为 1126 亿元。早在 2005 年 7 月，国家环保总局就审查通过了该项目的《环境影响评价报告》（以下简称环评报告），国家发改委还将其纳入"十一五" PX 产业规划 7 个大型 PX 项目中，并于 2006 年 7 月下发《关于腾龙芳烃（厦门）有限公司 80 万吨/年对二甲苯（PX）及配套工程项目的核准的批复》，但自始至终都没有履行环境公民听证程序。

2007 年 3 月，中科院院士赵玉芬教授等 105 名全国政协委员联名提交了一份《关于厦门海沧 PX 项目迁址建议的提案》。提案指出，靠近居民区的 PX 项目存在泄漏或爆炸隐患，厦门百万人口面临危险，必须紧急叫停并迁址。PX 项目这个风险客体才正式被提上话语议程。

接着，广州番禺的"散步"事件也是由于环境风险引发的，引起风险的对象可以追溯到"广东市政府 9 号文"，文件称广州要建番禺区生活垃圾焚烧发电厂。广州本地媒体《新快报》用两个整版，报道了番禺将建造一座占地 365 亩、计划处理垃圾 2000 吨的垃圾焚烧发电厂的消息。

附近居民通过资料查阅发现了"二恶英"——一种由垃圾中的塑料制品焚烧产生的、难降解的、有"世纪之毒"之称的化合物，国际癌症研究中心已将其列为人类一级致癌物，而附近近 30 万居民与焚烧发电厂项目相距不过 3 公里。因而，番禺垃圾焚烧发电厂无疑成为直接的风险来源。

这个风险客体之存在语境也和经济发展相关。广州市城管委称，建设垃圾焚烧发电厂可以解决由于经济发展造成的番禺垃圾围城的难题。被纳入广州市区之后，番禺的户籍人口只增加了 6 万，但流动人口却增长了一倍以上。这个总人口 250 万的城区现在每天产生 1600 多吨生活垃圾，只有一座日处理能力 1200 吨的垃圾填埋场和 5 座每天处理 600 吨垃圾的小型填埋场和焚烧场。番禺不仅要处理本地的垃圾，还要承接来自中心城区的生活垃圾。随着填埋场预计于 2012 年填满封场，垃圾处理的难题困扰着当地官员。在官员们看来，建一座每天能处理 2000 吨垃圾的焚烧发电厂，就可以一劳永逸地解决这个问题。

（二）判定环境可能造成公害的过程如何争议性地被定义

分析风险概念的过程并不容易，也不是显而易见的。比如火灾一般被公认是破坏性的，但是也有生态学家称火灾本质上对林地的更新也是有用的；人们认为海上钻井平台对水及海洋生物造成污染，但海洋生物学家也发现，它也可能成为一个全新的微生态系统基地。因而对风险的定义就变得微妙和难以达成共识。在对环境"危害"进行话语性抗争的过程中，"中心基础就在于风险对象产生的危害是'在场'还是'缺席'"①。在这个对环境"危害"进行话语公共建构的过程中，共有六种角色登场，代表不同的利益团体对环境风险进行话语建构。在厦门及广东番禺的个案中，这六种角色主要针对 PX 项目及垃圾焚烧发电厂对人体产生危害"有无"、危害"大小"进行定义及建构的话语协商过程。

1. 风险承担者与风险告知者对环境危害的话语建构

在这两个案例中，风险客体周边的小区居民是风险的直接承担者，出于自身健康安全考虑，风险承担者对环境危害十分敏感，而且对危害的定义往往和"毒物"、"致癌"等话语联系在一起。比如厦门 PX 项目附近居民发给百万厦门人的手机短信是这样定义 PX 的危害的："这种巨毒化工品一旦生产，意味着厦门全岛放了一颗原子弹，厦门人民以后的生活将在白血病、畸形儿中度过。我们要生活、我们要健康！……"广东番禺垃圾焚烧发电项目周边的居民也将"二恶英"定义为一种有"世纪之毒"之称的化合物，称"国际癌症研究中心已将其列为人类一级致癌物"。

两案例中的风险承担者同时又都是风险告知者，他们都主动组织起来进行风险传播实践，即一方面对风险来源点的情况进行实地考察，另一方面通过各种媒体，如手机、互联网、朋友圈等将风险危害传播开来，引发广泛关注。比如厦门及广东番禺业主们组成网络论坛对风险危害进行讨论、手机群发短信传播风险信息、通过朋友发帖、组织实地考察团对 PX 项目点进行考察等。

---

① John Hannigan, *Environmental Sociology.* London and New York：Routledge, 2006, p.114.

广东番禺业主们曾组织到附近已建成的样板工程——李坑垃圾焚烧发电厂进行调查，根据垃圾焚烧发电厂所在永兴村委会提供的一份统计材料发现，1989 年至 2005 年间，永兴村死于癌症的村民一共 9 人，1 人死于呼吸系统癌症。而从 2005 年 1 月 1 日李坑垃圾焚烧发电厂运营至今，短短 4 年间，这个 8000 人的村庄，先后有 42 人因癌症死去，时间集中在 2006 年以后，死于鼻咽癌、肺癌等呼吸系统癌症的村民就高达 36 人。李坑垃圾焚烧厂周围的居民一直反对焚烧厂的存在；焚烧厂所在的永兴村的水源被污染，垃圾运输中的抛洒滴漏现象难以杜绝，工厂运转中产生的废气时有发臭现象。畸高的癌症发病率也被认为和焚烧厂有关。这些话语都试图将风险危害建构成"在场"。

2. 声援风险承担者的倡议者与风险研究者对环境危害的话语建构

声援风险承担者的倡议者或是环境 NGO，或是周围的社区居民；而风险研究者往往是比较专业的科学家或专家。在厦门案例中，这二者有相一致的地方，即声援风险承担者的倡议者恰恰也是风险研究专家，比如政协委员赵玉芬及厦门大学生物学教授袁东星。因而这类话语对环境危害的建构多是数字和科学证据，其立场与风险承担者一致。

比如"PX 是高致癌物，对胎儿有极高的致畸率"；"PX 项目可能带来的问题：它的产品包括了年产 80 万吨的 PX，22.8 万吨的苯，16 万吨的邻二甲苯，还有 5 万吨的硫黄。为了支持这个项目，它还有一个每天烧煤达到 5000 吨的火力发电站，因此产生出二氧化硫、氮氧化物和粉尘。其中，苯是极度危害的毒物，硫化氢是高度危害的毒物，PX 是中度危害的毒物，它对人类的生殖和发育造成毒作用，引起出生缺陷，对动物的实验表明，它造成动物致癌"。PX 项目可能带来的风险还与"吉化双苯厂爆炸案"相提并论，2005 年吉林石化爆炸事故曾对松花江造成重大污染并导致大范围的饮用水危机。

在广东番禺的案例中，风险研究者则用专业思维，从解决问题的源头入手，建构出风险客体本身（如 PX 项目）的存在并不是能解决问题的最好途径，而作为一种解决方案而存在的这种风险客体甚至其本身就是问题，因而客体完全可能被其他解决方案所替代。比如专家以国外案例为类比，国外在处理垃圾方面最开始是填埋，随后是焚烧，焚烧技术曾一度被认为是解决垃圾问题的"良策"。但经过几十年的实践，大家慢慢发现焚烧带来的危害更大，而现行技术尚无法做到无害化，最终又纷纷选择分类处理。台北市曾经一度面临垃圾围城的困境，但是采取垃圾处理费随垃圾袋征收，每天只有固定时间可以收垃圾，严厉实施打击随地乱扔垃圾等措施后，台北市的垃圾总量在几年内急剧下降。以致按照原来估计数建立起来的几个垃圾焚烧厂，因为垃圾总量不够，陷入停产乃至关闭。因而，以分类为基础，对垃圾进行资源化利用，才是解决当前垃圾危机的最佳途径。这样看来，风险客体即 PX 项目的存在并不具有合理性和必需性。

此外，厦门的一个环境 NGO——绿十字组织也是声援风险承担者的倡议者，在海沧区业主即将进行环境听证座谈会的前一天，绿十字组织召集座谈会参加者进行了专业培训，从科学理性的角度帮助风险承担者与风险制造者进行风险话语争夺，促进公民参与风险传播的话语实践。

3. 风险制造者对环境危害的话语建构

风险制造者在厦门案例中是台资企业，而广东番禺案例中则是当地政府部门。风险制造者往往出于对自身经济利益的考虑，对环境危害定义多与"安全"、"达标"联系在一起，他们拥有自己的政府或企业专家，往往从"毒性系数"、"物理距离"、"生产程序"、"技术"等各方面将可能造成的风险或危害建构成"缺席"。比如负责 PX 项目的腾龙芳烃（厦门）有限公司总经理林英宗博士在《厦门晚报》发表长文，纠正赵玉芬教授把 PX 项目和"吉化双苯厂爆炸案"相联系的说法，指出 PX 属低毒化合物，"安全系数与汽油同一等级"。

广东番禺案例中，全球最大的垃圾焚烧发电投资和运营商之一，同时也是首席技术专家认为，只要选用合适技术，垃圾焚烧最有利于控制不利因素，他认为"如果比较二恶英产生的量，那么烤肉产生的二恶英比垃圾焚烧高 1000 倍"。因为这个比喻，该技术专家被网友冠名"烤肉专家"。而风险制造者即当地政府官方也从"技术"出发，称垃圾焚烧完全可以做到"处理技术先进"及"焚烧无害无污染"。中国科学院生态环境研究中心二恶英研究室主任专家 2007 年曾在《人民日报》上称二恶英是"定时化学炸弹"，在座谈会上却将二恶英隐喻为"可以控制的老虎"。风险制造者对环境危害的话语与前述几类角色的话语形成对抗。

值得注意的是，很多时候，基于经济指标及利益的考虑，政府部门的威权话语与工业话语能达成共识。比如对于厦门 PX 项目可能存在的风险，国家环保总局的审查意见为："该项目采用先进的生产技术和设备，符合清洁生产要求。在落实报告书所提的各项污染防治措施后，各项污染物可以达标排放，主要污染物排放总量能够符合地方环境保护行政主管部门核定的控制指标。"

同时，厦门市科协印刷了数万份宣传册，随《厦门日报》散发给市民。这份名为《PX知多少》的小册子图文并茂地解释说，"PX毒性并不大，虽然直接接触会对人眼和上呼吸道有刺激，但它没有致癌性。从理论上讲，PX项目基本可以做到不排放'三苯'（苯、甲苯、二甲苯）污染物，对环境影响不大。另外，在物理距离上，国内外有很多PX工厂建在居民区附近，比如壳牌炼油厂（美国休斯敦周边）与Deer Park城仅隔一条高速公路。韩国蔚山S-Oil炼油厂、日本千叶石化区与居民区无明显界限，中国石油辽阳石油化纤公司距离居民区约500米。"

4. 风险仲裁者对环境风险建构的话语缺席

风险仲裁者一般为第三方，如法院等仲裁机构。法院在进行诉讼时往往要求有充分的证据，而环境风险本身就是不可预知及延后的，正如二恶英可能造成的"危害"一样，专家赵章元认为"垃圾填埋场周边出现癌症高发病率，目前是一个普遍存在的现象，但垃圾焚烧厂和癌症高发病率的关系要做毒理实验，需要很长的过程"。这就造成风险第三方对环境危害的话语处于缺席状态，而很多情况下，政府部门也就充当了风险仲裁者的角色，通过"环评报告"、环境听证会等方式对环境危害做出评估。

至此，四类风险主体六种角色作为工业主义话语与环境公共话语的代表对"危害"的定义各有考察与侧重，因而，接下来我们就要分析：

（三）各话语建构过程中，对风险客体及危害之间的因果联系，主体依据何种标准而定（比如是遵循科学证据还是道德标准等）

对依据标准的分析在风险传播过程中也极具争议。首先，很多环境"危害"都是延后发生的，比如1953年，美国军方曾经在军事实验中将含有锌、镉等可能致癌物质的烟雾多次释放于明尼阿波利斯城市上空，直到20世纪90年代中期，人们发现了许多死婴和流产报告，报告者大多数都为当年烟雾喷洒点之一的公立小学的学生，四十多年后，环境"危害"才出现。垃圾焚烧发电厂产生的二恶英是否可能造成癌症高发病率，其毒理实验也需要漫长的时间来证明。

其次，争议双方经常会将科学数据、专家观点作为客体有无"危害"的依据，然而，专家所处的立场往往决定他如何利用科学数据说话。在厦门和广州番禺的案例中，政府专家与工业专家的利益经常达成一致，从技术理性出发，认为技术可以解决和控制一切问题。而公共专家则从物质本身的毒性及对人与自然生态的破坏性出发，利用科学数据阐明"危害"的有无。从"原子弹"及"可控制的老虎"两个隐喻中，可见专家对科学数据的利用与他们的立场相关。

再次，与法律及科学等依据不同，公众经常在风险传播过程中依据道德伦理标准。比如李坑垃圾焚烧发电厂附近的"癌症村"村民对媒体说："每天早晨都需要扫地、擦桌，要不然，就会积满黑灰，窗户从来没有打开过。而垃圾焚烧的臭味，夜里甚至能把人从睡梦中熏醒。……村民最怕无风的日子，烟囱排出的烟尘散不开，就罩在村落的上空。村民们从此不敢端着饭碗去串门。"这些伦理性的叙述似乎比任何科学数据都触目惊心。

在厦门及广东番禺的环境风险案例中，各种不同的角色以有益于自身利益的话语方式，采取相应的科学标准以及伦理道德标准，斗争性地建构了环境风险的"危害"有无及大小。在此话语公共建构的过程中，各利益团体对话语策略的运用方式决定了对"危害"予以定义的一种权力关系的变化。

二 环境"风险"的话语沟：社会建构与权力运作

从上节对风险传播中三大概念要素的分析中发现，不同利益集团背后支撑的是不同的意识形态，因而对风险的定义也各不相同，各有侧重，从而出现对环境"风险"话语理解的鸿沟，原因既在于利益沟差异，同时也在于知识沟的存在。主流意识形态试图通过权力运作的各种表现形式填补该话语沟。

马克思和恩格斯认为阶级分为统治阶级与被统治阶级，统治阶级不仅控制物质生产，同时也控制精神生产，而被统治阶级由于缺少精神生产的手段与方式，从而只能被统治阶级统治。葛兰西关于霸权的理论为我们提供了一个不同的方式来思考社会关系、微观政治、权力（福柯式的）、文化活动、反抗及社会变迁。"霸权理论容纳了具有后结构特色的各种联盟的流动性，这种流动性是以一种意识形态理论无法达成的方式实现的。当资本主义变得更加的高度精细化，葛兰西看到了这种流动性不断发展的迹象，最后，他预测，位置（多频的，拖延的，强度可变的）的战争将取代机动的（单频的，危机驱动的，集中于决定性的突破的）战争[1]。"霸

---

① John Fiske, *Power Plays*, *Power Works*. London and New York: Verso, 1993, p.254.

权话语只有在与对抗性的话语相冲突的实践中才能存在，因为霸权不是一种被某个集团占有的"东西"，而是一种"权力关系"，具有流动性的后结构特质。

在环境"风险"的"社会竞技场"中，不同的利益集团在这种"权力关系"中，运用各种策略试图改变权力实施与支配的力量对比，正如福柯所见："权力不应被看作一种所有权，而应被称为一种战略；它的支配效应不应被归因于'占有'，而应归因于调度、计谋、策略、技术、动作。"① 如果把目光投向厦门 PX 争议及广东番禺垃圾焚烧发电厂的争议，我们可以发现，各种关于环境"风险"的概念框架是如何通过权力关系得以运作，并各自试图通过何种隐蔽的方式将对方纳入从而弥补话语沟。

（1）"风险"的知识框架被自然化为与科学话语直接相关。这包括两个方面：一方面，普通民众由于缺乏专业、科学的知识背景，往往被共识认为其话语是非理性的、易情绪化的，而政府官方、专家往往能有效地调动科学话语对"风险"进行定义：比如 PX 项目能如何控制毒性，且项目产生的化学气体在"安全系数上与汽油具有同一等级"等。另一方面，权力将科学话语置于最高地位，高科技可控制一切风险及危害，这种霸权策略将风险的程序公平过程忽略掉，实际上，如何在风险传播中事先告知公众风险可能的存在、如何卷入公众参与风险评估过程、如何补偿风险对当地居民可能带来的危害，都是风险传播中极为重要的程序。媒体在对厦门及广东番禺"散步"事件的报道中，争议最多的是"危害"的科学证据方面，事实上，厦门 PX 项目及番禺垃圾焚烧发电厂项目的环评报告都没有征求过公众意见，而国家环保总局 2003 年颁布的《环境影响评价技术守则》规定：对于所有大中型建设项目，应设置公众参与专题，"向有代表性的团体和个人发放征询意见表，数量宜为 100 份，并召开小型（20人左右）征询意见会 1—2 次"。

（2）权力通过科学话语中的专业术语与复杂数据运作，加大了公众参与及对话的难度。原国家环保总局环境工程评估中心曾出版过一本《环境影响评价案例分析》，里面充满了各种数据、图表、化学反应方程式和工艺流程图，对于非化工专业的人来说如同天书。厦门公众要想了解 PX

---

① ［法］米歇尔·福柯：《规训与惩罚》，刘北成、杨远缨译，三联书店 1999 年版，第28 页。

项目的科学性，只能读懂政府出版的《PX 知多少》手册。可按照那份小册子的说法，PX 项目非常安全，找不出任何需要缓建的理由，也没有必要迁址。在厦门及番禺的公众听证会上，主张立项的专家们可以拿出如同一本书厚的专业数据说话，但是在座的公众能理解的极少，也很难给予公众真正想要的答案及解决方法。这加大了风险对话的难度，也不利于公众以后参与听证会的积极性。

（3）权力通过公众修辞策略及话语实践运作。修辞包括各种形式的话语叙述与说服，隐喻和图片是两大有力的话语修辞。比如 PX 是"原子弹"，对于公众及专家质疑的副总裁以"烤肉专家"隐喻。"散步"这一表达公众竞争话语的隐喻从厦门 PX 事件后得以在大众文化中广泛流传，PX（Para-Xylene）作为"对二甲苯"的原意最后还换喻成 PX（Protect Xia-men）的"保卫厦门"之意。广州番禺公众还将李坑垃圾焚烧厂附近的"癌症村"作为叙述的道德伦理策略，与冷漠的科学话语形成竞争。番禺市民戴着写有"拒绝毒气"的口罩签名反对修建垃圾焚烧发电厂，还有居民打出横幅："反对焚烧"、"反对二恶英"。有一身穿环保 T 恤、头戴防毒面具、手举环保车贴的女子，现身广州地铁线路，"散步"达两小时。接着，印刷着"反对垃圾焚烧，保护绿色广州"的环保 T 恤和车贴面世。这一系列的话语实践促使权力关系发生了变化，PX 项目最终迁址，广州番禺垃圾焚烧发电厂也最终得以缓建。

第四章

媒体对"环境"的表征及对
绿色公共领域的建构

> 新闻讲的是社会生活的故事，所以它是一种社会资源。新闻
> 既是一种知识资源，又是一种权力资源，所以说，新闻是观察世
> 界的一个窗口。
>
> ——盖伊·塔奇曼（Gaye Tuchman），2008

我们喜欢将如今的世界隐喻为"地球村"，因为国与国之间、人与人之间的联系从来没有像今天这么快捷便利过，报纸、广播电视、杂志为我们提供了一个观察和了解世界的普遍渠道，而互联网络则将我们紧密地联系在一起，哪怕是从未相识的陌生人我们都可以通过 QQ、Facebook、人人网等社交网络相识，世界就如同一个"村落"。如果按照"六度分离"的假说，① 全世界所有的人都会有机会在"村落"中相识，东半球、西半球、北极和南极，这些难以跨越的距离似乎只存在于地理空间，因为媒体将全世界的人们聚拢于同一个平台，而媒体承载的有意义的符号又将世界人民的眼光聚焦于共同的事件，通过报纸、广播电视、杂志等大众传媒，我们可以了解北极熊的生存危机、墨西哥湾漏油事件、日本地震及核泄漏风险，通过手机、互联网，我们把这些信息转发给自己的亲朋好友，并通过网络以各种形式救助受灾者以及濒临灭绝的物种。媒体无处不在，依靠媒体生活也日益成为现代人一种不可或缺的生存方式。

---

① 1967 年，美国著名社会心理学家米尔格伦（Stanley Milgram）尝试用"连锁信试验"证明"六度分离"的科学假说，即任意两个素不相识的人通过朋友的朋友，平均最多通过 6 个人就能够彼此认识。直到 2001 年，美国的瓦茨和斯特罗加茨最终利用计算机和互联网证实了这个假设，提出了"复杂网络的小世界效应"。

　　媒体赋予自然环境以意义，因为"意义并不内在于事物中。它是被构造的，被产生的。它是指意实践，即一种产生意义、使事物具有意义的实践的产物"。[①] 我们每天接触的新旧媒体通过媒体语言生产出关于自然环境的各种意义，这就是霍尔所说的表征系统。媒体对环境的表征也是通过两个系统来完成的，第一个表征系统通过在各种与环境相关的事物（人、物、事、抽象观念等）与我们的概念系统、概念图之间建构一系列相似性或一系列等价物，即形成共享的概念图，这个系统使我们能赋予自然物质世界以意义。第二个系统依靠的是在我们的概念图与一系列媒体符号之间建构一系列相似性，而这些符号被安排和组织到代表或表征那些概念的各种环境相关的语言中。因而，各种绿色"事物"、概念和符号间的关系是语言中意义生产的实质之所在，而将这三个要素联结起来的过程就是对环境的"表征"过程。简言之，媒体如何通过它的语言来生产关于环境的意义就是"表征"绿色的实践。在此，霍尔称"任何具有某种符号功能的，与其他符号一起被组织进能携带和表达意义的一种系统中去的声音、词、形象或客体，都是'一种语言'"[②]。

　　这样，以报纸、广播电视、杂志为代表的传统大众传媒的诞生，不仅如哈贝马斯所言带来了西方资产阶级公共领域的转型，在一定程度上也推动了中国公共领域的不断建构，包括对中国绿色公共话语空间的影响也是前所未有的。仅以"2005 年中国公众环保民生指数"[③] 所获取的数据为例，公众获取环保信息的来源主要依赖电视（74.7%）和报纸（71.5%），分别占第一和第二位；2006 年该指数增至电视占 85%、报纸降为 64%，但仍稳居第一、二位。2007 年，零点调研机构对全国主要十个城市的公民环境态度及行为的调查也表明，公民了解环境信息最主要的

---

　　① ［美］斯图尔特·霍尔编：《表征：文化表象与意指实践》，徐亮、陆兴华译，商务印书馆 2005 年版，第 24 页。

　　② 同上书，第 19 页。

　　③ 参见：www. sepa. gov. cn/image20010518/5835. pdf（资料取于 2011 年 6 月 20 日）。2005 年由零点研究咨询集团和国家环保总局及中国环境文化促进会共同发起研究的《2005 年中国公众环保指数》是我国第一次通过详细的调查数据清晰地描绘出公众的环保意识、环保参与度、环保行为和对政府环保工作评价的指数。指数研究的调研城市抽取全国经济文化发展水平不同的城市（20 个）、城镇（5 个）、农村（7 个）。2010 年已扩增至 30 个省会、直辖市。

渠道分别为电视（82%）、报纸（77%）和杂志（26%）。① 随着互联网用户的不断增加，以手机、计算机为载体的网络媒体的发展突飞猛进，博客、微博这些互动性强、快速即时的大众新媒体也后来居上，有赶超传统媒体之势，已经越来越在公共领域显现出重要作用。

大众传媒表征环境的过程就是一种意指实践过程，比如媒体通过娱乐综艺类节目、通过"绿色"公益广告、通过"绿色"谈话类节目等语言，使得与自然环境相关的各种意义和我们的概念图之间形成一系列相似关系，从而能影响我们的概念认知系统。娱乐节目及公益广告对公共领域的"绿色"影响不能说比新闻类节目小，比如通过娱乐明星带动环境公益，李宇春的"玉米"基金就曾号召大家开始低碳生活；又比如中央电视台一系列的环境公益类广告以及浙江电视台号召"微公益"的节水护树广告等，这些对"绿色"环境的表征给我们的生活形成劝说性的、榜样性的影响，但也是比较零散和广泛的，由于其涉及娱乐与认知、明星效应、广告研究等非常广泛的研究议题，因而本研究将媒体进行环境传播的重点放在环境新闻传播上。环境新闻重在改变我们的环境认知，通过对现实世界中环境问题的意义生产，为我们传播有关环境的信息并召唤公民保护环境的可能行动。因而，环境新闻传播彰显了传统大众传媒的"绿色"公共性。

这一章笔者将分析传统大众传媒的环境新闻传播在实践中是如何运作的，通过考察传统媒体环境新闻传播的运作机制，包括传播流程中的意义生产、环境议题的设置、消息源对新闻采访与文书撰写的影响过程等环境报道的"绿色"框架，分析传统大众传媒（本研究以报纸为主要研究对象）是如何通过表征环境来建构绿色公共领域，又是如何限制绿色公共领域的发展，并以批判的立场反思大众传媒的绿色公共性特征。同时，本章还深入分析了网络媒体是如何推动绿色公共领域的发展，如何与传统媒体的环境传播形成互动，并最终建构了一个广泛的公共参与的绿色话语空间。

本章中，笔者通过将二手资料与一手资料相结合，对媒体与环境新闻传播问题进行案例分析、内容分析及话语分析。通过选取上海《新闻晨

---

① John Chung-en Liu，A. A. Leiserowitz，"From Red to Green—Environmental Attitudes and Behavior in Urban China"，*Environment*. 2009，No. 51，p. 36.

报》、《新闻晚报》、《外滩画报》以及广州《南方周末》① 四份设有专门
"绿色"板块、各具特点的报纸所在的环境新闻记者作为深度访谈对象，
之后还专门针对媒体所在的环境新闻条线记者进行了详细深入的封闭式问
卷调查②，并结合"滚雪球"的调研法对小范围内的公众所进行的环境认
知与态度的调查结果③，笔者全面分析了传统媒体的环境新闻传播及新媒
体的环境传播以及相关公共领域的建构与影响问题。

第一节　中国传统媒体的环境新闻传播机制与反思

由于国内外传统媒体对环境新闻的报道随着历史事件、传播技术的变
化而呈现出高峰、低谷的曲线形绿色轨迹，因而本节笔者首先对国内外传
统媒体在环境新闻传播方面的历史发展特点做了一个简要的梳理与分析，
并对环境新闻报道的传统媒体传播现状进行概括性的说明，然后根据传统
媒体在环境传播过程中的机制运作图式，依次对环境新闻的传播流程及新
闻报道框架进行了详细考察，最后对其环境公共性做出批判性反思。

一　中外传统媒体的环境新闻传播概况

早在 20 世纪 60 年代，传统主流媒体对环境的故事性报道和图像表征
的兴趣就开始了。1968 年，"阿波罗" 8 号宇航员登月成功并拍摄了大量
关于地球的珍贵图片，由此引发了媒体对地球生态的关注。1969 年美国

---

① 《南方周末》的"绿色"专版于 2009 年初增设，其环境议题关涉能源、生态、城市、食
品安全四大块，对环境问题以深度报道见长，影响较大。报纸还开设了公众对环境的一句话简评
及对全国各省市的环境情况进行加分与减分的排名（称"红绿"排行榜）。上海的《新闻晨报》、
《新闻晚报》为都市日报类，《外滩画报》为周报，偏重故事性及图片表现力，因而对这四份报纸
的环境新闻记者进行访谈较具代表性。访谈采取了面对面、一对一访谈，每次访谈在三十分钟到
一小时之间，笔者对访谈过程进行录音并整理。访谈大纲具体见附件 3。考虑到记者个人要求，
笔者对正文引用的访谈内容没有署名及注明其具体所在单位。

② 调查涉及北京、上海、杭州及长沙的十种都市类报纸及杂志所在的 12 名环境新闻记者，
问卷主要考察环境新闻的消息源问题，具体调查问卷设计见附录 2。

③ 调查样本数共 1640 份，涉及了杭州、上海、北京、苏州、深圳、武汉、长沙、海宁、诸
暨九个大中小城市，调查对象年龄从 22—62 岁不等，职业涉及工人、公司职员（包括私企、外
企、国企）、公务员、大学生、教师、记者编辑、律师、退休人员以及自由职业者多种类型。具
体调查问卷设计见附录 1。

加州的圣巴巴拉海岸（Santa Barbara）发生了重大原油泄漏事故，媒体对事件的报道一度引发人们抗议近海钻探活动，接着俄亥俄州克利夫兰市的凯霍加河（Cuyahoga River）河道由于被化学废料严重污染导致大面积起火燃烧，这些具有传染性的烟雾十年后仍然飘浮在洛杉矶的上空，美国《时代》周刊杂志对此进行了大量报道。这一系列的环境事件不仅促使美国制定了一系列相关的环境政策及法律，而且直接催生了 1970 年第一个"地球日"。

20 世纪 90 年代是美国环境报道的拐点，之前美国各主流媒体对环境问题的关注都保持了强劲的势头，尤其是 1989 年爆发的美国有史以来最严重的阿拉斯加"埃克森·瓦尔迪兹"号漏油事件，将媒体对环境事件的报道热情推向最高峰。漏油事件给美国生态环境造成了"灾难性后果"，石油所含的苯和甲苯等有毒化合物进入了食物链，从低等的藻类、到高等哺乳动物，无一幸免。事件造成大约 28 万只海鸟、2800 只海獭、300 只斑海豹、250 只白头海雕以及 22 只虎鲸死亡（见图 4 - 1）①。据统计，1989 年美国 CBS、NBC、ABC 的晚间新闻一共报道了 774 分钟有关环境的新闻。② 但是到 20 世纪 90 年代末，环境新闻报道时间大量萎缩，而福克斯电视公司在黄金时间的娱乐秀及电视剧中提及环境相关主题（包括正面和负面的）的所有节目，在 1991—1997 年间加起来的时间（共 2 小时 22 分）不会超过一个星期一晚间足球节目的时间。③ 2001 年，乔治·布什成为美国新一届总统后放宽了饮用水的砷含量标准，这一有争议的政策引发媒体报道的小高潮，但是之后的"9·11"事件将媒体的目光全部吸引到恐怖主义和伊拉克战争的报道上，环境新闻报道再次走向低谷。

2006 年之后，环境报道再次得到传统媒体的青睐，七年来，美国流行的杂志比如《时代》（Time）周刊、《体育画报》（Sports Ilustrated）等，都对环境问题尤其是气候变化问题长期推出"绿色"专题报道（见图 4 -

---

① 参见新华网记者任海军《"埃克森·瓦尔迪兹"号油轮漏油事件及其影响》，2010 年 5 月 31 日。资料取自 2011 年 6 月 24 日：http://news.xinhuanet.com/tech/2010 - 05/31/c _ 12162247.htm。

② Robert Cox, *Environmental Communication and the Public Sphere*, London：Sage Publications, 2010, p.128.

③ Ibid., p.129.

2)。同时,大量新媒体以个人博客、网络新闻、论坛等形式也加入了对环境问题的报道队伍,这种势头一直延续至今。

图4-1 1989年美国阿拉斯加的"埃克森·瓦尔迪兹"号漏油事件让成千上万的海鸟陈尸海滩

资料来源:美国《国家地理》杂志官方新闻网站。

图4-2 2006年4月3日美国《时代》周刊杂志推出"全球变暖"专题报道,之后长期推出大量"绿色"专题

中国媒体对环境问题的关注及环境新闻传播比西方晚了十几年,1972年6月全球人类环境会议在瑞典召开时,"环境"这个词才开始随着《只有一个地球》等环保科普读物进入中国人的视野。1973年中国第一份《环境保护》刊物诞生。20世纪80年代可以说是中国媒体对环境报道的重要转折点,1984年第一份国家级的环境保护专业报《中国环境报》诞生,许多国内学者①将这一年认为是中国环境新闻报道的正式起步阶段。曾经热播中国大地的第一档有关环境保护的电视栏目《动物世界》就是于80年代初在中央电视台推出的,从那时候起,中国大陆的男女老少知道动物们也有着和人类一样丰富的情感世界,值得我们尊重与善待。同时,《人民日报》、《光明日报》、《中国青年报》、中央电视台、中国人民广播电台等一批主流媒体纷纷开办了"绿"版或环保栏目,如《人民日报》的《西部纪行》、《保卫绿色关注森林》等板块;中央电视台10套的《绿色时空》等栏目。这一时期让广大中国人民记忆最深刻的是与大兴安

---

① 参见王婷婷《环境新闻嬗变历程及发展趋势》,《新闻实践》2008年第12期,第14—16页;程少华《环境新闻的发展历程》,《新闻大学》2004年第2期,第78—81页。

岭森林火灾联系在一起的一系列环境报道。

进入 20 世纪 90 年代，媒体报道环境新闻的数量不断增多，中国民间环境 NGO "自然之友" 在对 76 种中央和地方报刊的调查中发现，1995 年有关环境的报道 136 篇，1996 年有 251 篇，1997 年增至 22066 篇，电视的环境传播介入主要集中在 90 年代末期。① 这一时期象征着中国环境新闻传播进入成长和成熟阶段的事件是：1993 年由全国人大环资委、中宣部、广电部、国家环保局共同发起的环保宣传活动 "中华环保世纪行"，以后每年设不同主题，参加的记者多达千人以上；《人民日报》1993 年将 8 个版扩至 12 个版，并开设《中华环保世纪行》专栏，中央电视台《新闻联播》也曾为此连续开辟长达 20 多天的专栏，自此，环境保护节目与舆论监督紧密相随。由于环境事件的报道而促使一系列国家环保政策、法律法规出台的例子在这一时期也开始出现。

媒体的环境新闻报道关注点始终受重大新闻事件所左右，随着 1997 年亚洲 "金融风暴" 的到来以及 1998 长江中下游地区大规模的洪涝灾害引发全国抗洪救灾行动，媒体的关注点转移到这两件重大事件上，对其他环境信息的报道有所分散。《人民日报》在这两年的环境报道数量开始回落，回落势头一直持续到 2005 年之前②。2005 年震惊中国的松花江水污染事件重新将媒体的注意力拉回到环境问题，同年的圆明园湖底铺设防渗膜事件引发的大规模环境风险的争议也成为媒体报道的焦点。2006 年媒体对食品添加化工原料的 "苏丹红" 事件进行了大量报道，从而将食品安全问题摆在了公众面前。从这年起，媒体环境报道又开始迅速发展，环境议题涵盖了能源、生态、气候、环境与城市发展以及环境与食品安全等多个方面。随着 2009 年 12 月哥本哈根会议的召开，气候变化问题日益成为媒体报道的重头戏，从 2007 年以后许多地方性日报、周报为此也纷纷开办了环境报道板块。

目前，我国全国性的专门环境报刊主要是《中国环境报》、《中国绿色时报》以及《环境与发展报》等；专门杂志中比较知名的有：《中国环

---

① 参见陆红坚《环保传播的发展与展望》，《中国广播电视学刊》2001 年第 10 期，第 4—6 页。

② 参见徐艳旭《人民日报 30 年环境新闻报道分析》，《青年记者》2009 年第 6 期，第 40—41 页。

保》、《人与自然》、《中国国家地理杂志》等。而综合性的媒体除中央电视台、《人民日报》等主流媒体的环境专栏外，各地市的都市类日报、周报、地方卫视等都开设了与环境报道相关的"绿色"类专题或专栏，综合类新闻节目中环境问题也经常以头条、焦点或民生新闻的样式频繁出现。

在笔者所进行的公众环境调查中，32%的调查对象对环境问题的了解来源于广播电视（见图4－3），居第一位。他们在近六个月内了解到的环境信息主要是通过接触以下传统媒体或节目获取的（见表4－1）。

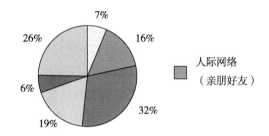

图4－3　公众获取环境信息的传播渠道分布比例

表4－1　　公众在六个月内通过传统大众传媒接触的环境传播的
相关媒体及节目

电视媒体	广播媒体	纸质媒体
旅游卫视：《看天下》 上海文广财经频道：《第一财经》 湖南都市频道：《都市一时间》 CCTV-2：《经济与法》 CCTV：《动物世界》 浙江电视台：《小强热线》、《1818黄金眼》 上海电视台：《晚间新闻》 上海电视台纪录片频道 CCTV-纪实：《探索》节目 CCTV-新闻：《焦点访谈》、《新闻联播》、《新闻1+1》、《天气预报》 东方卫视：《双城记》 CCTV-6、浙江卫视 湖南电视台：《绿色家园》 星尚电视 CCTV-10：《绿色空间》 东方卫视：《东视新闻》 凤凰卫视	广播：《保护母亲河》 杭州西湖之声：《早新闻》 中国国家广播电台：《环球资讯》 FM90.9厦门音乐广播	新民晚报 新华文摘 科技日报 京华时报 中国环境报 南方周末《绿》版 人与自然 都市快报 杭州日报 钱江晚报 长沙晚报 潇湘晨报 新闻晨报 中国青年报 《环球科学》杂志 世界环境杂志

可见，公众对传统媒体的绿色信息获取存在一定的依赖，而传统媒体对绿色的表征过程多少会影响公众对环境问题的认知，"议程设置"理论及"沉默的螺旋"理论解释了某些环境问题如何进入公众视野，如何成为公众关注和认同的环境问题，媒体对环境的态度及观点如何影响大多数的人而上升为公众的主要观点。因而，对传统媒体的环境新闻传播机制进行考察有利于研究媒体的环境传播在绿色公共领域的影响方式及特点。

二　传统媒体的环境新闻传播机制研究

传统新闻媒体通过其特有的媒体语言对绿色意义进行生产，通过一系列绿色符号、概念与公众头脑中的概念图建立起类似关系，表征得以运作。传统媒体在进行环境报道时对于自然的表征是多种多样的，据调查，大众传媒对"自然"最突出的表征主要有四个不同的方面：（1）把自然当作受害者；（2）把自然当作重病患者；（3）把自然当作问题（包括威胁、麻烦等）；（4）把自然当作资源。这些不同的表征关涉到两种竞争性的话语，即：有时候我们对自然是无比地爱慕和艳羡，其他时候却又是充满憎恨；有时候我们会因为想要关心自然而制定出禁令，而其他时候我们又想要利用和反对禁令。① 媒体对自然的建构使人与自然的关系变得多样、复杂与矛盾，这些关系包括关心自然、保护自然、控制自然、管理自然、利用自然以及享受自然等等。这些多义性的"绿色"表征究竟是如何生产和建构起来的呢？环境新闻议题的设置又是受哪些因素影响的？这些问题都和媒体的新闻传播流程及环境新闻报道框架息息相关，笔者将依据（图4-4）揭示的传统新闻媒体环境新闻传播机制以及结合案例进行一一分析。

需要说明的是，笔者在对传统媒体的环境新闻传播机制进行研究时，考虑到地方媒体如都市类日报、晚报等与民生联系紧密，且许多地方都市类报纸都增设了环境报道条线记者，对于笔者而言，一手资料的获得较方便；与纸质媒体相对而言，地方广播电视媒体娱乐化倾向比较明显，其新闻虽注重民生，但往往都是以热线、投诉、奇闻趣事等综合形式表现，中间会偶尔出

---

① M. Meisner, "Knowing Nature through the Media: An Examination of Mainstream Print and Television Representations of the Non-human World". In G. B. Walker & W. J. Kinsella (Eds.). *Finding Our Way (s) in Environmental Communication: Proceedings of the Seventh Biennial Conference on Communication and the Environment* (pp. 425—437). Corvallis: Oregon State University Department of Speech Communication, 2005, p. 432.

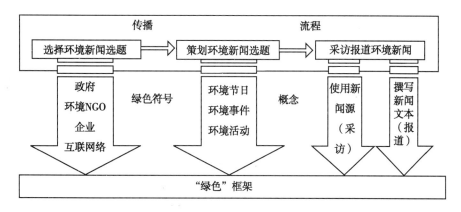

图 4 - 4 传统媒体的环境新闻传播机制运作图

现与环境相关的投诉或报道,但专门播报环境类新闻的节目少之又少。基于此,以下分析中,笔者主要以都市类报纸的环境新闻为重点研究对象。

(一)考察环境新闻的传播流程

传统的大众传媒在环境传播中,职业新闻传播者即环境新闻记者占据着非常重要的主体位置,大体来说,其环境新闻传播主要包括三个流程(见图4-4),即选择环境新闻选题,策划环境新闻选题到采访报道环境新闻都需要环境新闻记者来完成,以下予以一一考察。

1. 环境新闻记者如何选取环境议题

首先,媒体记者每天都会接收到一部分来自于政府部门的信息,比如环保部门在日本核泄漏事件期间经常发布的空气质量及水质量监测数据;政府部门的新闻发布会消息或者是统一环境报道口径的通知。同时,媒体专设的热线或者读者邮箱还会接收到大量的反馈或者环境投诉信息。"我们自己有公共的邮箱,读者有线索可发送过来,包括反馈意见,这是一部分信息……"(访谈,2011 年 6 月 13 日)此外,还有一些信息来源于与记者经常保持联系的业界各部门。

其次,环境新闻记者与各大环境 NGO(非政府组织)保持着紧密联系。从笔者对各媒体的环境新闻记者的消息源调查表中可见,NGO 是一个不可缺少的消息源,这表现在不仅 NGO 经常主动为记者提供环境信息,联系频率与政府部门一样列于第一位(见表4-2),而且记者也经常主动与 NGO 方面进行联系,联系频率排第二位,与大学或研究机构极为接近(见表4-3)。"WWF(世界自然基金会)的宣传力度很大,影响力也很广,那我们想借用他们的宣传力来做一些低碳环保的宣传,因为我们的出发点，我们的部门，叫环境气候部，出发点就是想做一些和环保相关的事情，让更多的人能够了解环保，参与环保，要达到这个目的，我们需要借助别人的力量，同时别人也可以借助我们的平台进行自我宣传。"（访谈，2011 年 5 月 12 日；括号内文字为笔者补充）

表 4 - 2　　**2011 年 5—8 月内主动与环境新闻记者联系的消息源情况**

政府部门	提及 11 次
北京动物园	
上海科委	
上海市科协	
上海市环保局	
长沙市政府	
水利部	
杭州市环保局	提及 4 次
浙江省环保厅	
环境 NGO	提及 11 次
山水 NGO	
世界自然基金会	提及 3 次
达尔文自然科学社	
绿色和平	
环保 NGO（未注明）	提及 5 次
大学及研究机构	提及 3 次
同济大学	
南京大学	
华中农业大学	
企业	提及 8 次（采用 6 次）
奥美公关	
爱德曼公关	
为贝亲代理公关	
某公司	提及 3 次
某公关公司	
某幼教机构	
其他	提及 5 次
中央电视台记者	
英国驻上海领事馆文化教育处	
自由摄影师	提及 2 次
媒体编辑	

企业也在和媒体合作的环境报道中扮演了重要角色。《南方周末》在2009年筹备增设"绿版"时,除了考虑到环境问题将在未来吸引更多人的目光外,西门子公司也成了一个直接推动的原因。"当时西门子想找个媒体做这块就是赞助一下,我们有这个想法,有点中标的意思。当时他想在(上海)世博的时候推广一下它的理念,后来我们出来就是四版,最开始是'世博'版。"(访谈,2011年6月20日,括号内文字为笔者补充)其他报社记者也坦言与企业合作可以达到经济与社会效益"双赢",因而企业提供的信息大部分也都会被记者采用(见表4-2)。

表4-3　　2011年5—8月内环境新闻记者主动联系的消息源情况

政府部门	提及 19 次
上海市科委	
上海市科协	
北京动物园	
上海市环境监测中心	
上海市环保局应急办	
上海气象局	
湖南省环保厅	
长沙市政府	
怀化市政府	
可可西里自然保护局	
杭州市环保局	提及 4 次
杭州市环境监测中心	
杭州市机排处	
杭州市环保污控处	
浙江省环保厅	
杭州市车管所	
环境 NGO	提及 13 次
世界自然基金会	提及 5 次
上海野鸟会	
科学松鼠会	
NGO（未注明）	
果壳网	
野性中国	

续表

WCS	NGO
挪威极地探险家	
美国国家地理杂志签约摄影师	
大学或研究机构	提及 14 次
复旦大学	提及 3 次
上海交通大学	
武汉水生所	
北京大学	
南京航空航天大学	
东京大学	
中科院大气物理研究所	
沈阳理工大学	
梅西大学	
北京师范大学	
复旦大学	
同济大学	
企业	提及 7 次
新东方	
加华环境	
上海市食品协会烘焙专家委员会	
IT 企业（未注明）	
杭州市某加油站	
杭州市某干洗店	
杭州干洗行业协会	
其他	提及 9 次
自由职业者	提及 5 次
日本气象厅	
英国驻上海领事馆文化教育处	
美国鱼类和野生动物管理局	
媒体记者	

最后，所有调查对象及访谈对象都将互联网络列为一个重要的选题来源。由于网络更新迅速、快捷、互动，传统媒体的新闻记者每天都将浏览

网络上的新闻列为重要的监控任务，网络不仅给环境新闻记者提供丰富的选题，而且还能提供大量的环境专业资料供记者查阅。"最普通的还是要去新浪啊、网易啊一些门户网站把最重要的新闻全部都看一遍……关注完后主要看新浪的'环保'（频道）啊还有腾讯的'绿色'（频道），还有一个是搜狐的'绿色'（频道），就是要把它们的新闻全部看一遍。然后再去一些专门关注环保类的网站，比如说环境生态网啊，还有类似于'中外对话'一些国际视野的网站、科学网之类的。"（访谈，2011年6月13日。括号内文字为笔者补充）

　　环境新闻记者通过这些主动找上门来的消息源以及与政府环保部门、国内外比较知名的环境 NGO 等保持密切联系外，再通过日常网络搜索与浏览，寻找到自己需要的环境新闻选题。因而新闻机构拥有属于自己的一个巨大的新闻网络，这些网络中的消息来源主要是与合法机构相连的，个人投诉以及比较边缘的 NGO 消息源都被记者认为新闻价值不大或者与新闻机构的运作相互冲突，比如记者称："现在依赖比较少的是公用邮箱，它可能发送一些线索，但价值相对比较弱，爆料人大多出于自身的考虑，也会有有价值的东西，但十个里面有一个就不错了，基本上比较难。"（访谈，2011年6月13日）又比如环境新闻记者在谈到使用 NGO 消息源的问题时说："NGO 这个组织本身不要有问题的，像'绿色和平'组织这种有些极端组织，他们发布的消息我们一般不用的。"（访谈，2011年6月14日）

　　新闻消息网络所覆盖的组织拥有集中的信息资料，比如政府部门的专家调查数据库、专业的环境教育网站、应对突发事件的新闻发言人制度下产生的大量公共性资料，又比如国内外环境 NGO 经常主动与媒体沟通联系的邮件列表、项目进展通报资料等，这些信息资料专门为记者提供。这都大大便利了记者获取资料并且证实资料信息的可靠性，因为在记者眼里，这些机构本身就是合法、权威的，因而从这些机构获取的信息更容易转变成新闻文本。这样一来，记者通过轻而易举地获取和见证这些信息，并将信息转化成新闻的过程，反过来也肯定并强化了这些组织的合法性。

　　2. 传统媒体如何策划环境新闻选题

　　除了政府固定信息源、NGO 及企业信息源、互联网络来源外，媒体在环境报道方面还会有大量的策划性报道。"每年和环保相关的一些节点其实并不少，比如说世界气象日、世界环境日、地球日、水日等，非常多，包括植树节，然后每一个这种节点都可以成为我们策划的一个出发点。"（访谈，2011 年 5 月 13 日）媒体依靠环境节日来生产环境新闻的特点，使得新闻如果遇到某个月没有节日又缺少突发环境事件，就有可能步入记者所称的环境报道"淡季"。

传统媒体应对环境新闻报道"淡季"的方法就是与环境 NGO、企业、政府部门一起策划和开展一些环境活动，比如组织环境气候论坛、对长江中下游湿地的生物多样性进行科学考察等。20 世纪 90 年代初启动的大型环境行动——"中华环保世纪行"就是中国政府与传统媒体共同策划的环境活动，活动启动后报道出一系列的环境问题，引起公众及政府部门的广泛关注。之后，媒体记者开始把目光聚焦于"环境"选题，再加上环境事件年年都有，比如"苏丹红"事件、"松花江污染"事件、"甘肃血铅中毒事件"等，这些环境突发事件对人与生态的危害往往比较严重，媒体甚至经常会用整版并长期开设专版、专栏来报道。

在接下来分析环境新闻记者如何使用消息源之前，有必要先来考察一下消息源的用户，即环境新闻记者这样一个身份或者说新闻传播机构的一部分，是怎么样定位和运作的。大部分的报纸、广播电视、杂志在对新闻记者的任务和职责进行定位的时候，都是依据社会生活运作中的各个部分来划分，比如时政部、教育部、经济部、法治部、环境保护部等，如果细分的话还可分为负责中小学教育的记者、负责气候报道的记者、负责公安、消防报道的记者等，这些记者在业界称为"条线"记者，每个记者都负责固定的条线，比如法治部记者负责与政府公安部门联系、关注与治安及法律相关的消息源；环境条线记者专门与政府环境保护部门联系，包括环保局、环境监测部门等，还负责掌握环境 NGO 的动态，关注与环境问题、事件相关的选题。

不过，大部分传统媒体在 20 世纪都还没有将环境条线记者从主要部门如时政部、科技部等分离出来，跑科技的记者可能也兼跑环境，跑时政的记者也会关心环境事件的报道。随着 2005 年后气候变化问题成为国际世界关注的热点，科学家用"引爆点"（Tipping Point）这个隐喻来告诉大家，全球气候只要再升高一度，地球将会遭受灾难性的后果，而且是不可逆转的，这个"引爆点"就是极限。气候变化、温室效应、臭氧层破坏、碳交易这些抽象、难懂的名词提醒我们，环境问题将会是未来的热点与焦点问题。于是，在哥本哈根会议即将启动的前期，中国许多地方性媒体纷纷开设环境部。

"2007 年我们部门成立的话是全国比较领先的，几乎可以这样说，就除了我们之外，没有其他报纸是有专门的一块。这个和我们报社领导的思路有很大的关系。当时的想法是觉得气候或者说更具体一点，低碳、环保这两个词势必要成为未来全球性的一个热点。但是本地在这个集中报道方面还是欠缺的，或者说是一个待填补的状态。出于这个原因当时我们就成立这样一个（环境）部。"（访谈，2011 年 5 月 13 日；括号内文字为笔者补充）

但是大部分的环境条线记者都并不具备环境科学方面的专业知识，很多都是从其他部门抽调出来的，因而那些充斥着科学数据、图表、专业术语的环境信息对记者来说都是一种挑战。

"气候变化问题非常抽象，这个'瓶颈'感觉最明显的应该是我们这个部门办了一年到两年之后，那段时间我们感觉有段时间写稿子非常的困难，就是找选题也非常困难。"（访谈，2011 年 5 月 13 日）

"把碳交易这个事情讲清楚不是特别容易，你比如说，碳储存这个技术，因为全世界运用这个技术可能就一两个国家……就是这些概念啊，我也买了几本书在那儿看，包括什么清洁能源啊，还有绿色经济到底是一个什么样的经济，就是还是不断在学习新的东西。"（访谈，2011 年 6 月 12 日）

3. 环境记者如何采访报道环境新闻

环境新闻传播的采访过程主要关涉环境记者对各种新闻源的使用方式与过程，出于环境问题的复杂性原因，大部分记者在对信息源的使用过程中，总是将"可靠、权威、可信"这些关键词挂在口头上，面对大量可能成为新闻的消息源所提供的环境信息，记者开始实施筛选、甄别与挖掘的工作。从笔者的调查中发现，环境条线记者在使用信息源时，大学专家往往是他们偏好并经常主动进行采访的对象，仅次于政府部门（见表6）。这主要出于三个原因。一是记者认为专家应该是对环境问题最了解、最能科学地解释环境问题的合法机构。"我个人比较喜欢采访高校科研院所，他们利益比较超脱，对环境问题的分析也比较权威，稿件能够发得大。"（访谈，2011 年 5 月 15 日）二是环保记者出于对自身非专业性背景考虑，往往认同有专业背景的专家资源库。"我觉得它（环境问题）专业性很强，我们毕竟不是学这个的，学这个也很难，也还是要找大量东西，需要数据性的支撑……对这个事情达到一个基本准确就行了，专家会替你把关。"（访谈，2011 年 6 月 20 日）第三个方面，则是和新闻机构的时效性运作相关，记者一般将新闻时效看作生存之本，"有时和中央的政府部门联系起来过程比较长，我们晨报经常是第二天一早就要发稿，时间上来不及，所以采访大学专家也比较多"（访谈，2011 年 5 月 12 日）。

在笔者的调查结果中，虽然 NGO 都被列为重要的消息源，但大部分的记者只是将 NGO 消息源作为选题库而不是理性和可靠的专家代表。"专家对我们帮助最大，而不是 NGO，NGO 肯定是'一种'观点，NGO 专家我们更看中的是专家的身份，而不是 NGO 身份，而且很多时候专家和NGO 保持一种联系，但他出现（在新闻报道中）的时候不是以 NGO 的身份出现的。"（访谈，2011 年 6 月 20 日；括号内文字为笔者补充）又如："NGO 专家，比如 WWF，感觉专业领域的专家还是比较少，他们主要注重搞活动，所以采访的还是比较少。"（访谈，2011 年 6 月 12 日）

政府及大学专家信息源应该说是所有环境新闻的重要报道来源，这些组织提供的事实被记者认为是可靠的、理性的、可以证实的，而那些可能有挑战性的、敏感的机构如绿色和平组织则要小心。这样一来，就证实了塔奇曼在《做新闻》中所说的：

"向控制信息的法定权威机构进行挑战可能导致整个新闻机构的瓦解。如果所有的官僚都崩溃了，那么所有相关的事实及其发生，都会被当作所谓的事实和所谓的发生。……总而言之，收集那些相互证实的事实，是在完成新闻工作，也是在重新建构我们对日常生活的理解，是在按照历史常规来确定办公室和工厂，政治和官僚，公交时间和班级名册这些日常生活的方方面面。"①

从以上环境新闻传播的三个流程的考察分析中我们发现，从哪个特定的新闻源选择选题可能导致新闻记者在报道中将"聚光灯"就打在哪里，策划的环境选题总是将某个事件或活动的主题排列在重要位置并凸显，而在使用某个新闻源的过程中记者的价值观，包括文化的、组织的、政治的各方面都影响着新闻最后的采访与报道结果。这些都导致相应的媒体环境表征框架的建构，成为理解环境新闻传播机制运作的重要方面，其在一定程度上限制与影响了公众对绿色的认知。以下笔者以具体案例，采用内容

---

① ［美］盖伊·塔奇曼：《做新闻》，麻争旗等译，华夏出版社 2008 年版，第 97 页。

分析的方法来考察媒体对绿色表征的框架是如何通过新闻语言运作的。

（二）环境新闻报道与媒体表征的框架建构

李普曼（Walter Lippmann）曾经在他的经典名著《舆论学》的开篇讲述了这样一个故事：1914 年，有一些英国人、法国人和德国人住在一个海岛上，那个海岛不通电报，所有的外界信息靠的是六十天才来一次的邮船。9 月里，当大家急切想知道不久前报纸上报道的关于凯克劳斯夫人枪击卡尔默特事件的审判结果时，了解到的却是英、法已向德国开战一个半月了。在这不可思议的六个星期中，岛上的英、法居民和德国居民还是朋友，而外部世界的他们早就成了敌人。① 那么岛上的人彼此相处应该是基于他们生活世界所在的现实呢，还是基于报纸用符号表征的外部社会现实？

对大多数普通人来说，我们似乎总是愿意相信传统大众传媒是最值得信赖的，对它的信赖度有时甚至超过政府部门，因为大众传媒总是以"客观中立"或者试图以此面目出现在我们面前。然而，大多数人还是没能意识到，"任何新闻都是社会真实的建构版本，它们往往报道了一些事实但却忽略了其他事实，运用这样一种框架来表征却是以牺牲其他框架为代价的"②。

媒体对环境新闻的报道也是遵循着不同的框架，就像一副相框把它内部的中心内容组织起来，清晰地界定出与外部的分界线一样，媒体的新闻框架就是"一种针对新闻内容的中心组织理念，它通过运用选择、强调、剔除及精简等方法为我们提供了一种特定的语境，并暗示我们什么是它要表达的主题③"。简单地说，媒体框架就是对"客观"事实进行选择和排列组合的一种"主观"活动。这种"主观"活动涉及多方面，包括新闻记者撰写新闻时所采用的"倒金字塔"结构模式，将最重要和次要主题在文本中依次排列以影响受众认知④；新闻中还经常运用视觉图像和隐喻

① ［美］沃尔特·李普曼：《舆论学》，林珊译，华夏出版社 1989 年版，第 1 页。

② Julia B. Corbett, *Communicating Nature: How We Create and Understand Environmental Messages.* Washington: Island Press, 2006, p. 215.

③ J. Tankard, et al., "Media Frames: Approaches to Conceptualization and Measurement". (Paper presented to the Association for Education in Journalism and Mass Communication), 1991, p. 1.

④ 梵·迪克（Van Dijk）在《作为话语的新闻》（2003）一书中从新闻话语分析的视角系统考察了新闻是如何运用"倒金字塔"等文本建构方式控制局部语义理解，作者通过引入宏观句法即"图式"（类似于新闻框架的概念）的研究方法，分析新闻话语是如何运用删略、概括、组构等宏观规则，从命题族群策略地推导出宏观命题，最后组织和实现新闻想要表达和影响受众的主题。

等修辞框架，以及一些反复强调的新闻关键词、概念和符号标志等。记者用这种主观框架来组织话语并使新闻结构变得有意义。因为新闻框架往往对某种特定的事实与价值进行了强调，所以能对受众的认知产生较大的影响。

　　从这个意义上来说，框架就成了意识形态，依据不同的价值观及意识形态人们得以解释事件、定义问题、诊断因果及寻求补偿。通过一整套的框架依据，就如同通过一扇扇窗户，从不同的角度人们去观察和理解世界。媒体也正是通过制造这些框架，影响人们观看世界的角度。比如2010年底至2011年中以来，长江中下游地区持续长时间干旱，接着在2011年6月初"旱涝急转"，大众传媒对这种极端气候的报道大部分都归咎于气候本身，如《人民日报》对干旱做出三方面原因的解释：首先，影响我国东部的大气环流系统异常显著。其次，水汽输送条件不足，水汽通道未能有效建立。此外，2011年以来，冷空气活动显著且势力强大，在长江中下游地区无法形成冷暖交汇的局面。① 那么解决的办法就是等待这种气候自行改变或者施行人工增雨。如果媒体用另外一种框架识别问题，比如将极端气候频繁造访与三峡大坝的争议联系起来②，这种报道框架就产生了一种完全不同的问题定义及相应可能的处理方法，在国家层面对长江流域及各支流的建坝断流问题就需做出思考，并尽可能地形成一些政策调整。

　　媒体框架不仅表现在对中心内容的组织理念这个宏观主题上，而且还表现在媒体把关人的价值判断上，即：哪条新闻具有新闻价值？新闻机构对新闻价值的判断主要表现在该条新闻是否新鲜、重大、反常或有争议等，这些都形成了新闻框架。媒体因为在环境新闻报道时依赖重大事件以及能吸引受众眼球的由头，故在报道生物多样性的议题上会选用熊猫、北极熊等吸引人的旗舰物种报道，而非阐述和论证生物链这个概念；在报道雪灾、地震等重大环境灾难时会报道时间、地点、灾情、人员伤亡、救援情况，而不会深究灾难形成的主要原因。同时，如上节对环境新闻传播机

---

① 参见刘毅《长江中下游为何持续干旱：三方面原因导致干旱》，《人民日报》2011年5月25日。

② 参见中华联合商报记者郭安丽《长江流域"旱涝急转"，三峡再惹争议》，《人民日报》，2011年6月20日；《美国之音》记者：大卫《长江流域气候异常，疑与三峡大坝有关》，《人民日报》2011年6月7日。

制的考察中所观察到的一样，环境新闻是使用政府专家还是使用公共专家说话，是偏重政府官方还是强调环境保护组织的信息源，同样也可以形成不同的环境新闻报道框架。

此外，媒体将"地球第一！"（Earth First！）成员是称为"自由战士"还是"环境恐怖主义者"，将垃圾焚烧发电站称为"随时爆发的原子弹"还是"可以控制的老虎"，将核电站称为"绿色能源"还是"核灾难"，不同的隐喻选择都可建构出不同的新闻框架，人们通过这些窗口能看到不同的风景，从而形成对世界不同的理解。

同时，新闻图片也是框架形成的一个重要方面，选取哪个角度的图片来表征环境事件或环境问题，也有其主观的一面。比如气候变化已经被全球认同，但是气候到底是变暖还是变冷一直存在争议，虽然主流媒体一直强调气候变暖，因气候变暖而濒临灭绝的北极熊（见图1-2）成为标志性隐喻，但也有媒体报道由于太阳辐射强度正在缓慢下降，气候其实是在变冷而不是变暖[①]。与之相关的视图则包括表征雪灾、冰川等大量的图片与影像。如同以下这幅漫画所表达的一样（图4-5），不同框架建构出不同的关于气候问题的现实。

图4-5　气候变暖还是变冷问题在于不同的框架建构

至此，有必要以案例分析的方法来探讨：在一则环境新闻的报道中，媒体一般会遵循什么样的新闻框架？基于此，本节笔者以2011年"3·

---

① 参见《长江商报》记者章凌《全球变冷》2011年4月13日。资料于2011年6月28日取自：http://news.163.com/11/0413/02/71G4A8UT00014AED.html。

11"日本大地震及引发的核电站爆炸导致核泄漏事件为例，选取了沪杭两地最受读者欢迎的两份都市类日报——杭州《都市快报》（以下简称杭报）及上海《新闻晨报》（以下简称沪报）① 在"盐荒"前后（3月12—22日）② 对日本地震及核泄漏事件的所有相关新闻报道为样本，考察了报纸对环境灾难（地震）的报道框架，由于日本地震同时引发了核危机，因而对该事件的报道也体现了环境风险的报道框架。

2011年3月11日日本地震最终被确认为里氏9级，随之引发海啸，次日便有报道称日本核电站因地震引发爆炸并且导致核泄漏。核危机爆发后，诸多网民纷纷发布如"核辐射扩散地图"以及"碘盐"能防辐射等言论，3月16日全国上下"盐"市告急，"盐荒"肆虐。研究以3月16日为主要分隔点，对两报的报道分为三个时间段来考察，3月12—15日为前期，16—18日为中期（针对"盐荒"事件密集报道时期），19—22日为后期，从23日起对日本地震及核危机事件的报道已淡出头版。

1. 沪杭两报对核风险报道内容分析结果

通过整理和通读两份报纸在11天内对日本地震及核泄漏的所有报道，笔者发现，虽然两份地方性日报在报道过程中的侧重点有些许不同，但总的来说，基本报道框架或模式趋于一致。两份报纸从第一天的报道开始，都向日本派送了记者，并各自开辟专版，杭报为"日本最强地震"版，沪报设"日本超强大地震"版，各整版中依次分类设有"动态"、"现场"、"救援"、"防护"、"影响"、"亲历"、"危机"等专题。笔者在统计杭报的报道数量时，发现其虽然一个专题的整版往往由若干个小报道组成，但只统一注为一个编辑来源（消息源），故这样一个整版的报道只能算一条相关报道，而沪报中一个整版往往分割为不同报道并标注不同记者或编辑来源（消息源），从而总体报道数量上远大于杭报。最后，整个11天的日本地震相关报道中，两报的总体报道数量如表4－4所示：

---

① 《都市快报》现周出340版，周五最高出80版，是浙江省日出版面之最。发行量目前已突破95万份，发行面已覆盖浙江省所有中心城市，据杭州市城调队最新调查结果，在省城杭州的所有报纸中，《都市快报》拥有的读者最多、阅读率最高、零售量占绝对优势。《新闻晨报》目前每天平均出版64版，是上海早晨零售量最高的日报，也是发行量最大的早报，日均发行量60万份。

② 报道时间的选取是从两份日报对日本地震的第一天报道3月12日开始，一直到对与日本地震及核泄漏的相关报道从头版上消失3月22日为止。其中全国"盐荒"爆发日为3月16日。

表4-4　沪杭两报在3月12—22日期间对日本地震及核危机相关报道
的数量分布情况

报道情况 报纸名称	3月12—15日		3月16—18日		3月19—22日		报道总量	
	数量 （条）	百分比	数量 （条）	百分比	数量 （条）	百分比	数量 （条）	百分比
《都市快报》	34	48%	29	41%	8	11%	71	100%
《新闻晨报》	68	43%	67	42%	24	15%	159	100%

研究中，笔者详细研读了杭报（71条）及沪报（159条）的相关报道，并按类别分为五大议题，分别为：日本地震及海啸动态（现场情况）、核电站爆炸动态（现场情况）、地震及海啸对中国影响、核电爆炸及核泄漏对中国影响、中国人亲历地震及灾民救援（国内外）。每条报道所涉及内容可能分属多个议题，并非一一对应，两报在这五个议题方面的报道数量分布情况如图4-6所示。

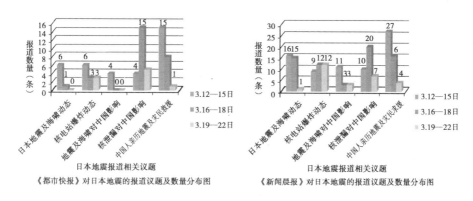

图4-6　沪杭两报对"3·11"日本地震及核泄漏事件的
报道议题及相关数量分布情况

通过进一步考查"核电爆炸及核泄漏对中国影响"这一议题的所有相关报道，又可进一步细分为六个子议题，即：环境影响（核泄漏对海洋及空气污染风险）、民生影响（市场供求、消费品污染风险）、核电事故详解（历史分析及前因后果）、中国政府核风险防范对策、核辐射知识、核泄漏防护知识。两报在这六个子议题方面的报道情况如图4-7所示。

值得一提的是，由于该环境灾难发生在国外，沪杭两报都不约而同地综合了新华社、《中国日报》及《环球时报》的报道，其中沪报采用70条，杭报采用35条，都几乎占到两报所有相关报道的一半。同时，沪杭

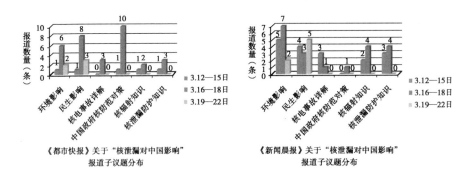

图4-7　沪杭两报关于"核泄漏对中国影响"报道子议题的数量分布情况图

两报独家新闻报道主要以特派记者所见及所感来描述日本地震带给当地的危害，沪报的此类报道占30%，而杭报则占33%，一般归于"目击"或者"亲历"的专题版下。

研究中，笔者还考察了沪杭两报所有关于"核泄漏对中国影响"的相关报道，由于两报都综合了新华社、《中国日报》及《环球时报》的消息，因而其主要新闻源都非常相似，其使用频率分布如图4-8所示。

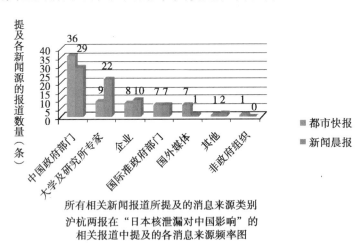

图4-8　沪杭两报在"日本核泄漏对中国影响"的相关
报道中消息来源使用频率分布图

2. 沪杭两报在"3·11"日本地震及核泄漏危机报道的框架分析

从以上内容分析结果中可知，沪杭两报遵循了类似的风险报道框架：

（1）以恐慌"事件"而非"风险"理性来框架风险报道

　　环境灾难往往是自然和人为的混合体，简单来说，环境灾难就是与地球物理、水文气象及生物学相关的极端事件，其特征表现为能量的集中释放，极大地威胁人类生活并对物品及周遭环境造成严重破坏。[①] 由于环境灾难如地震、海啸等可直接危害人类生存，人们对此类事件的关注度居高不下，大众传媒也早就意识到灾难可以让报纸畅销，美国报业出版协会早在 1973 年的一份调查就显示：39% 的读者喜欢看"意外和灾难新闻报道"，而只有 25% 的人关注政治新闻和 33% 的读者对一般性的民生新闻感兴趣。[②] 环境灾难报道被认为是最重大的新闻故事，能吸引最大多数受众并能被最持久地记忆。[③]

　　基于该认知，从 3 月 12 日的报道开始，沪杭两报头版都用超大黑体标题及图片"贩卖灾难"，杭报醒目标题为"8.8 级，日本史上最强地震！"下配整版海啸吞没民房照片；沪报头版的 2/3 也被触目惊心的"海啸"图片所占据，其余 1/3 则用标题新闻逐一标出："日本强震，伤亡惨重，全球救援，中国行动"。杭报 13 日头版标题加快了灾难故事的恐慌度——"不是后天，不是 2012，是人类共同的灾难！巨震！海啸！核泄漏！日本宣布进入核紧急状态"，下配一日本小女孩掩面而泣的照片；14 日大幅图片则为日本千叶制油所一油罐爆炸燃烧场景，浓烟密布，消防人员戴着白色口罩等待救援。下配标题新闻为"大地震死难人数可能上万/本报记者直击日本灾区/伤痕累累的迪士尼乐园关门检测/地震引发的炼油大火还在继续"；15 日标题新闻"福岛核电站再爆炸再告急"，旁边的照片是一个遭核辐射的女孩隔着辐射治疗中心的厚玻璃"抚摸"小狗，女孩的脸虽然隔着玻璃模糊不清，可是小狗仍然伸着舌头"舔"着主人的手。整个前期的报道让人震惊、恐慌与心酸，特点为持续以灾难故事为卖点，快速醒目地利用头版头条的"震撼"效果，黑体标出"地震、海啸、爆炸、核泄漏、核辐射、死亡……"等关键词以渲染"事件"本身的不寻常，极为煽情。

---

　　① 参见 H. Faulkner & D. Ball,"Editorial：Environmental hazards and risk communication", *Environmental Hazards*. 2007, Vol. 7, pp. 71—78。

　　② 参见 R. Sodd, G. Stockdale, E. M. Rogers, "How the News Media Operate in Natural Disasters". *Journal of Communication*. 1987, Vol. 37, No. 3, pp. 27—41。

　　③ 参见 F. Pasquare, Matteo Pozzetti, "Geological Hazards, Disasters and the Media：the Italian Case Study". *Quaternary International*. 2007, Vol. 173—174, Oct. – November, pp. 166—171。

"盐荒"事件前，杭报每天以近 6 版而沪报则平均以 8 版左右（数量占所有报道总数的近一半）来传播日本地震及核泄漏事件，媒体以极大的热情、传统的框架讲述着"灾难"故事，而难以用故事及图片描写的潜在核"风险"问题，却从一开始就被忽略了。从图 17 可知，12—15 日的新闻，两报均侧重于报道在日本的中国人或特派记者亲历地震的所见所感、日本国内外救援情况以及事件发展的最新动态；而对核泄漏发生的前因后果，核辐射可能如何通过海水、空气等环境因素扩散至中国，核辐射扩散之后政府将如何应对，民众应如何防范等需要大版面、详细解读的"风险"理性分析（笔者统归为"核泄漏对中国影响"议题）则很难从前期的报道中找到，仅分别以 4 条和 10 条的篇幅予以提及而列为次要议题。

即使在两报提及风险的这 14 条报道中，其方式也主要以一两句简单陈述句予以总结和交代，如杭报仅在 14 日版面最后提道："中国气象局北京区域环境紧急响应中心分析表明：12 日至 14 日污染物扩散暂时对我国无影响，但应密切关注事态的发展。"具体的分析过程及监测标准直到"盐荒"出现后才占据重要版面。沪报也仅在 13 日发了一小条名为"中国环保部：境内未发现放射性异常"的报道，以总结性通告话语为主，300 字左右的报道四处重复这 23 个字："从监测结果来看，目前我国境内未发现任何放射性异常。"虽然 14 日、15 日分别用一整版解读了放射性污染物对上海的可能影响以及专家解释核辐射的危害、民众的防范等，但总体来看，所占报道比例极小，且还是侧重于事件本身和结果告知，对风险分析过程支离破碎而显得报道混乱、模糊（具体分析见下文）。

（2）"反常"事件驱动的环境报道框架

3 月 16 日的"盐荒"事件成为激发风险报道的兴奋点，从图 1、图 2 可知，16 日之前两报鲜有"核泄漏对中国影响"之议题的相关报道，当全国一夜之间碘盐断货，盐库随之告急，这一"反常"事件本身不仅成为有价值的新闻，同时也唤起了媒体对民众进行风险教育的激情。16—18 日两报都加大了"核泄漏对中国影响"议题的报道力度，三天内报道量分别占到 15 条和 20 条，是前期的 4 倍和 2 倍。

中期的风险报道中，杭报提及"中国政府的核防范对策"为最多（10 条），而沪报则将重中之重放在对"环境影响"的分析和解读上（7

条),两报对"环境"及"民生"影响、核辐射及核泄漏防护知识等议题的报道比例加大较多。如杭报在 17 日开始除开设"日本最强地震"版外,还专门开辟了"权威发布"版,整整四版专门从食盐市场、卫生、环保及食品安全等各方面对核泄漏可能对中国的影响进行了详细分析及权威解答,并一直延续版面至 20 日。18 日更是推出 8 个版面,总标题为"恐慌来自不了解,抢盐实在太荒唐!日本核泄漏到底会不会对上千公里以外的我们产生影响?本报汇集权威意见供您参考"。从核泄漏的起因及处理过程、对我国海域环境影响分析,并对比分析切尔诺贝利及美国三里岛核电站爆炸事故、中国政府如何应对可能的核辐射、民众如何正确防范核辐射等方面对核风险的影响进行了科学而详细的解读,并于 17 日、18 日连续两天发布我国辐射环境水平各监测指针的详细图表。

沪报为辟"盐"谣,也于 16 日专题解析了日本核电站爆炸导致核泄漏的前因后果,从环保、气象方面对我国海洋、气候进行解读,并开辟专版教育受众如何科学地防护核辐射;17 日则出动各路专家对核辐射及防范问题进行释疑。此外,两报还报道了核风险对中国旅游业、日本进口食品如奶粉、鲑鱼以及对化妆品等的影响。从重"灾"到重"险",从次要到专版专题,"盐荒"前后,两报对风险报道的侧重点及报道量发生了关键性变化。但如果没有"盐荒"这一反常事件的出现,媒体对民众的核知识传播功能恐怕仍无法实现。

18 日以后,盐市趋稳,两报对核风险的报道力度立刻随"抢盐"风潮的散去而再陷低谷,19—22 日四天内沪杭两报相关报道仅为 5 条和 7 条,且都是关于核泄漏对中国环境及民生的影响。环境影响的报道又回到前期总结陈述性的方式,对受众履行简单的安全告知功能。随着 21 日"空袭利比亚"事件的出现,两报每天对日本地震及核泄漏事件均以一到两版的报道量告知动态消息,核风险报道已慢慢退出版面。直到 3 月底,另一"反常"事件——"中国境内监测到极微量含核辐射物质"出现,核风险报道又在两报版面出现小兴奋点,占据一到两个版面。

(3)重场景、重结论、好争议的风险"故事"型报道框架

一般说来,风险本身很难预测,不可知性较大,这不仅需要非常专业和科学的框架去建构和阐释,而且需要长时间的观察以及跟踪报道,媒体对"故事性"的追求使得环境风险报道缺少科学的框架,正如学者 Weiss 和 Singer 所观察到的,"记者很少将他们手头的议题定义到科学或者与科

学相关学科的领域中去，而是将他们框架为'犯罪故事'或'选举故事'"。① 在这起核风险报道中，记者则将其框架为"灾难故事"和"恐慌故事"。因而，整个报道重视描述故事场景及结果，而忽视风险被科学建构的过程、风险如何不可预测的属性以及必要的核知识的持续教育。这直接表现为，两报对核电爆炸场景及核泄漏已出现后果自始至终、大版面的以纪实图片（民房被毁、核电爆炸残骸、浓烟、被污染的食物等）、煽情图片（如女学生强忍眼泪的脸、小狗和受核辐射女孩的隔离式"触摸"等）、记者亲历式描述及抒情语言、情节式表述等"故事"话语进行框架的特点。

"盐荒"爆发之后，两报对风险报道注入了"科学"阐释的元素，然而其重结论以及重争议的特点，还是使得核风险报道更像新闻"故事"抑或政府"通告"而非风险教育。如 17 日以后杭报每天必发"核泄漏目前不影响我国环境和公众健康"的报道，内容主要为四段式，每段都只有一句话，宏观主题为"中国国家核事故应急协调委员会、世界气象组织和国际原子能机构北京区域环境紧急响应中心、国家海洋局海洋环境监测的权威发布综合表明：日本核电事故对我国无影响"。科学的风险分析框架限于新闻版面和复杂术语而经常性地被媒体简化为结论式通告，又或者仅凭借专家的权威身份而非详尽的风险剖析说话。如沪杭两报转新华社报道"放射性污染不会'飘'到我国，目前尚无必要采取专门防护措施，新华社记者专访权威专家"。报道以专家答疑的形式进行权威性告知，如：

（小标题）网上流传的核辐射示意图根本没有依据

记者：近日网络上流传一幅日本核辐射扩散示意图，在这张图上，日本核电站核泄漏辐射范围包括了我国东南沿海大部地区，这是否可信？核泄漏放射性污染会不会对我国产生影响？

陈竹舟（国家核应急协调委员会专家）：这张示意图完全是没有依据的。从目前的情况来看，日本核泄漏对我国没有产生影响。我国已经启动了全国辐射环境监测网络，监测结果没有任何异常。

---

① 转引自 S. Dunwoody, R. J. Griffin, "Journalistic strategies for reporting long-term environmental issues: a case study of three Superfund sites". In: Hansen, A. (Ed.), *The Mass Media and Environmental Issue*. Leicester University Press, Leicester, 1993。

　　类似上述这种政府专家的简要答疑式报道在两报中很常见。实际上，专家结论式的释疑与风险的科学理性存在差异，风险的难以预知性与可变性很难仅以简单的结论来断定，而只能在风险分析过程中对受众进行解释与说服教育。简单否认网上流传的核辐射示意图，而不具体分析其如何缺乏科学依据、科学的依据又应该是怎样的以及未来核辐射有可能造成的影响或者扩散趋势，就很难给受众信服的理由。事实上，中国境内不久就监测到了微量核辐射影响。

　　此外，媒体为了保持公正立场，往往倾向于让不同的说法参与报道，在核风险报道中亦遵循此框架。多种说法虽然一方面可以让受众了解风险建构的不同立场，但另一方面也容易让受众产生困惑。比如沪报在"未来风向对核扩散的影响"报道方面 15 日曾引用中央气象台的说法，告知"15—16 日，南海中部和西南部海域将有 7 至 8 级、阵风 9 级的东北风"，而国际原子能机构和世界气象组织北京区域环境紧急响应中心认为"14—16 日，受西风影响，日本核电站核泄漏产生的放射性污染物主要影响日本东部及其以东的北太平洋区域，对我国没有影响"。接着，上海市气象局及中国台湾地区气象部门相关专家解释说这里的"东北风"和"西风"是两套概念，"属于两个不同的循环系统，目前没有联结起来，因此不必担心"。至于为什么属于两套概念，为什么说法不一？并没有进一步解释，各种参与报道的专家说法都以简单结论代替分析解释，其风险传播效果令人质疑。

　　类似框架还有杭报 3 月 14 日在题为"发生核泄漏时，我们该怎么做"的报道中，首先借用美国联邦紧急事务管理局的应急指导原则，其中一条为"注意保持窗户和通风口关闭"，而接下来又引用中国国家核电专家委员会办公室主任的微博，"一旦人们临近核辐射或核污染，紧闭门窗是毫无作用的。"众说不一，而且都是专家说法，让人困惑。

　　媒体在风险报道中易呈现各种争议的特点，"有逃避责任的嫌疑而遭到广泛批评。因为报纸以及其他大众传媒仅仅通过利用从政府到企业的信息流，而不是通过他们自己的调查来追求新闻报道的功能"。[①] 这一方面可能导致报纸缺乏自己负责任的声音，另一方面则可能因为观点不一或说法各异而招致传播失效，在风险报道中尤其可能导致谣言传播的扩散，比

---

　　① 　Y. Ohkura，"The Roles and Limitations of Newspapers in Environmental Reporting. Case study: Isahaya Bay land reclamation project issue". *Marine Pollution Bulletin*. Vol. 47，No. 1，p. 240.

如"盐荒"事件的出现。

（4）政府及专家信息源主导的风险报道框架

学者 Cobb 和 Eldery 观察到，风险公共议题往往可能"是两个或更多可辨认群体间的一种矛盾，这种矛盾针对的是程序性和实质性的问题，并且与各参与群体的位置及资源分配情况密切相关"。① 了解风险报道中各参与信息源的情况是理解媒体议程设置动力的关键，因为"参与者的改变以及参与者数量上的增减都可能影响最终结果"②。

基于此，本研究对所有相关报道进行了信息源频率统计（图 4 - 8），发现政府及专家信息源的频率在两报中都是最高的，两者比排名第三的企业信息源高出三倍左右，其中杭报来自于政府消息源的报道数是专家消息源的四倍。同时，两报所有报道对于 NGO 的提及最少，杭报仅在 3 月 19 日报道网络传浙江慈溪有人吃过多碘盐死亡的消息时，结尾引用了民间 NGO "科学松鼠会"的说法，而沪报则只字未提任何 NGO 消息源。这印证了许多国外环境传播学者的观点，即"新闻媒体一般试图在灾难报道中从权威消息源获取信息；通常对灾难的报道有 78% 左右都依赖于官方信息源"。③ 这种报道思路对媒体的公共性提出了挑战。

三　传统媒体环境传播的公共性思考

前面我们对媒体新闻传播的流程进行了考察，又对环境新闻的报道框架进行了具体分析，那么现在我们再来分析传统媒体的环境传播在推动绿色公共领域的建构、彰显"绿色"公共性方面存在哪些值得反思的地方。

普通老百姓都寄希望传统媒体能够在环境传播中扮演公众利益的"看门狗"（Watchdog）角色。比如零点调查机构在环境调查问卷中问到公众对环境问题投诉最有效的渠道时，53% 的调查对象选择了传统大众媒体（报纸、广播和电视），排名第一，其次才是向居委会投诉（50%），第三

① 参见 Xinsheng Liu, Arnold Vedlitz, Letitia Alston, "Regional News Portrayals of Global Warming and Climate Change". *Environmental Science & Policy*, 2008, Vol. 11, pp. 379—393。

② E. F. Schattschneider, *The Semisovereign People：A Realist's Review of Democracy in America*. New York：Holt, Rinehart, and Winston, 1960, p. 2.

③ 参见 F. Pasquare, Matteo Pozzetti, "Geological Hazards, Disasters and the Media：the Italian Case Study." *Quaternary International*. 2007, Vol. 173—174, Oct. – November, pp. 166—171。

是政府部门（49%）。"看门狗"这个词最初是埃德蒙·伯克（Edmund Burke）在 18 世纪初提出来的，他认为新闻可以看作权力的第四等级，排在前两个等级（教堂、贵族）以及法国大革命之后产生的第三权力等级（公众）后面。他的这个观点将新闻看作是自治的，独立于政府和商业，是公众利益的"看门狗"。但是从新闻生产的整个过程来看，新闻越来越显示出信息集散中心的功能，而记者更多的是履行着传播和发布信息以及讲故事的职责。

以上分析表明，传统媒体的自反性特征使其无力与占支配的权力结构进行挑战，因为它就是这种支配权力结构中一个不可分割的组成部分。新闻大量地以权力结构中的支配消息源为主要新闻来源，通过报道现有权力结构中合法与权威机构的立场与观点，新闻机构反过来证实了自身的合法性与权威性。

一直以来，学术界就传统媒体的身份问题有不断的质疑与探讨，媒体一直受到政治与商业经济的双重夹击，并非如伯克所说的具有自治、独立的特性，新闻也许有成为第四等级的理想，可是现实世界中往往阻力重重。在"事业单位，企业经营"的语境定位下，中国的大众传媒处境尴尬。一方面，为了维持巨大的日常开销，媒体必须依赖广告商的大量投入，因而几乎所有的营利性媒体都以收视率/阅听率这个指标来衡量节目以及版面的设计与编排，甚至记者的稿费与报酬也直接与收视率/阅听率挂钩，这在一定程度上促使媒体的"绿色"公共性受到商业利益的操纵。

为了吸引广告商，许多媒体的发展方向都是以市场来定位的，如记者所言："外滩（指《外滩画报》）嘛，就结合海派，专门只采访高端人员，就包括环保（报道），环保要采访哪些人呢，比如说联合国环保署署长，这样一个级别的人；当初还采访了联合国副秘书长，他也是搞环保这一块的。这样一来，广告商就大量投入，因为全中国没有几家媒体能专访到这样子的，还是吸引到广告商，广告商就进来了。受众的话，新闻部就通过采（访）牛人（指高级别、权威人士）来吸引广告商，然后生活部、时尚部就吸引小资的读者，就走这样一个路线。"（访谈，2011 年 5 月 13 日，括号内文字由笔者补充）

还有研究者发现，许多媒体因为害怕失去广告商的投入，不愿意做有关吸烟与健康的风险报道。学者认为媒体"不健康地沉溺"于大笔的烟草广告而变得不可自拔，这已经成为媒体报道吸烟风险的障碍。① 还有一项历史性的考察表明，烟草公司强有力的公关及广告投入还极大地影响了媒体对一些研究结果进行公正报道，这些研究都是与吸烟对健康的影响相关的。②

考虑到市场利益，传统媒体在进行环境报道时往往必须吸引公众眼球从而达到吸引广告商的目的，因而那些重大的、煽情的、有争议的报道框架就成了环境报道的主导框架。从沪杭两报对"3·11"日本地震及核泄漏的报道来看，结合 12—15 日两报头版的醒目标题及巨幅图片，地震及核泄漏事件本身的恐慌性和危害性给读者印象深刻。沪报头条称："核辐射：震后最大心魔"，而杭报更将其与"2012"及"后天"等预言"世界末日"的话语相联系，内页的报道多以事件的危害程度及恐慌程度来决定篇幅大小，且主要以记者亲历及国内外救援的传统"灾难"报道手段为主，忽略风险的过程分析、中国政府的风险对策分析及中国民众的风险防范分析，从报道篇幅、字体设置、报道节奏、语气、图片选择等各方面框架符合头条的"爆炸性"灾难"故事"，突出放大了事件的灾难性效果而淡化了对核泄漏风险的理性分析。实际上，互联网上关于核辐射对中国影响的各种猜测和谣言已于 15 日扩散至顶峰，然大众传媒极度依赖"事件"的报道框架以及风险教育和阐释上的匮乏、简单化，导致普通民众无法一开始就从中形成正确的风险认知。

在笔者对环境记者的访谈中，都市类日报的环境新闻记者一致认为在报道全球气候变化及某些环境新闻时，因为没有争议点或者因为报道角度无法创新经常遇到报道"瓶颈"。"报道一个选题的话一定要有新的观点，就比如沙尘暴的选题，拍了三五年，那么 2007 年可能做这个选题，那 2008 年又碰到沙尘暴选题，那我们就在想，再怎么呈现，因为每年都要碰到沙尘暴这个选题，后来我记得去年做的就是《沙尘暴也有贡献》。就是每年要找一个新的点，这个对记者还是蛮挑战的。"（访谈，2011 年 5 月 13 日）

---

① 参见 W. L. Weise, C. Burke, "Media Content and Tobacco Advertising: An Unhealthy Addiction". *Journal of Communication*. 1986, Vol. 36, No. 4, pp. 59—69。

② Karen Miller, "Smoking up A Storm: Public Relations and Advertising in the Construction of the Cigarette Problem 1953—1954", *Journalism Monograph*. 1992, Vol. 136, Dec.

另一方面，政府对大众传媒的监管也促使媒体的"绿色"公共性遭受挑战。在笔者对环境新闻记者的访谈中，许多记者都不约而同地谈到了政府管控的问题。"2002 年的时候我们走的是《南方周末》的路线，那个时候的记者全都是《南方周末》跳槽过来的一批，后来就发现在上海走《南方周末》路线被中宣部管得很严格，盯着我们，第二个就是真的做不出东西来，可能也是和管控有关，后来发现这样做就没有市场竞争力。"（访谈，2011 年 5 月 13 日）

对于环境新闻报道中一些所谓政府"敏感"的选题和报道，媒体把关人可能选择不予报道。"我上次看到《新民晚报》上写了一篇稿件，它说现在是启动鸟类的，这个上海的野鸟调查研究时机，前段时间的事情。我觉得这个蛮好的，它说是复旦大学的一个专家搞的，我后来打电话问了这个专家，他说你过段时间，我出结果了你再打电话给我，后来我上个月问他，他说结果是出来了，但是这个结果不是很乐观，结果不是很好，他说市容绿化局，大概是这个吧，他说这个东西就不要发布了，后来就没发了。媒体也是出于责任心吧，我们还是要和政府口径一致……还有长江三峡大坝、怒江建坝这些个问题，都还是很敏感的。"（访谈，2011 年 5 月14 日）

在 2001 年中国的环境 NGO 与环境记者的论坛上，记者们表示他们一般会避免政治敏感的话题："我们在主要议题上是支持政府的，批评只是指向少数的议题。"[1]

对于政府敏感的选题，记者在新闻采访的过程中往往很难得到政府消息源的资料，这加大了环境问题报道的难度。"要避免被'和谐'，你知道政府很多东西是很敏感的，可以策略地与政府官员以个人的身份，从他那里策略性地获得一些信息也够了。（但）有些事情是绕不开的，江河到底有多差的时候，除非你自己抽样、检测，（但这）不是个人能做到的，或其他机构在做（的），其实是不可能的，中国没有这样的机构，NGO 也没有。"（访谈，2011 年 6 月 20 日；括号内文字为笔者补充）

传统媒体对于政府敏感的环境 NGO 也持非常谨慎的态度，甚至会

① 转引自 Turner and Wu，"Development of Environmental NGOs in Mainland China，Taiwan and Hong Kong"．*Green NGOs and Environmental Journalist Forum Report*，2001，April 9—10. p. 27。

在一些重大的环境报道过程中做出一些明确规定。比如都市类日报的国际新闻编辑在日本地震及核泄漏爆发时，往往首先想到的新闻源就是新华社，根据新华社或者中央电视台的综合消息再采访一些大学专家或政府官员，这已经成了都市类报纸的套路。"编报日本地震及核泄漏事件的时候，不是我们不想用'绿色和平'等一些环境 NGO 的资料和信息，关键是报社领导有规定，一律不用环境 NGO 的消息源。"（访谈，2011年 4 月 20 日）

政府的监管致媒体对于环境新闻报道"不得越雷池半步"，同时，新闻记者对于政府消息源的权威与合法性坚信不疑。"比如治湘江，我们这块还是主要跟（政府）官员，他们信息肯定是权威的，NGO 有个特点，就是 NGO 的深度还是不够，比如他老是说湘江污染很严重，但没有提供非常科学的数据，它不会有一个测量的数据，这样你就不能提供一个证据。（笔者插话：他们有专家的。）我知道，但没有量化的数字，作为新闻的话，它的价值就不高了。就是说我们不能作一个证据来使用，我只能说他们提供了一个观点，可能在引用的时候说到，但是它这种观点是具有一种感性的成分，不是非常科学化、数据化的。我和（政府）官员打交道时，可能获得的信息就更权威，他会告诉你水质变化会是怎么样一个趋势，不管他的是真的是假的，但他的信息肯定是最权威的。"（访谈，2011 年 6 月 20 日；括号内文字为笔者补充）

但事实上，政府与大学科研机构因为存在着许多项目合作等利益关系，两者经常是合二为一的，许多大学专家甚至就是政府的代言人。"我在做日本核泄漏的时候，会采访复旦（大学）公共卫生学院专门做核医学的（研究所），问他们是不是要防护，如果万一（核污染）飘过来有哪些防护措施。（笔者问：你都是采访大学专家吗？）政府说是委托给复旦核医学研究所了，由他们来代为政府发布（信息）。"（访谈，2011 年 6 月 14 日；括号内文字为笔者补充）

媒体将政府信息源作为灾难和风险报道的主要来源，依据的是其代表国家的权威性，但事实上，国内外环境传播的实践表明，受众对政府信息源的信任程度是非常低的。比如 Haynes 等学者曾对英国蒙瑟拉特活火山的风险传播问题做了一次深入的实证调查及访谈，考察火山风险传播过程中其信息源与民众的信任度关系。结果发现人们最信任的消息来源是朋友，其次是科学家，而对当地政府、政治家及政府官员的信息来源的不信任程度最高。① 学者们一致认为信任是影响风险形成、有效风险传播以及风险管理态度的关键因素。

沪杭两报在日本核危机的风险报道中，一方面，政府信息源占第一位，而专家的说法或是代表政府，又或是被报纸简化，或是被框架进"灾难故事"和"恐慌故事"中；另一方面，环境 NGO，如绿色和平、世界自然基金会、自然之友等知名度高的国际国内民间环保组织都没有出现在任何报道中，而在这些 NGO 的网站中，针对民众核风险的教育、对政府核辐射物质的监测分析及核辐射的最新情况发展都分门别类、科学而具体地每日更新发布。同时，两报的风险报道也忽略了公众参与式的报道方式，从而缺乏来自于社区及意见领袖的信息源。对这些或有影响力或有亲和力的民间信息源的缺位传播，也使媒体环境风险报道陷入公共信任危机。从这点来看，"盐荒"事件的爆发似乎就很容易理解了。

至此，在市场与政府的双重压力下，传统媒体的"绿色"公共性受到限制和操纵，这就使得媒体在进行环境新闻报道时更多地扮演一种权力结构的"保卫者"角色，而非公众利益的"看门狗"角色，媒体必须确认任何的社会变化都是发生在极小范围而且是有序展开的，最重要的是，这种社会变化是得到现有权力结构或者说现有体制支持的。不可否认的是，传统媒体的传播对绿色公共领域的影响，包括对公共认知、绿色舆论的形成都影响重大。随着新媒体的崛起和不断发展，绿色公共领域相比之前出现了不同变化。

第二节　网络新媒体的环境传播机制
与绿色公共领域的形成

从前所说的"大众"媒介正演变为个人化的双向交流，信息不再被"推给"消费者，相反，人们（或他们的电脑）将所需的信息"拉出来"，并参与到创造信息的活动中。

——尼葛洛庞帝《数字化生存》

如果说黑客代表了互联网技术野蛮的张力，而博客则代表了

---

① 参见 K. Haynes, J. Barclay, N. Pidgeon, "The Issue of Trust and Its Influence on Risk Communication during a Volcanic Crisis". *Bull Volcano*. 2008, Vol. 70, pp. 605—621。

重建互联网秩序的向往。在结构中建设，在离散中合作，在学习
中开放，已成为博客对世界的关怀方式。他们展示的博客文体、
博客行为、博客思想，将是互联网时代重要的文化现象，将重新
定义互联网的界限，改变我们的生存背景。

——《中国博客宣言》

如果把环境传播当作一个绿色大舞台，那么传统主流媒体在这个风云
变幻的舞台上并非孤独的舞者，20 世纪 90 年代以来，网络这个充满活
力、互动即时、传受合一的新媒体的出现，一度使各种平民话语找到了宣
泄口和突破点，呈现出双声、戏仿戏谑、网络"新话"、色语和秽语、政
治精英式话语及网络流行语六大网络话语类型，可谓"众声喧哗"。① 网
络新媒体在中国经过二十多年的发展，至今培养了近 6 亿网民②，排名世
界第一。从最初把网络当作简单的平民话语的宣泄场到越来越多以博客为
代表的理性话语传播者的出现，网络最终形成了一种舆论的力量，这股力
量与传统主流媒体的力量进行着博弈，与其共同演绎了一曲充满技巧与策
略的探戈舞。

学者 Downing 将网络新媒体当作环境传播中一个非常重要的另类公共
领域（Alternative Public Sphere），他认为这个空间是环境团体有能力在社
会中为自己代言的领域，在这个领域中，他们可以让环境话语变成优势话
语，同时还可以建构他们自己追求的环境知识。③ 中国网民们除了可以浏
览新浪、网易之类的门户网站的环保频道，快速获取自己渴望了解的环境
新闻、知识，还可以通过各类绿色论坛来发表自己对环境问题的看法；通
过建立自己的博客，网民们还可以使用大量的网络空间发表文章、黏贴发
布环境图片，进而表明自己的环境态度、表达自己的环境思想，通过播
客、优酷、土豆等视频网站查找视频资讯，甚至上传自己拍到的环境资
讯、所见所感。比如新浪的博客系统就拥有中国最多的用户，到 2007 年

---

① 参见徐迎春《众声喧哗：中国网民话语的类型与生成机制考虑》，《浙江传媒学院学报》
2010 第 6 期，第 8—15 页。

② 参见中国互联网络信息中心（CNNIC）官方网站：《第 32 次中国互联网络发展状况统计
报告》http://www.cnnic.cn/hlwfzyj/hlwxzbg/hlwtjbg/201307/t20130717_ 40664. htm。

③ J. Downing, "The Alternative Public Realm：The Organization of the 1980s Anti-nuclear Press in
West Germany and Britain". *Media*, *Culture and Society*. 1988, No. 28, p. 45.

8 月，新浪的博客圈达到了 606358 个，其中有 96 个博客圈用"环境保护"作为关键词，还有至少 100 个博客圈谈到与环境相关的主题，并且有近 24 万篇与环境保护相关的文章通过新浪博客发表。① 近年来，微博的便捷、快速、超互动更将 Web2.0 时代的特点发挥得淋漓尽致。

网络新媒体海量的信息不像传统媒体一样受版面、播报时间、截稿时间的限制；传统媒体倾向合法、权威信息源以及政治经济方面的压力，使得许多信息都无法得以发布，而网络媒体恰恰可以弥补这一不足。网民们可以在网络上发掘到传统媒体不予发布的信息，还可以聚集所有公众的合力共同挖掘事件的真相。这导致传统媒体的生存一度受到网络媒体的威胁与挤压，许多传统媒体都纷纷开辟了网络版，而且主动建立传统媒体的机构微博账户，新华社甚至主动与社交网络"开心网"合作，网络新媒体的传播态势越来越复杂与丰富。

本节笔者将从网络媒体的环境传播机制谈起，考察网络媒体传播态势的变化与完善，以及传统媒体与网络媒体的绿色话语博弈过程，最后考察网络绿色公共领域的形成与发展。

一　网络媒体的环境传播机制考察

美国一个重视学术与公众调查的基金会——卡耐基基金会曾经在其网站上公布过一项调查结果，该机构于 2005 年对美国 18—34 岁年龄段公众近三年的新闻源使用情况进行了调查，发现 39% 的人通过互联网获取消息，高于本地电视新闻网、有线电视新闻网、报纸及国家新闻网而居第一位（见图 4 - 9）。

文章认为，18—34 岁的年轻人未来将成为主流媒体受众，随着互联网用户的不断增加，传统新闻媒体必将受到威胁，因而必须不断改变新闻报道的思路。笔者小范围的公众环境调查结果也显示（见图 14），26% 的调查对象表示平时都是通过互联网络获取环境信息，仅次于广播电视的人数比例（32%）。调查对象近六个月从网络新媒体获取环境信息的介质分布情况如表 4 - 5 所示：

① 参见 J. Ma，M. Webber，B. L. Finlayson，"On Sealing a Lakebed：Mass Media and Environmental Democratisation in China". *Environmental Science and Policy.* 2009，No. 12，pp. 71—83。

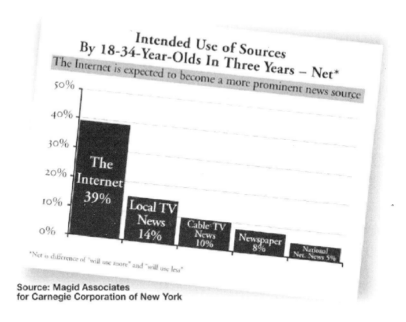

图 4 – 9　美国 18—34 岁年龄段公众近三年的新闻源使用情况分布

资料来源：美国卡耐基基金会官方网站。

表 4 – 9　　近六个月内公众通过网络新媒体接触到的环境信息列表

新闻类网站	新闻门户类、搜索引擎类网站	论坛、博客及播客类网站	社交网络类
中国环境新闻网 红网 湖南在线 中国人大网 新华网 凤凰网 浙江在线 人民网	雅虎 网易 新浪 搜狐 百度 谷歌	天涯论坛 宽带山论坛 猫扑网 豆瓣网论坛 优酷视频	腾讯微博 腾讯网（新闻） 19 楼 MSN（新闻） 开心网 人人网 新浪微博

　　一般来说，公众接触环境信息的网络渠道主要包括四个方面：一是综合性的新闻类网站，比如湖南的红网，经常会发布环境新闻及 NGO 的环境项目进展情况；中国环境新闻网则属于专业类网站；人民网的"环保频道"也有专门的环境专题。二是新浪、搜狐、网易等门户网站也专门开设了"绿色"频道，内容分门别类，新闻动态、评论、焦点等栏目一应俱全，尤其是网易的图片新闻，经常以系列图片的方式表征某个环境事件，

比如 2010 年的云南干旱。三是网络设有大量的论坛、环境讨论组供网民参与讨论、发布信息。四是越来越火的社交网络更是集新闻、论坛、社交于一身，其环境传播态势越来越趋于整合化、人际化。笔者研究发现，网络新媒体的绿色话语呈现出以下运作特征（见图 4-10）。

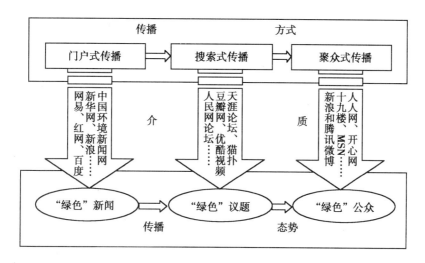

图 4-10　网络新闻媒体环境传播机制运作图

首先，环境传播通过不同形态的网络介质，主要以三种传播方式实现信息传递与环境问题的建构。

（1）门户式传播。所谓"门户"，即所有信息的出入口及集散中心。专业类的环境网站，如"中国环境新闻网"不仅专设了相关的国内环境新闻、热点追踪、新闻视频、重要新闻发布等栏目，还针对民生设计了专家政策解读、空气质量、碳排放计算器等小门类，并且增设了与国内NGO、国内媒体的相关链接。网易、新浪、搜狐的门户式传播特色也非常明显，网易以图片新闻报道见长，新浪的环保频道以综合见长，搜狐则注重绿色生活、绿色消费及产经类综合新闻的发布，其网站还专设了"绿色周榜样"，对各企业进行绿榜和黑榜的排名。这些门户网站最大的特色是环境类信息全面、及时、海量、图文并茂。

（2）搜索式传播。搜索并非是"搜索引擎"意义上的对环境信息的寻找，而更多的是取自"人肉搜索"的内涵，即网民可以通过各种形式的论坛和网络讨论组对环境问题进行公众探讨，网民们可以就某个环境事件进行补充和挖掘，还可以对破坏环境的行为进行监督，通过不断发帖转帖来达到对环境信息的补充与传播以及对环境问题的建构功能，从而使得越来越多的环境问题被曝光，同时也能搜索到越来越多的解决环境问题的可能途径，并且号召越来越多的人参与到"搜索"式传播的行动中来。最典型的一个搜索式传播的案例就是 2010 年"地球熄灯一小时"（以下简称"地球一小时"）活动在"李宇春帖吧"的"搜索"行动。

2010 年李宇春应国际环境 NGO "世界自然基金会"（WWF）的邀请成为"地球一小时"（以下简称"地球熄灯一小时"）活动的中国区推广大使后，3 月 15 日，一个名为"打造全球城市玉米'地球一小时'爱心横幅"的帖子出现在百度"李宇春"贴吧，活动向全球城市"玉米"征集创意数字"60"，意为熄灯 60 分钟支持低碳环保，并向周围的人进行宣传。活动开始前 12 天，各省市的"玉米"在贴吧里上传了百余幅各具创意的"60"图案，如宁波及北京"玉米"用球鞋摆成了"60"图案，寓意多走路，过低碳生活（见图 4 - 11）。"60"这个数字符号通过全国"玉米"们的搜索和建构，赋予其无数层意义上的所指含义。"地球一小时"活动开始后"玉米"们又搜索出所有与活动相关的报道与进展情况，引爆全国"玉米"及周围人参与环保活动的集体热情。

此外，曾经震惊一时的"华南虎"事件，通过论坛及讨论组里集体搜索的力量，揭露出陕西"假虎"照片的真相，旗舰物种华南虎并未在中国出现。同时，在搜索打假的过程中，"华南虎"成为关键词和热词，大家也对与华南虎相关的生态知识进行了多方面了解与建构。这种无组织的组织力量，为绿色公共话语空间添砖加瓦。

（3）聚众式传播。介质为各网站的微博，以及人人网、开心网等社交网站（Social Networking Site，简称 SNS）。这类网站最大的特色是一传十、十传百的信息复制与传递速度，短短的时间内就可以将一条环境信息让成千上万的人知晓。Web2.0 时代的核心是"所有人对所有人的传播"，SNS 正是通过个人这个网络节点，通过呼朋唤友的聚众方式形成一个巨大的网状链接，并且在社会网络系统内部形成一个个小团体，成为社会关系的数字化、网络化的传播方式。有人做了一个有趣而惊人的计算：一张A4 纸对折 50 次后的厚度可以从地球到达太阳。[①] 同理，A 同时邀请 B 和 C 加入开心网，而 B 和 C 同时邀请 B1、B2 及 C1、C2，以此类推，其传

---

① 杨国宇：《解剖开心网，解读 SNS》，《传媒》2009 年第 7 期，第 60 页。

图4-11　2010年全球城市"玉米"们为支持李宇春代言"地球熄灯一小时"行动，通过百度贴吧向全球征集创意阿拉伯数字"60"，倡导低碳生活。右图为北京玉米表征绿色的球鞋创意。

资料来源：百度搜索"李宇春贴吧"

播效果自然惊人，这可能是2008年创建的开心网在短短的时间内迅速崛起的原因所在。

SNS作为聚众式传播还有一个非常重要的特点，即所有参与传播的网民都是以真实身份也就是实名出现在网络上，这一点与论坛、帖吧甚至博客等都有所区别，因为社交网络是基于人传人的联系网络，朋友之间口口相传，真实度高，非常可靠，朋友之间不存在所谓网络的"假面具"，因而人人网等社交网络都是"以现实社会关系为基础，模拟或重建现实社会的人际关系网络，力求回归现实中的人际传播"①。

微博虽然不是专业的社交网络，它是从博客发展而来，但是它融合了博客和社交网络的优点，它比博客的发布方式更快捷和简单，通过手机也可以进行微博的发布，同时，它也具有社会关系网络口口相传的聚众式交往特点，好的微博发布者会拥有上万的"粉丝"群，许多新闻机构、政府部门、环境NGO以及社会的意见领袖都开设了微博，大部分的微博作

---

① 刘恕：《试论传统媒体与社交网络的交互融合——从新华社电视进驻开心网说起》，《科技传播》2009年第2期，第1页。

者都采用实名制方式，比如环保界的意见领袖汪永晨、李虎军等。

值得强调的是，聚众式传播的网络新媒体也是一种整合式的传播介质，比如在人人网或者微博界面，你只要是注册用户，便可以搜索到海量的新闻信息，包括大量的环境新闻及环境动态信息，因为许多媒体、环境NGO都纷纷加入了社交网络，如新华社电视、绿色和平组织。同时，社交网络本身就涵盖了论坛、讨论组的传播方式，网络之间就是处于不断的人脉沟通、问题探讨与争论的交往中。微博更是典型的具有整合传播特点的介质。

以上三种方式在网络新媒体传播的过程中同时存在，只是在发展的过程中随着技术的不断提高、个人习惯的偏好（比如对真实及匿名的偏好）、年龄层等因素，三种传播方式各自拥有不同类型的网民群体。有的网民往往会同时使用三种传播方式完成数字化生存与体验过程，比如先浏览综合门户类的新闻网站、了解主要的环境新闻信息，然后在熟悉的论坛比如天涯论坛进行气候变化问题的探讨与争论，接着在人人网上与朋友熟人聊聊天，比如聊到南方干旱和"旱涝急转"的极端天气，聊到日本核泄漏有没有影响到中国等，或者在排名前十位的微博或自己关注的朋友微博里寻找到一些有意思的消息，进行互动等。

此外，在网络新媒体进行环境传播的态势上，三种传播方式各有所侧重。门户式传播主要强调"绿色"新闻的全面、综合性，有利于网民及时浏览，从宏观微观上了解整个环境事件或问题的全貌，但不强调互动探讨的过程。搜索式传播则重视对"绿色"议题的探讨，每个论坛的讨论成员都可以进行议题设置，通过对某个环境专题进行信息的大量搜索，即转帖、链接与回帖，完成对环境问题的建构过程。由于讨论组不限制主题，也不限制发言次数，"绿色"议题就包括方方面面、五花八门，互动性也非常强。聚众式传播强调对"绿色"公众的培育，来探讨"绿色"议题的人越多越好，通过巨大的人际网络将所有关心环境保护的人聚集起来，对环境问题进行争论与建构，同时行动起来，完成现实生活世界中的环境保护行动。

2011年由微博带动的"南京法桐保卫战"，就是通过网民们先对南京法桐被移的新闻及相关消息进行门户式搜索，再通过微博、论坛、社区群等网络话语空间对"南京法桐"这一绿色议题进行持续的意义生产，从文化情感、环境保护等方面搜索出与之相关的语言，同时通过聚众式传播集合广大网民的力量以生态保护的话语对质工业话语。这一绿色事件通过三种方式的并行传播，生产出与南京法桐相关的新闻及议题，并培育出一大批保卫南京法桐的"绿色"公民。下文以"南京法桐保卫战"为案例进行进一步解读。

简言之，网络媒体在三种传播方式同时进行下，筑起一道无所不在、坚固密集的空间结构，传播态势也层层推进，从了解环境新闻到探讨广泛的环境议题、再到环境公众的聚合与环境保护行动的形成，网络媒体在环境传播中扮演了至关重要及不可或缺的角色。

二　网络绿色公共领域的形成与发展

在中国环境传播的历程中，网络媒体在建构批判的公共性方面扮演了不可或缺的重要角色，网络绿色公共领域的形成与发展过程离不开几大里程碑式的"绿色"公共事件。"怒江建坝之争"奠定了网络绿色公共领域的基础，而"圆明园铺设防渗膜"事件、厦门集体"散步"事件等使得绿色公共领域在批判与理性的道路上继续摸索，"南京法桐保卫战"则使得网络绿色公共领域日渐成熟。

哈贝马斯强调公共领域存在的三个条件：一是由私人组成的公众。他们具有独立人格，能够在理性基础上就普通利益问题展开辩论；二是拥有自由交流、充分沟通的媒体。因为媒体是信息的载体，决定着信息的流量。单向的非沟通媒体将导致信息的匮乏和意义的缺失，在此基础上私人的"独立"与"理性"也就失去了意义。三是能够就普遍利益问题自由辩论、充分交流，进行理性批判并达成共识，形成公共舆论。[①]

在市场与政府的双重压力下，传统媒体所塑造的不是理性批判的"公众"，而是文化消费的"大众"，公众的批判精神在媒体的新闻框架中，在媒体的娱乐泡沫中一点一点地消解，普通民众对于政治变得漠不关心，对政治参与也毫无积极可言，更多的注意力被吸引到"理性"之外的他处。因而，哈氏认为传统大众媒体使得公共领域的属性从原有的"批判的公共性"转型为"操纵的公共性"。

步入哈氏之后的"自媒体"时代，互联网使得越来越多的议题进入

---

① ［德］哈贝马斯：《公共领域的结构转型》，曹卫东等译，学林出版社 1999 年版，第187—205 页。

公共视界，无所不在的无线网络覆盖、手机上网、家庭工作局域网络、博客、微博、播客、微信、QQ、MSN 在线聊天、人人网、开心网等社交网站，只要具备简单的上网技巧，每个人都可以参与公共事务，每个人都可能成为公众人物。这就像哈氏提到的欧洲早期的咖啡馆、沙龙、酒吧一样，有着普通民众都能进入的低门槛。因而自由交流、自由辩论通过网络新媒体完全可以做到，这种比传统媒体多得多的自由方式使得大众对公共事务的参与热情高涨。从这个意义上说，互联网具备了将"大众"转型为"公众"的基本条件。

哈贝马斯还认为公共领域是处于社会及国家之间的中间领域，能够起到重要的协调作用，因而也是社会变迁的重要动力。基于此，中国学者许纪霖认为，中国其实在近代就已经在上海形成了较为成熟的公共领域，而中国近代公共领域的形成同晚清帝国的内外危机相关，是社会变革的一部分，是由立志于改革的以郑观应、梁启超为代表的士大夫来推动的。其演变与发展呈现出学校、报纸和学会"三位一体"的结构形态，另外，还有集会、通电等形式作为补充。①

网络绿色公共领域的形成则主要是以网络虚拟空间为基础，再通过现实生活世界中的上访、公众听证会、联名上书等形式作为补充。与中国近代公共领域一脉相承的是，推动网络绿色公共领域发展的是以公共知识分子、媒体精英、NGO 为代表的当代"士大夫"，参与者则是普通公众。

（一）怒江建坝之争：中国网络绿色公共领域基本成型

学者普遍认为中国绿色公共领域初步形成的重要话语事件是由"怒江建坝"引发的全民环境大讨论，这场通过互联网络发起的从 2003 年持续至 2009 年的"怒江建坝之争"联合了科学家、传统媒体的记者、国内外环境 NGO 团体及广大网民的集体力量，通过现实生活世界中联合签名上书、国际论坛等补充形式，网民们在网络论坛上进行了长时间、大范围的"挺坝"与"反坝"的"绿色"大争论。比如"环境生态网"的社区论坛专门开辟了"关注怒江建坝（讨论中）"的专题，普通公众都可参与讨论，发帖内容涉及人文地理、水电经济效益争论、环境生态危害、发展观

---

① 参见许纪霖《近代中国的公共领域：形态、功能与自我理解——以上海为例》，《史林》2003 年第 2 期，第 77—89 页。

之争、金融方面、各国水电发展对比分析、环境评估、程序平等等相关议题①。网民通过原创发帖、转帖，通过自己的渠道搜索到代表自身观点的文章、报道，理性地进行相关议题的辩论。

此外，"新浪"科技版专题还开展了一场关于"人类要不要敬畏自然"的大辩论。② 这些过程不仅生产出了大量的"绿色"话题，也培育了一大批参与环境传播的普通公众，有力地影响了绿色公共领域的建构。时至今日，网络关于这方面的辩论并没有停止。最重要的是，通过这次全民网络公共大辩论，公众的政治参与热情培养了起来，批判的绿色公共性得以通过网络实现，话语实践最终还导致了社会变化，怒江建坝工程被无限期延缓。这一"绿色"公共事件也为今后中国环境项目上马前的公共监督提供了话语实践的范本。

（二）"圆明园铺设防渗膜"事件：推动公众参与下的绿色公共领域的发展

2005 年，另一"绿色"公共事件"圆明园铺设防渗膜"事件也引发一场了全国范围内的大讨论。2005 年 3 月，圆明园内的三大湖出现了水位危机，湖底出现严重渗漏，所注的自来水一次只能维持一周就能见底，为此，圆明园管理处在没有经过任何国家环境项目工程影响评估的情况下，擅自对湖底铺设了水泥防渗膜，然而，铺设防渗膜阻碍了天然地层中地下水的下渗过程，长期下来，易使水质变坏，引发生物多样性下降，鸟类数量减少，湖岸的陆生植物补水不足，有些具较深根系水生维管植物会受到长期的不利影响③。

圆明园湖底铺膜的事件是一位大学客座教授在"3·22"世界水日这天偶尔去游园时发现的，通过投诉给媒体，媒体对此事进行了关注和报道，之后立刻引起了民间环保组织"自然之友"的介入，接着网民们在网络论坛上就此事进行了激烈讨论，人民网推出了"聚焦圆明园防渗工

---

① 参见环境生态网社区论坛，资料取自 2011 年 7 月 4 日：http：//forum. eedu. org. cn/post/view？bid = 18&id = 14。

② 参见新浪网专题《大辩论：人类要不要敬畏大自然》，资料取自 2011 年 7 月 4 日：http：//tech. sina. com. cn/d/focus/debate_ nature/index. shtml。

③ 李艾、郭鲲：《解读圆明园环评报告：长期铺膜易破坏水生生态》，《京华时报》，2005 年 7 月 8 日 A10 版。资料取于 2011 年 7 月 4 日：http：//env. people. com. cn/GB/1072/3526856. html。

程"专题①，新浪网则推出"圆明园湖底防渗工程惹争议"专版讨论②，包括网民声音、媒体报道、事件最新动态、专家声音、民意投票等栏目，公共探讨除了关注防渗膜对生态环境可能造成的破坏性影响外，重点还放在环境项目没有经过国家环保局的环境评估就私自展开，在程序上不合法。按照我国 2003 年 9 月 1 日开始实施的《环境影响评价法》的规定，对环境有影响的建设项目未编写有关环境影响的篇章或者说明的规划草案，审批机关不予审批，未经环保审批并未获得环保许可证的工程将被强制停工或取缔。

在国内十几家环境 NGO 的联名推动及环保志愿者、广大公众的强烈呼吁下，国家环保总局于 2005 年 4 月 13 日召开了圆明园防渗事件公众听证会，邀请各方专家、环境 NGO 代表及普通市民共同参与听证会，最终国家环保总局审核通过了在民意要求下由清华大学专家撰写的环境评估报告，并紧急叫停了圆明园管理处对东部湖底防渗工程即将进行的防渗膜的铺设，而改为用天然防渗方法进行维护。虽然这次听证会在主持人、参与者、参与程序、听证资料公布上还存在诸多弊端，但这是中国在 2004 年《环境保护行政许可听证暂行办法》施行后第一次召开环境保护方面的听证会，首开公众参与探讨环境决策的先例。

"圆明园铺设防渗膜"事件虽然发生在大部分工程于民众不知情的情况下已经完成之时，紧急叫停的工程也只限于东部湖底，但是这次"绿色"公共事件暴露了公众对国家环评的忧虑，网络将各方专家、环保人士、政府官员、普通群众聚合在一起，对政府环境立项的程序不公正进行了一场"绿色"批判，因而圆明园事件从一定程度上推动了公众参与环境治理，促进了环境事件的科学决策过程。在"绿色"公众的培育和公共领域"绿色"议题的完善方面，这次话语实践也是继"怒江建坝之争"后的又一个典范性事例。

（三）"南京法桐保卫战"：网络绿色公共领域的成熟

如果说"怒江建坝之争"与"圆明园铺设防渗膜"事件还是遵循了

---

① 参见人民网论坛《聚焦圆明园防渗工程》，资料取于 2011 年 7 月 4 日：http：//env. people. com. cn/GB/8220/45856/index. html。

② 参见新浪网专题《圆明园湖底防渗工程引争议》，资料取于 2011 年 7 月 4 日：http：//tech. sina. com. cn/focus/yuanmingyuan/index. shtml。

公众牵头（爆料），先由传统媒体的报道引发关注，再到公众依靠网络媒体为主要话语中介进行"环境大讨论"，最终形成舆论压力，导致社会变化这样一个程序的话，那么"南京法桐保卫战"就纯粹是网络推动，网民成为"护树"先锋，传统媒体随后，主要通过网民们在网络"绿色"空间进行集体话语实践的结果。

　　事情缘起于南京地铁三号线的施工规划，根据规划设计方案，南京地铁三号线需穿越主城而过，沿线两侧都是绿化密集区域。地铁三号线即将开工建设之时，主城区内超过 600 棵树要被迁移，为地铁大行宫站让道，涉及 200 棵法国梧桐树，部分树龄达到了 60 年。当时，主城区为地铁三号线让路迁移的树木达到 1100 棵树（如图 4 - 12）。① 南京市政府站和浮桥站的设计方案迟迟定不下来，焦点就是树如何处置。专家认为，留下来的话成本巨大，因为沿线房屋都要加固，为了保护树就要增加 1 亿元的成本。这无疑又是工业主义话语与环境保护主义话语的一场严肃对话与交锋。

图 4 - 12　南京三号地铁主城区沿线梧桐：被砍枝前后对比

　　对话的主要平台就是以聚众式传播方式见长的网络介质"微博"。2011 年 3 月 9 日，就在南京太平北路沿线的 40 棵被砍去枝叶、只剩主干的法国梧桐开始迁移之时，有网民将梧桐被砍前后的对比照片通过微博发给了黄健翔，"老南京"人黄健翔于是将一条呼吁大家"救救南京梧桐树"的帖子发到微博上，立即得到了大批网友的响应与留言支持，一天之内其微博留言被转帖 7000 次以上，评论 4000 多条。其中不少网友都是南

---

① 参见新华网江苏频道：《聚焦南京"法桐让路"》专题，资料取于 2011 年 7 月 5 日：http://www. js. xinhuanet. com/xin_ wen_ zhong_ xin/2011 - 03/15/content_ 22288330. htm。

京人，或者到南京来过，对沿街的梧桐树阴都非常喜爱。不少网友表示，地铁建设部门在迁移这些梧桐树的时候，应该提前做公示，征询南京老百姓的意见。同时黄健翔还呼请姚晨、赵薇、郑渊洁、王菲等一批微博名人关注南京迁移梧桐树，同时呼吁孟非、乐嘉以及在南京读过书的导演陆川，一起关注南京的地铁移树事件。

接着，孟非在网易微博一连发出三条帖子，呼吁拯救南京梧桐，原文如下：

> 南京很多主干道的法国梧桐树栽种于 1925 年前后，历经了多少风雨沧桑，几代南京人对这些梧桐树的情感是很难用三言两语描述清楚的。因为所谓的城市建设要毁掉其中一部分，南京的老百姓有地方说话吗？
>
> 一九九六年，那一届南京市政府为解决交通问题在南京的主干道中山东路上砍树，激起民愤。我当时是一名记者，立刻赶制了一条现场报道并于当晚播出。次日一早市政府官员便找上门来⋯⋯再过一日，当时如日中天的"焦点访谈"为此事专赴南京，最终仍不了了之。这是我记者生涯中一段难忘的回忆。
>
> 转短信。黄老师您好，我是朱朱，在日本。新闻得知南京的法国梧桐要被砍伐，万分痛惜。请您代为转告孟非老师，离乡多年的南京孩子，得悉如此痛心的事第一个想到的是孟非，或许很多人都希望他能说点什么，尽管我知道他也一定无能为力。我很心痛南京那树影斑驳下端庄秀美的城市影像，我很着急！

南京梧桐一直代表着一种历史文化记忆，许多南京人甚至都是伴随着南京梧桐一起长大的，南京梧桐在一定程度上已经不再是简单表征"树"，而带上了"家人"、"文化"、"城市灵魂"等诸多隐喻内涵。2011年3月9日新浪微博上发起一项"拯救南京梧桐树，筑起绿色长城"的活动，至15日就有超过13000名的博友参加。

由于南京市政府证实，因修建地铁三号线和十号线而被移走的这些梧桐树，基本没有可能在地铁修建完成后，重回故土[①]。网民们除在微博及

---

① 参见《经济观察报》记者仇子明《南京修地铁"迁移"梧桐树，"回归可能性不大"》，发布于 2011 年 3 月 15 日。资料取于 2011 年 7 月 5 日：http://discover.news.163.com/11/0315/10/6V69AHN2000125LI.html。

各类论坛上持续留言呼吁外，还在现实生活中发起了"绿丝带"护树行动，许多南京市民将城区沿线的梧桐树系上绿丝带，表达对南京梧桐树被砍伐、移走的无声诉求。网友们称绿色丝带为"免砍"丝带（见图4－13）。运动的发起者是一名普通的小学老师，她告诉记者："开始只有我一个人，后来我的家人、朋友、网友们都加入进来，我们没有其他的目的，我们也阻止不了梧桐树被砍伐、移走，但我们希望可以通过自己的方式让中国人民都知道，南京市民是爱护家乡的树木的。"很快，台湾国民党立委邱毅也从微博上获悉了此事，并在国民党中常委提案，希望透过国共平台或海基、海协两会，对南京地铁"梧桐让路"一事进行协商对话。

图4－13 2011年3月，南京主城区沿线，许多梧桐都被系上了漂亮的"免砍"绿丝带，南京市民自发组织和参与了"绿丝带"护树行动，表达对南京梧桐被砍伐、迁移的无声诉求及保护古树的美好愿望。

资料来源：新华网江苏频道。

这场由微博引发和推动的"南京法桐保卫战"在全国范围内引起了关注，南京市委市政府也不断透过微博这个网络话语空间与公众进行沟通与交流，最终南京市委市政府全面叫停了地铁三号线的移树工作，并邀请各方专家重新论证施工方案，优化后的方案将向社会公布，充分听取市民意见；表示如果优化方案敲不定，不会再动土移树；还发布了《关于进一步加强城市古树名木及行道大树保护的意见》。该《意见》指出：城市中的古树名木、行道大树，不论其所有权归属，任何单位和个人不得擅自砍伐、移植。所有市政工程规划、建设都要以保护古树名木为前提，原则上工程让树，不得砍树。经批准的重大基础设施建设项目，凡涉及需移植古树名木或数量较多、规格较大的行道树的，应主动提出避让和保护方案，并与主体方案共同报批。

"南京法桐保卫战"是一场工业主义话语与环境保护主义话语竞争的"绿色"公共话语实践，是边缘话语对主流霸权话语的交锋，最终突破霸权话语的界限使得权力关系发生转变，导致了社会变迁的成功案例。网络新媒体在这次"绿色"公共事件中独领风骚，发挥了重要而关键的作用。它不仅将南京地铁"梧桐让路"的事件引发出来，而且还承担了推动、引导与该事件相关的"绿色"话语生产的重任。虽然此前也有传统媒体关注过此事，但结果往往如记者所言："我们之前也有报道，不过都被'和谐'了。"（访谈，2011 年 6 月 20 日）网络新媒体凭借自身的传播优势和强大的信息披露能力，成为中国绿色公共领域的有效载体，并推动其向着更理性、更成熟的方向发展。

在"南京法桐保卫战"之后，中海油蓬莱 19—3 油田发生的渗油事件又是网友于 2011 年 6 月 21 日首发微博披露的，发帖内容是"渤海油田有两个油井发生漏油事故，已经两天了，希望能控制，不要污染"，媒体希望进一步了解相关情况，但中海油没有回应，并且半个月来一直瞒报，网上帖子频发都被删除。7 月 1 日新华社终于发布电讯，用简短的"蓬莱 19—3 油田出现油膜"回应公众，对于渤海湾原油泄漏对海洋生态的影响有多大、漏油原因、处理方法都没有任何报道。① 毫无疑问，网络"绿色"公众对于油井漏油事件的探讨不会仅止于此，更多相关的"绿色"话语将在日渐成熟的网络绿色公共领域内生产与建构，在网络新媒体的推动下，渤海湾漏油事件的真相与相关处理措施很快就公之于众了。

第三节　环境传播中新旧媒体的博弈与公共影响

传统（旧）媒体与网络（新）媒体是环境传播中两种重要的传播中介，两者具有各自的优势与弱点，一般说来，传统媒体由于掌握在媒体与政府精英的手中，受到种种因素的制约与管控，因而不像网络媒体那么自

---

① 参见《都市快报》综合报道《渤海湾油田渗漏到底有多严重？瞒了半个月中海油仍披露不全，国家海洋局今天公布调查情况》2011 年 7 月 5 日 A02 版。

由与灵活。进入 21 世纪后，越来越多的公众已经不再单纯依赖于旧媒体有限的传播空间与内容，而开始了游刃有余的数字化生存，五花八门的论坛、播客、博客、微博、微信以及 SNS 社交网络，无一不能满足公众对公共议题的传播渴望。正如米勒所言，这种发展使得环境议题及环境政治不再是"部门"的或者"特定利益"集团的自留地或专利，而越来越多地成为更广泛领域下的当代公民所占据的领地。①

随着越来越紧迫和繁多的"绿色"议题的出现，已经有一种趋势，即越来越多的公民已经越来越少地依赖传统媒体的环境传播，因为通过网络媒体，公众已经可以独立地寻找到那些被传统媒体过滤和遗漏的环境信息。

虽然旧媒体所受的话语限制比新媒体大，但不可否认，传统媒体的主流话语由于其合法性往往能对政府、企业产生直接有效的影响力，这就使得新旧媒体之间在博弈中还能通过优劣互补对绿色公共领域形成一种话语的同构，同构是对意义的共同建构、合作生产，在此过程中，新媒体为吸引旧媒体的关注与合作，采取了一些有效的话语策略。

学者 Lovink 将新媒体称为"策略性媒体"，策略性媒体的概念是和参与性的、争议性的、自助（DIY）形式的传播形式相联系，重在强调通过调动数字性网络媒体来提升某种议题及活动的认知度。② 也就是说，对新媒体而言，为了让某种环境信息得到更广泛地传播与发布，新媒体的策略非常重要。在环境传播中，这种策略在一定程度上，就是能够借助旧媒体的力量，新旧媒体形成一股合力，使得环境议题进入政府的公共议程。正如绿色和平组织的传播官员所说："新媒体变得越来越重要，但是传统主流媒体仍然是环境运动的重要诉求中介。你可以打好地基，你可以反对，那都是最基本的工作，但有了主流媒体的意见，那就是锦上添花③。"

基于此，新媒体往往利用上文谈到的门户、搜索、聚众传播的方式，根据其传播态势的特点，采取以下相应的媒体策略以吸引旧媒体的互动。

第一，新媒体在环境传播中注重"绿色"议题的反复、大量、集中

---

① 参见 T. Miller, *Cultural Citizenship*: *Cosmopolitanism*, *Consumerism*, *and Television in a Neoliberal Age.* Philadelphia, PA: Temple University Press, 2006。

② 参见 G. Lovink, *Dark Fiber*: *Tracking Critical Internet Culture.* Cambridge, MA: MIT Press, 2002。

③ 转引自 L. Lester, Brett. Hutchins, "Power Games: Environmental Protest, News Media and the Internet". *Media Culture & Society.* 2009, Vol. 31, Issue. 4, p. 588。

的生产与建构以吸引传统媒体关注。门户网站的"绿色"频道就以海量的数字空间储存了各种各样的环境信息，尤其是就某个环境事件而言。比如云南干旱以及"旱涝急转"的极端气候问题，"网易"不仅收集了传统主流媒体的多方报道，以动态、焦点、评论、原因探讨等各种形式表征，而且还设置了干旱、洪涝灾情地图，以大量图片进行视觉建构①。同时，在各种网络论坛中，也开始了对极端气候的大讨论，比如腾讯网的"今日话题"将各种对"气候变化是不是与长江三峡大坝有关"的争议聚拢在一起，这样在讨论的过程中，许多议题就被广泛地搜索和组织起来②。

　　网友在天涯论坛发表的转帖《三峡大坝下游之忧》引来近 38 万的访问率和 3000 多条的回帖，大家争相探讨极端灾害与大坝的关系议题。比如关于当初修建三峡大坝时，有专家称三峡是自然界的"人工湖"和"大空调"，这些隐喻是所指三峡有巨大的蓄洪调节能力，而时至今日，这种说法受到极大考验，长江水利委 2010 年就已经表态，抗洪不能全指望三峡大坝。遭致网民热议的还有另外一个关键词——"N 年不遇"。

　　2003 年新闻，三峡大坝可以抵挡万年一遇的洪水；2007 年新闻，三峡大坝可防千年一遇的洪水；2008 年新闻，中国长江三峡工程开发总公司总经理李永安：三峡大坝有能力抵御百年一遇的特大洪水；2010 年新闻，长江水利委主任蔡其华：三峡蓄洪能力有限，勿把希望全寄托在三峡大坝上。而对于 2010 年以来云南的这场秋、冬、春连旱，从一开始的"多年不遇"，发展到"50 年不遇"、"60 年不遇"、"80 年不遇"，一直到现在的"百年不遇"。③"N 年不遇"与"大空调"一样成为环境"神话"。那么，三峡大坝到底对生态有什么样的破坏？"N 年不遇"依据的又是什么标准？网民对于这些问题的探讨与建构，使得"绿色"议题不断涌现，这种争鸣也牢牢吸引了传统媒体的注意力。

　　同时，网络新媒体由于完全遵循市场化运作，受政府的直接管控相对较少，这使得它在接触一些政府比较敏感的话题时比传统媒体有相对较多

---

　　① 参见网易新闻专题《南方多省市遭遇暴雨洪灾》。资料取自 2011 年 7 月 2 日：http://news.163.com/special/2011baoyuhonglao/。

　　② 参见腾讯网之今日话题《三峡的争议与现实》。资料取自 2011 年 7 月 2 日：http://view.news.qq.com/zt2011/sanxiagc/bak.htm。

　　③ 参见腾讯网之今日话题《旱灾真是百年不遇吗?》资料取自 2011 年 7 月 2 日：http://view.news.qq.com/zt/2010/bnby/index.htm。

的自由度。事实上，许多争议性较大的边缘性议题、敏感的甚至被传统媒体认为是"冷门"的话题，往往首先是从网络媒体的一条帖子开始的。比如厦门"散步"事件最初就是由"小鱼社区"论坛及厦门一房地产论坛的几条小帖子掀起轩然大波的，最后"小鱼社区"的8万注册用户都在热议 PX 项目对环境及人体的危害问题，业主 QQ 群也被发动起来，各种有关 PX 项目的相关信息，比如企业背景、环评报告问题、PX 的危害争议都被搜索出来，使得边缘环境议题由于大部分人的关注引起了大范围的公共讨论而成为热点和焦点问题，吸引了传统媒体的报道和互动。

网络新媒体的这种话语策略可以用经济学中的"长尾效应"（The Long Tail）进行解释。美国连线杂志总编辑克里斯·安德森（Chris Anderson）在其《长尾理论》一书中，将热门产品比作头部，把冷门产品比作长长的尾巴，头部往往是人们关注的重要的人或重要的事，而尾部却被忽略。他认为非热门的产品集合起来的市场效应巨大无边，并且比热门产品要多得多，冷门产品强大的聚合效应能够形成一个同热门市场一样强大的市场，并形成抗衡。安德森认为，网络时代是关注"长尾"和发挥"长尾效应"的时代。①

如果把网络新媒体介质中的弱势话语看作冷门，主流媒体的话语看作是热门，面对一些敏感的环境公共议题，传统媒体往往会因为冷门、边缘等原因对其低调处理。根据"长尾理论"，如果这些冷门的话语事件不断地在各类网站、BBS、虚拟社区或者博客中发布、讨论，势必可以形成一个巨大的网络公共话语场，其效应最终可将"冷门"反转为"热门"，使得主流媒体不得不予以回应与报道。

第二，网络新媒体的聚众式传播方式既形成了它的传播优势，也是它独特的传播策略。通过 SNS 以及微博这些传播介质，所有的人都可以生产议题，一个议题又可以通过人脉关系传到四面八方，每个人都可以出谋划策，在需要专家答疑的时候，网络又可以将所有专家"网"聚在一起，资源得到快速整合利用。这种优势也是传统媒体所无法比拟的，因而环境新闻记者有时候也不得不利用网络资源。比如腾讯微博就"长江中下游旱灾专家生态考察"专题建了一个微博圈子，一个网页就将湿地生态专家、物种专家、鱼类专家和水利水资源专家圈在一起，任何人都可随时就旱灾

---

① ［美］克里斯·安德森：《长尾理论》，乔江涛译，中信出版社 2006 年版。

问题向专家提问，而专家会即时在网上答疑①。这种聚众式传播同时吸引了众多传统媒体记者的参与，环境新闻记者可以充分利用和分享新媒体的资源优势。

第三，人人网及开心网这些聚众式传播的社交网络由于拥有大量的人脉，将人际传播与大众传播结合起来，吸引了众多传统主流媒体的目光。美国有线电视网（CNN）与 Facebook 合作以来，目前已有 39 万名"粉丝"，他们每时每刻对 CNN 的电视节目发表自己的看法。2009 年 6 月中国新华社电视正式入驻开心网，目前开心网拥有 3000 多万用户，用户进入开心网后，点击"新华社电视"栏目后可看到由新华社即时发布的电视新闻，并且可以利用开心网其他的"社交"组件，如"投票"、"留言"等功能，与新华社电视进行互动，从而形成庞大的"粉丝"群，并对电视进行评价、"爆料"，甚至成为新华社电视的"业余播报员"，编辑部门则可以实时掌握"粉丝"需求，及时调整报道思路和报道方式。

新旧媒体的这种合作博弈形成"双赢"，正如加拿大魁北克大学传播系教授伯纳德·席勒所说："以互联网、移动媒体等为代表的新媒体的崛起和新闻传播范式的转变，要求传统媒体与新媒体一同重构新闻领域。"②这样，新旧媒体在环境传播中形成了一种合作同构、互动博弈、互相影响的格局。

---

① 参见腾讯网《长江中下游旱灾专家生态考察》之微博专家圈子。资料取自 2011 年 7 月 2 日：http://news.qq.com/zt2011/kanghan/index.htm。

② 刘恕：《试论传统媒体与社交网络的交互融合——从新华社电视进驻开心网说起》，《科技传播》2009 年第 2 期，第 24 页。

第五章

环境非政府组织（NGO）：
中国绿色公共领域的推动力

> 爱因斯坦曾经说过："我们在解决问题的时候，不能用当初制造这些问题时采用的思维方式再同样去解决这些问题。"同理，我们在处理、分析和传播朝向自然世界的人与人之间的关系与责任时，也需要新的谈论和探讨的方式。
>
> —— Julia B. Corbett, 2006

非政府组织（Non-government Organization，简称NGO）对中国大部分的普通公众来说如果还是一个不太熟悉的名词，那么对于"红十字会"、"绿色和平"、"地球村"这些经常出现在报刊、广播电视、互联网上的机构名称应该一点也不陌生，因为这些组织自20世纪90年代开始就一直活跃在中国社会的舞台上，或以慈善救助弱势群体为重，或以保护生态环境为主，他们由于其非营利的组织属性以及普世性的公益诉求，赢得了普通民众的信赖；更重要的是，他们以另一种角度、一种不同于主流的结构范式为我们提供了关于这个世界的不一样的思考方法。环境NGO就是非政府组织中专门以"环境"议题为诉求的非营利性公益组织或者说社会的第三部门。

所谓NGO，"是指非官方的、非营利的、与政府部门和商业组织保持一定距离的专业组织，它们通常围绕特定的领域或问题结成团体，有自己的利益和主张，代表社会某些集团或阶层的愿望或要求"。① 许多研究者把第三部门的出现当作是"政府失灵"和"企业失灵"导致的结果。其形成是对政府与市场的有益补充。NGO倡导的各种新理念通过各种话语形态传播出来，这种所谓的新社会运动就是在原有社会结构中留下的空白

---

① 王逸舟：《西方国际政治学：历史与理论》，上海人民出版社1998年版，第599页。

处（组织空白、话语空白）重新形成的一种社会力量。它的形成本身就是对原来的主导社会发展方向的政治、经济部门的一种反思和批评。[①]

在全球生态环境问题上，传统的政府——国家体制存在着一定的局限性，国家主权和国家利益与全球环境的公益性之间的矛盾难以很好地解决。在解决环境问题的过程中，环境 NGO 由于自身的灵活性，因而能够起到承上启下、沟通各方、促进协调与合作的独特作用。[②] 从一定程度上说，国内外环境 NGO 在中国自 20 世纪 90 年代起至今大量地出现，是环境问题全球化的结果。

中国环境 NGO 出现以前，环境保护还是由政府发起并执行的。当时的环境问题是乡镇企业遭污染、农业生态环境被破坏等，并没有引起广泛的社会关注与公众参与。20 世纪 90 年代后期是中国环境 NGO 蓬勃发展的一个时期。1994 年 3 月 31 日，"自然之友"的成立标志着中国第一个在国家民政部注册成立的民间环保团体的诞生，之后，各种民间草根 NGO 也纷纷以正式或非正式的方式出现在环境保护的舞台上，大型国际环境 NGO，如世界自然基金会（WWF）、绿色和平（Greenpeace）等都于 20 世纪 90 年代末进入中国开展环境保护工作。中国政府对于 NGO 的政策虽然有所放开，但是注册管理还是比较严格。根据我国环境 NGO 注册方式及挂靠单位、特点的不同，目前主要分为以下几种类型（见表 5 - 1）。

表 5 - 1　　　　　　　　　我国环境 NGO 的主要类型与特征

组织类型	组织特点	注册状态	NGO 名称
政府组织的 NGO（GONGO）	组织内部的领导和薪资都主要由国家决定。经常与政府进行磋商咨询。自治度最低的一种 NGO 类型	一般是国家某个部门机构的附属，不需要独立注册	如中国环境科学学会等
准 NGO（Semi-GONGO）	虽然仍然挂靠在政府部门下面，但比 GONGO 更有活力，还经常对外进行项目融资并开展独立的项目，以使自己的定位朝 NGO 发展。自治度较低	挂靠政府部门	如云南思力农药替代技术中心等

---

① 李岩：《媒介批评：立场、范畴、命题、方式》，浙江大学出版社 2005 年版，第 236—238 页。

② 蔡拓：《全球问题与当代国际关系》，天津人民出版社 2002 年版，第 107—112 页。

续表

组织类型	组织特点	注册状态	NGO 名称
商业 NGO（Business NGO）	作为商业机构注册，要缴纳税收，不需要挂靠单位，执行非营利组织功能。但工作内容受到一定监管。自治度较大	通过各省市政府部门的工商管理部门注册	如北京地球村、北京环境与发展研究所、云南社区发展研究中心等
工作 NGO（Working NGO）	一般挂靠在准 NGO 下面，准NGO 对其进行监管。自治度在所有注册的 NGO 中最大	注册为社会组织或民办非企业单位	如自然之友、绿色江河等
地下 NGO	没有通过合法注册的 NGO。自治度最大	完全没有注册的自愿团体	如绿家园志愿者、绿色知音
	大多数未注册，有一部分在民政厅备案	所有境外 NGO，如绿色和平，世界自然基金会等	
	纯粹通过网络运作的未注册团体	如绿网、绿色北京等	
	中学或者大学的学生环保社团	如浙江财经绿冉环保协会等	
	具有大学或研究机构背景的 NGO	如中国政法大学污染受害者法律帮助中心等	

资料来源：综合 Cooper（2006）以及周军、唐兴霖、赵俊梅（2008）数据并整理修改。

由于第一、二种 NGO 类型在中国的数量及自治程度都较小，本章环境 NGO 主要讨论的是后三种 NGO 类型。首先分析环境 NGO 在中国的传播机制以及与传统媒体互动及网络传播相关的媒体策略，接着考察环境 NGO 在议题及话语生产形态方面对绿色公共领域的影响，比如另类媒体如何生产环境公共话语；环境保护运动如何在修辞及行动方面影响媒体及公众；环境 NGO 的话语实践与权力关系等。笔者除对"世界自然基金会"、"绿色和平"这两个境外环境 NGO 在中国项目的负责人或传播官员进行深入访谈外，还结合二手资料对问题进行详细分析与考察。

第一节　环境 NGO 的传播机制与媒体策略

传播是每一个环境 NGO 开展工作时必不可少的一部分，正如时任世界自然基金会中国保护运营副总监王利民所说："我们这群人，是带着一种激情工作的，布道者的激情。……做成了一件事，不把它传播出去，不让更多人了解（项目）点上的问题，就解决不了流域问题，更何况一个

国家问题和全球问题。"（访谈，2011 年 5 月 12 日，括号内文字为笔者补充）

作为环境保护的"布道者"，环境 NGO 既要将各个项目点上的工作进展传播给组织内成员，以利于组织内部的策略调整与完善，更要将整个组织的工作向外界进行传播。这一是出于环境 NGO 的融资考虑，二是出于环境教育目的，要将组织的环境理念传播给每一个普通公众，促使公众环境态度及行为转变，三是期望通过媒体最终影响政府环境决策。这就形成了环境 NGO 基本的传播运作机制（如图 5 – 1）。

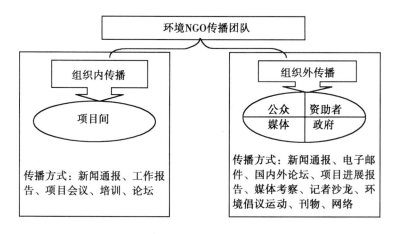

图 5 – 1   环境 NGO 传播机制运作图式

据中华环保联合会 2006 年发布的《中国环保民间组织发展状况蓝皮书》显示，我国已有 2768 家环保民间组织，人员总数近 23 万。[1] 这些环保组织主要是政府主管发起的环保组织以及登记在册的民间环保组织。此外，还有大量未登记注册的草根环保组织以及具有国际背景的成熟的境外环境 NGO，所有这些环境 NGO 虽然类型和特点有所差异，优势也各不相同，但是在传播机制的运作上，都有着类似的组织内、外传播两方面，只是由于各 NGO 在资金实力上的差异，传播手段上也相应地表现出简单或者多样的特点。

比较一致的是，所有环境 NGO 都极强调与主流媒体的互动传播。比

---

① 贾广惠：《论大众传媒与环保 NGO 对公共性的构建》，《新闻界》2009 年第 4 期，第 79—81 页。

如世界自然基金会（中国）不仅在北京办公室设置了媒体部，而且分散在全国不同省市的项目点都分别设置了传播官员这一职位，"我们在每年考核传播官员的工作中有'媒体报道量'这个指标。我自己的工作中有60%—70%是对媒体的工作。"（访谈世界自然基金会"汇丰与气候伙伴同行"项目传播官员，2011年5月13日）。

学者 Corbett 曾经对美国16个正式或非正式的环境组织在公关与媒体方面的工作进行了调查分析，结果表明在过去的一个月内，所有的组织都发布过新闻稿，除了一个组织外，其余所有环境组织都举行过一次新闻发布会。16个组织中有9个都表明他们每天都主动与主流媒体联系，有12个组织表示每天都会有媒体主动与他们联系以取得信息或者询问他们对环境事件的反应。半数以上的环境组织中，超过50%的公共关系工作人员都有十年以上在传播方面的工作经验。[①]

媒体报道对于促进环境 NGO 调动更多新成员的力量以及社会舆论的形成至关重要，当一个环境 NGO 通过传统主流媒体的途径得以向外界报道，它就轻而易举地获得了广大受众的认知。这样，环境 NGO 就不仅被媒体认可为合法的第三部门，而且组织的观点或者直接行动，都可以通过主流媒体传播给政策制定者以实现他们促使社会变化的最终目标。

1997年在香港注册，2001年正式进入中国大陆工作的环境 NGO "绿色和平"组织不仅一直非常重视对主流媒体的公关，内部一直设有"媒体推广部"，而且多年的媒体交往经验也使他们的传播运作非常专业与成熟，"就具体工作来说，我们每一个项目组设有专门的媒体主任，负责与此项目相关的推广工作。一方面，绿色和平会就自己的项目做媒体推广，如开新闻发布会、发新闻稿等。另一方面，绿色和平还会对与项目相关的外界热点事件进行回应，如接受媒体采访、写评论文章等。逐渐以专业性、独立性和客观性得到媒体的认可和尊重。同时，绿色和平发布各类调查报告、工作简报、年报、季报。"（访谈"绿色和平中国"政府与公共事务部主任，2011年7月8日）。

还有一类环境 NGO，它本身的创建者就是媒体工作人员，比如"绿

---

① 参见 Julia B. Corbett. *Media*，*Bureaucracy*，*and the Success of Social Protest*：*Media Coverage of Environmental Movement Groups*，Ph. D. dissertation，University of Minnesota，School of Journalism and Mass Communication，1994。

家园"组织。它的发起人和创建者叫汪永晨，中央人民广播电台新闻从业人员，她自 1996 年起和几位同仁一起创建了"绿家园"协会，活跃在中国近年来重大的环保事件中。在反对怒江建坝事件中成为关键人物。汪永晨还和另一位"双栖明星"张可佳一道，创办了一个"环境记者沙龙"，每个月在北京开展一次记者编辑的环境交流活动，目前"环境记者沙龙"活动已扩展至上海。张可佳是《中国青年报》的记者兼"绿岛"NGO 的创始人。

主流媒体与环境 NGO 的亲密关系并不是偶然的、一次性行为，在笔者对主流媒体环境记者所做的问卷调查中，所有的环境记者都列出了经常与他们联系或者他们主动联系的 NGO 名单（见表 5、表 6）。对环境记者而言，环境 NGO 掌握着环境领域最新的信息、话题和科研进展，环境 NGO 长年坚持不懈地在中国各地所做的实际项目点的工作也经常会有最新的报告公布，而在他们周边所建立起来的环境科研网络资源也是不用花费太多精力和成本就能利用的，由此可见，环境 NGO 在进行组织的媒体推广时，其语言符号及行动话语作为一个整体的媒体策略可以打包提供给主流媒体。以下我们分析一下环境 NGO 的媒体策略。

首先，作为语言符号的"绿色"议题的生产策略。尽管环境 NGO 的身份问题一直在中国处境尴尬，但环境 NGO 的议题生产能力是不容置疑的。许多境外环境 NGO 在中国的工作都以区域项目为基础，比如绿色和平（中国）的环保项目有食品与农业、气候变化与能源、污染防治和森林保护几大块；世界自然基金会设有 8 个野外项目办公室。这些具体的野外项目每年、每季度甚至每个月在环境保护方面都可能有新进展，与此相对应的环境保护议题就包括污染、生物多样性、气候、能源、森林等多方面，而各类项目在进展过程中，往往都衍生出庞大而多样的专家网络。比如 2005 年 12 月，世界自然基金会原长江项目将常年与他们并肩工作的专家集中起来，对整个洞庭湖流域进行了一次大型的科学考察活动，结果发布了洞庭湖流域科学考察报告，当地十几家报纸、广播电视及网络进行了连续一周的关注与跟踪报道，生产出与洞庭湖生态相关的各类"绿色"议题。

环境 NGO 对于主流媒体的新闻框架非常熟悉，传统新闻写作往往强调事件的重要性、煽情性、反常性、及时性，关注最新事件、趋势及变化，既注重政治事件又偏重大众喜好，并且还涵盖了与地方利益及全球普遍利益相关的方面。① 环境 NGO 的媒体策略就包括了传统媒体偏好的这诸多方面。比如绿色和平（中国）拥有一个第三方实验室，通过将各种食品进行取样与检测，绿色和平在其官网定期公布关于转基因食品的名称和单位，呼吁公众保护自己和家人健康，保护地球环境。这些数据因为关系着每一个普通公民的健康，因而吸引了传统媒体的关注。而"绿家园"自 2002 年起至今每个月坚持在北京和上海召集各地环境记者一起来关注环境议题并进行环境报道方面的培训，直接和媒体新闻记者进行交流和沟通（见表 5－2）。这些语言符号通过影响环境记者的报道框架，进而影响到公众的环境认知和政府的环境决策。

表 5－2　2010.1—2011.6"环境记者沙龙"（北京）绿色议题一览表

时间	"绿色"议题
2010.01.13	原始部落生存方式也在面临现代文明的冲击 应对气候变化，保水剂在中国农林领域的推广应用
2010.02.4	科学之于环境：天使抑或魔鬼？ 中国公民社会组织如何参与应对气候灾害
2010.03.24	模式创新，突破环保困局 北京"沙尘暴"的来源及治理对策
2010.04.7	气候变化的新视角——气候公正 可持续农业与食品体系视角下的气候公正 凤凰卫视记者赴黔西南采访见闻
2010.05.19	中国地震活动现状及防震减灾 生态人类学家眼中的西南大旱
2010.06.30	当代水旱灾难特点及其应对措施；鸟与人、鸟与生态
2010.07.21	巨灾综合预测和环境变异研究进展
2010.08.11	环境法治 30 年：为何我们未能成功？ 水电站的建设与调度之争
2010.09.8	中国生态现状缩影——黄河十年行 寻利型保护——自然保护区的畸变
2010.10.29	应对全球气候变化的区域解决方案 我国区域经济发展及水资源供需形势分析 意大利国际环境记者年会分享
2010.11.17	内蒙古草原生态环境恶化与治理之争 藏区传统文化对环境保护的提示
2010.12.15	海水西调之争 西鄂尔多斯的神秘发现

---

① 参见 Melvin Mencher. *Basic News Writing*. Dubuque，Iowa：William C. Brown Publishers，1986. 和 M. L. Stein. *Getting and Writing the News*. New York：Longman，1985。

续表

时间	"绿色"议题
2011.1.25	国际气候变化谈判与中国面临的挑战；狩猎在中国
2011.2.23	理解环境保护的三种逻辑 粮食安全与干渴中国——一号文件是否可解农田水利困局；首都北京历代水利得失
2011.3.16	怒江建坝为何应慎之又慎 日本核电站安全隐患对我国的启示
2011.4.13	在地震灾害中生存与发展 水安全与人群健康
2011.6.16	长江三峡工程论证始末暨三峡后续规划（展望） 气候专家解读长江中下游"旱涝急转"
2012.4.14	极值天气（气候）真的是全球变暖造成的吗？
2012.12.10	十八大后，对生态文明的思考；环境保护中小学生在行动
2013.6.17	求解中国水危机；守望红树林
2013.8.19	公害和公民：1.谁是环境质量和生活质量的守望者？2.从医疗实践看近年来环境变迁；3.城市代谢、城市环境、管理者和公众；4.公民在现代文明中的角色和地位

资料来源：整理自"绿家园"网站 www. greensos. cn。

  图片的话语力量也是众多环境 NGO 进行绿色意义生产的一种手段和策略，传统媒体的新闻框架往往钟情于煽情图片的使用，除了前述绿色和平擅于使用各种有着行动诉求的图片外，中国民间 NGO 也经常将各种环境事件和问题以图片的方式进行表达，如 2004 年 2 月，"绿色流域"联合"绿家园"、"自然之友"等多家环保 NGO 共同发起"情系怒江"图片展览，引起总理和公众对怒江命运的关注，最终导致怒江建坝的动议被搁置。同样，个人环境志愿者、摄影师卢广通过一系列关于长江污染的图片展，引起了主流媒体对长江流域环境污染的连续报道，并使政府采取了撤除长江周边污染型小企业的决策（见图 1 - 6）。

  其次，环境 NGO 还通过直接行动，用行动话语的策略来影响传统媒体的报道议程与框架。"绿色和平"的理念就是"以行动致改变"，"我们相信行动带来改变，我们深信 NGO 最难得的就是它的独立性和民间性，我们依然揭露环境问题，对抗污染者，甚至批评政府的政策"[1]。近年来，

---

  ① 参见《以行动致改变，绿色和平"激进"中磨合前行——访绿色和平项目总监施鹏翔》，2011 年 7 月 9 日：http://www. envir-info. cn/plus/view. php? aid =4109。

"绿色和平（中国）"用行动揭露了金光集团在云南和海南的非法毁林事件；深入广东贵屿调查电子垃圾拆解行业的情况，并进而推动全球最大的几家电脑生产商停止使用有毒物质；反对中国商业化生产转基因水稻，并揭发湖北非法转基因大米流入市场。

从 2006 年开始，"绿色和平"（中国）开始启动环境快速反应机制，把快速反应分成三个层级，"第一级就是当事件发生时我们会发声，在媒体上给一个回应，但前提是，我们了解了初步的信息。第二个，我们会到达现场，派出我们现场调查小组，也叫野外小组，了解现场发生的实际情况。第三个，如果我们认为有必要，启动三级——采取行动，成立一个快速反应行动小组，分野外和后方。所谓野外就是在突发事件现场，后方就是在我们北京的办公室，分两块进行实际的行动。包括我们对媒体的评论也不局限于第一期发声做简单回应，我们会更加具体，更加深入对事情的真实情况进行分析和报道"。①

中国民间环保组织"自然之友"也致力于通过组织的积极行动策略影响媒体与政府决策。如"自然之友"在 1995 年发起并持续多年的保护藏羚羊、捐助与救助"野牦牛队"行动；1996 年保护滇金丝猴栖息地而阻止云南德钦县砍伐原始森林行动、保护长江源行动、治理沙漠行动、羚羊环保教育行动等。该组织还曾带领环保志愿者多次登上青藏高原高寒地带，深入可可西里无人区、风沙肆虐的沙漠深处，以及顶住种种世俗偏见压力参与环境治理。1999 年，为了制止四川某县大肆砍伐天然林的行动，自然之友的成员前往调查，路上，有人故意在他们走过的时候，从山上放置大木头下来阻止行动。因为该县政府支持砍伐行为，县公安局就以不明身份为由，企图逮捕拍摄天然林的会员。最后，一位会员女扮男装，把所拍的片子藏在所穿的棉衣里，终于逃出了该县，回到北京，将偷拍的录像交给中央电视台。随即，该事件在中央电视台曝光，该县也因此被迫停止了对天然林的砍伐。②

在"圆明园铺设防渗膜"事件中，"自然之友"也采取了果断而直接的行动介入，《南方周末》新年特刊对此事的评价为："主要因为'自然

---

① 参见《雍容：绿色和平的环境污染事件快速反应机制》，资料取自 2011 年 7 月 9 日：http://news.qq.com/a/20110609/000898.htm。

② 顾金土：《环保 NGO 监督机制分析》，《浙江学刊》2008 年第 4 期，第 176—182 页。

之友'的推动，圆明园防渗工程听证会如期举行，这是《中华人民共和国环境影响评价法》实施以来首次真正意义上的公众听证，也是中国环保领域规模最大，程序最正式的一次听证，标志着公众参与环境影响评价、公众参与环境重大决策的起步。"①

　　环境 NGO 通过一系列推动媒体报道策略的使用，一方面，从环境理念、文化价值等角度影响媒体的议程设置；另一方面，主流媒体对环境 NGO 报道越多，环境 NGO 的边缘性特征就越来越减少，越来越可以纳入合法身份的轨道与进程，因为主流媒体就是现行体制与结构的一部分，通过主流媒体将环境 NGO 建构为一个值得信赖与诉求的信息源，环境 NGO 对公众舆论的形成与政府决策的影响也将更直接和有力。因而，有学者提出"媒介就是运动"②，因为环境 NGO 追求的"媒体报道量"这一传播目标，最终建构与定义了环境 NGO 的领导核心、目标甚至成功，成了环境 NGO 发起的一场媒介运动。

第二节　环境 NGO 的话语生产及其对绿色公共领域的影响

　　虽然主流媒体对改变受众态度与行为的作用一直遭到研究者的质疑并有待进一步调查研究，但其对受众的认知影响力度是被学者公认的③。由于传统媒体是合法机构与体制中的一个重要公共领域，它对于国家政策的影响也具有一定的推动能力，因而，环境 NGO 一直将媒体策略当作工作的重要部分。同时，为了推动传播机制的运作，环境 NGO 还试图利用其他媒体手段，如另类媒体（Alternative Media）以及自身所倡议的各种环境运动进行"绿色"话语的生产与问题的建构，并直接影响绿色公共领域的发展，最终通过这些话语实践来达到社会变迁的目的。

---

　　① 参见《南方周末》专稿《中国 NGO 在 2005 年的九种表现》2005 年 12 月 29 日。资料取于 2011 年 7 月 9 日：http://news.sina.com.cn/c/2005 - 12 - 29/14218726578.shtml。

　　② 参见 Harvey Mollotch，"Media and Movements"，in *The Dynamics of Social Movements：Resource Mobilization，Social Control and Tactics.*（eds. Mayer N. Zald and John D. McCarthy）. Cambridge，MA：Winthrop Publishers，1979。

　　③ 参见［荷］托伊恩·A. 梵·迪克《作为话语的新闻》，曾庆香译，华夏出版社 2003 年版；［美］盖伊·塔奇曼：《做新闻》，麻争旗等译，华夏出版社 2008 年版。

一　另类媒体对绿色公共领域的推动

另类媒体（Alternative Media）指的是 NGO 公开出版与传播的，非正式的、"非官方"的资料与刊物，比如通讯、特别报告、小册子、传单以及海报，也包括一些新媒体，比如自制视频录像带、CD、DVD 等。[①] 随着 Web2.0 时代的到来，这种另类出版物实际上已经扩展到网络，比如各 NGO 的官方网站、电子出版物、机构微博发布以及通过社交网络如人人网、开心网发布传播的图片、文字资料。

之所以说这种媒体是另类媒体，是因为这些媒体传播的信息不受政府的控制，而是经由 NGO 内部员工生产与编辑，通过一些非正式的渠道向外发布与传播，也包括通过互联网络及手机渠道的传播。纸质另类媒体看上去和一般的正规出版物没有多大区别，但是它们一般都没有国家正规的发行刊号。比如说"自然之友"从 1996 年开始每两个月发行一次的《自然之友通讯》，只要注册为会员，就可免费得到刊物。"没有正规注册的刊物，好处就在于我们可以最大限度地发行我们想要发行的东西，坏处就在于没有正规的发行刊号，杂志不能正式合法地公开发行，这样就限制了刊物的读者到达率。"[②]

目前中国几乎所有的环境 NGO 都拥有自己的另类媒体，大到"绿色和平"（中国）、"世界自然基金会"，小到"绿驼铃"以及学校的环保社团，几乎都会有各自的通讯、环保宣传物、传单、海报等。境外 NGO 还会经常将一些自己的视频录像拍摄、DVD 制作提供给传统媒体。比如为提高公众的湿地保护意识，世界自然基金会从 2001 年发起"湿地使者行动"，至今已开展了十年，累计参与活动竞标的大学生社团有 226 个，其中有 131 个大学生环保社团、1500 多名师生成为"湿地使者"而直接参与到该活动中来，其足迹踏遍中国黑龙江、长江、黄河、澜沧江流域的 20 个省、市、自治区和泰国、老挝、越南、柬埔寨、缅甸 5 国境内的湄公河流域，直接将湿地保护、恢复与可持续利用的知识传递给数百万湿地

①　Yang Guobin and Craig Calhoun. "Media, Civil Society and the Rise of a Green Public Sphere in China". China Information. 2007, No. 21, p. 222.

②　Ibid., p. 225.

地区的民众。① 10 年来，湿地使者们在活动过程中将所见所感用 DVD 机拍摄下来，并写下了大量富有价值的实地考察报告、问卷调查、心得笔记，这些资料通过各种另类媒体的形式广泛传播，还吸引了全国各地上百家包括国家、省、市级传统媒体的共同关注。

另类媒体的"绿色"话语涵盖非常广泛，种类繁多。除重大环境议题外，还有许多从个人视角进行环境解读的小故事，聚焦于个人经历与对环境问题的建构，呼吁环境参与及环境伦理等。比如"中国大学生绿色营"的另类刊物。自 2000 年起，绿色营每年在夏天的营地活动后发布一系列个人故事及调查报告类的刊物。这一系列的刊物加起来每期都相当于一本 100 页的杂志，并且图文并茂，内容包括调查报告、个人故事、评论、日记和信件。比如 2003 年的系列刊物名为《曾经湿地》，叙述了大学生在四川若尔盖市考察的故事，那一期刊物中包括了四篇从人文、社区、生态和湿地情况出发撰写的调查报告以及七篇第一手专题报告，还有 20 篇"七嘴八舌"专栏的小短文，这 20 篇短文都是关于会员对活动的个人反思，包括描述自然之美和神秘、对农民简单生活的向往、活动遇到的挫折等。其中有一篇题为《站出来，说话！》，描写了活动中会员们如何与践踏草原保护区的吉普车司机进行斗争的过程，呼吁市民们都要站出来反对那些不尊重、破坏自然生态环境的行为。

"绿色和平"的另类媒体除了工作通讯、传单、环保宣传册这些纸质另类刊物外，成员们还经常拿起自己手中的照相机、摄像装备揭露破坏环境的人与事件。"早在（20 世纪）80 年代，绿色和平就开始使用电邮、卫星电话、无线传输等技术，将捕鲸者、倾倒核废料的军舰、在北极勘探油田的石油公司等破坏生态的劣行，从天涯海角送到电视观众的起居室中。污染者无所遁形，造就公众采取行动。"（访谈"绿色和平中国"政府与公共事务部主任，2011 年 7 月 8 日，括号内文字为笔者补充）

"绿色和平（中国）"相信视觉影像具有移情和见证的作用，能激发更多的公众行动起来，因而视觉影像的另类传播一直受其青睐。在 2010年 7 月 16 日中国大连渤海漏油事件中，他们也自行深入大连湾，见证了大连漏油的严重后果，还拍摄下一位消防战士在下海清污过程中不幸遇难的全过程（见图 5-2）。

---

① 参见世界自然基金会官方网站：www.wwfchina.org。

图 5 - 2　绿色和平中国签约摄影师卢广拍摄的"大连漏油——战士之死"组图中两张，该组图获得"荷赛奖"突发事件新闻组照的三等奖

资料来源：绿色和平（中国）官方网站。

环境 NGO "北京地球村"的创办者廖晓义直接将另类媒体搬进了主流媒体的领地，自 1996 年 4 月 22 日起，"地球村"在中央电视台 7 套独立制作《环保时刻》。这个中国唯一的由民间环保组织制作的电视专栏每周播出一期，持续了 5 年。2001 年以来改为在中央电视台 10 套《绿色空间》和一些地方电视台不定期播出。"地球村"摄制组不仅着眼于中国的公民环保，还以草根组织特有的眼光，到十几个国家进行拍摄采访，介绍国际环保经验。此后，她所依托的主要是深入各地拍摄的环保教育节目，唤醒人们对祖国山河的热爱之情和对环保的自觉参与。

依托网络进行另类传播现在成了所有环境 NGO 都在做的一件事情，主流媒体的新闻框架以及严格的审查制度，让环境 NGO 认识到不能完全依赖于他们的报道，而网络绿色公共领域的兴起促成环境 NGO 有了更便捷和相对自由的发表意见和探讨绿色议题的空间。"大家现在都发现新媒体这块非常重要，包括开心网、微博，它的传播速度，包括它影响的人群以及参与的人数、发布信息的及时度，都比去发新闻稿要快很多。所以最近我们新成立了 online team（网络团队）这样一个部门。"（访谈世界自然基金会"汇丰与气候伙伴同行"项目传播官员，2011 年 5 月 13 日，括号内文字为笔者补充）。

环境 NGO 目前较常使用的网络传播的形态主要有五种：

（1）官方网站。2004 年有学者对中国 74 个环境 NGO 进行了调查，发现 40 个（54%）NGO 都有自己的网站。

（2）邮件列表。大部分的环境 NGO 都会选择用这种方式将自己的另类刊物、环境调查信息等发布出去，比如"自然之友"的通讯、绿地图等。

（3）论坛或者公告版。在 40 个有机构网站的环境 NGO 中，60% 的环境 NGO 都表示设有各种论坛或公告版以动员公众对环境问题进行探讨。①

（4）人人网、开心网等社交网络以及微博。许多环境 NGO 都在这些近年来人气极高的社交网站和微博上建立了机构账户，通过聚集大量的"粉丝"，对各种环境话题进行交流和探讨，同时，环境 NGO 也会主动发起一些话题讨论，时时更新。比如世界自然基金会在开心网的"粉丝群"已经超过了 26 万人，访问量已近 80 万人次之多②，每天网络都有更新，都有网友发帖及转帖，成了一个"绿色"公共话题"工厂"。"（世界自然基金会）通过开心网上一些有意思的话题吸引大家都来讨论，还有（如果）发起一些活动的话，你通过新媒体去转帖后，收到的报名信息很快。我们还每天管理发帖，制造话题，经常关注大家在关注什么，然后放一些话题上去。"（访谈世界自然基金会"汇丰与气候伙伴同行"项目传播官员，2011 年 5 月 13 日，括号内文字为笔者补充）

微博由于直接可通过手机随时发布信息，前述的聚众式传播效果也是其一大优势，因而许多环境 NGO 在进行环境事件快速披露、调动公众参与、引发舆论从而对政府决策形成压力方面很有成效。2011 年 3 月辽宁盘锦市保护斑海豹协会会长田继光无意中看到了一条滨海公路唐海线至三道沟道路工程的环评公告，在参照地图确定了公告中这段道路修建的位置后，他发现这条公路正好穿过目前盘锦市斑海豹的栖息地。辽东湾斑海豹是国家级保护动物，其种群数量早在 1930 年就做过调查，当时有 7100 只。现在每年来辽东湾栖息、繁殖的斑海豹种群数量仅有 1000 只左右，已经到了濒危的状态。③

专家分析，斑海豹主要依靠声音来定位、导航、交流、求偶、寻找食物以及与同伴进行协调。人类如果在斑海豹的栖息地周围进行开发建设活动，如果斑海豹们无法听到远处潜在配偶发出的求偶声音，会直接导致斑海豹的繁殖受到影响；更为严重的是如果噪声影响了斑海豹对于天敌等危

---

① 参见 Yang Guobin, Craig Calhoun. "Media, Civil Society and the Rise of a Green Public Sphere in China". *China Information*. No. 21. pp. 211—236。

② 参见网址：http://www.kaixin001.com/wwf. 数据取自 2013.10.6。

③ 《为保护斑海豹，高速公路暂停施工》，《辽宁晚报》2011 年 4 月 14 日。

险因素的警觉，那么将直接危及到他们的生命。田继光在上访、打报告给政府相关部门无果的情况下，将 SOS 斑海豹求救信息通过微博对外发布，大量与斑海豹相关的话题、图片由"粉丝"们发帖转载，通过这种方式引起了盘锦市政府对于斑海豹保护的重视，之后政府下令暂停道路工程，并委托专门的环评部门重新进行环评工作，提议将公路施工点向北迁移以避开斑海豹的栖息地。

（5）随着手机上网用户的不断增加，手机媒体日益崛起成为数字媒体的新宠，这种方便、快速、互动性强、覆盖面极广的新媒体开始慢慢成为环境 NGO 进行另类传播的有效介质。"2010 年，绿色和平开始尝试手机平台的推广。比如，消费者可通过我们的官网注册，下载《避免转基因食品指南》手机版，并定期接收到绿色和平食品检测的结果及各指南的更新。"（访谈"绿色和平中国"政府与公共事务部主任，2011 年 7 月 8日）随着微信的发展，环境信息的传播更加快捷、简单方便和个性化。

综上所述，环境 NGO 的另类媒体传播是其组织传播的重要部分，无论是非正规出版物还是网络传播、手机传播，"绿色"话语通过这些公共领域得以大规模"繁衍"，刊物的编辑以及网站的版主们都不在乎公众所探讨的环境观点正确还是错误，最重要的是通过这些平台和途径让各种观点浮出水面，让各种关于环境的理念进行碰撞与交流，只有通过这种互动且广泛地讨论，"绿色"公众才能更多和更成熟，绿色公共领域才会有合法性基础。正如"自然之友"的通讯刊物编辑所言："我们想要的是激发你的思考。我们相信，一个普通人的独立思考能力所具备的重要性和价值不会低于专家。"[1]

二 环境倡议运动与"绿色"身份认同

从 1979 年第一个"世界地球日"开始，环境倡议运动开始成为普通公民生活的一部分，越来越多的人开始知道并且参与到各种类型的环境倡议运动中，环境倡议运动成为普通公众之间以及同官方之间进行交流的新方式。许多环境 NGO 除了将传播手段定位于刊物、文章、另类媒体、网络资料发布以及各种环境项目外，也开始设计各种不同的环境倡议运动

---

[1] Yang Guobin, Craig Calhoun. "Media, Civil Society and the Rise of a Green Public Sphere in China". *China Information*. No. 21. p. 225.

（Environmental Advocacy Campaign）以达到改变的目的。

环境倡议运动的参与者为了同一目标走到一起，形成了一个松散的人际网络结构，运动使得他们联合起来，建构了一种集体的、"绿色"身份认同。"环境倡议运动将一系列的观点聚合起来引起公众的注意，这就为那些缺乏专业条件与手段去独立行动的人提供了集体的声音。"① 为了采取持续的行动，环境倡议者势必要建构共同的目标以及创造团结的氛围，他们必须定义行动中至关重要的、危险的方面，还必须辨识行动的对手是谁，并且将行动议题架构得更有社会意义，即通过一系列的目标确认、影响人群的确立及策略的制定，环境倡议运动才能达到既定的传播效果。环境传播学者考克斯因此将环境倡议运动的传播设计流程分为"目标—受众—策略"三个方面（见图 5 – 3）

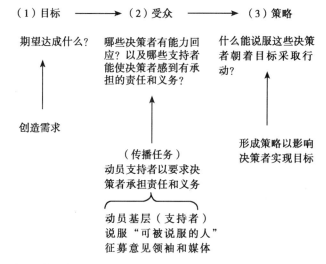

所有运动都是有时间限制的行动，并且在其他竞争性的话语以及反运动
的语境中展开。

图 5 – 3　环境倡议运动的传播设计流程图

资料来源：整理自 Robert Cox. *Environmental Communication and the Public Sphere*.
London：Sage Publications. 2010. p. 233。

笔者认为，在环境倡议运动传播设计中，从运动目标的确立到决策者、支持者的辨别，最后到策略的生成与执行，整个过程中的诸要素都构

---

① E. Richardson, T. Joe. "Reject That Gag Rule". Washington Post. 1995, August 29, p. A19.

建出环境倡议运动的"绿色"集体身份认同。首先，确定期望达成的目标非常重要，这个目标必须是具体、特定的，而且是在短时间内能够达成的。比如"怒江建坝之争"中运动的参与者都是为了同一目标——制止没有通过环评的水坝在怒江上建立。而厦门集体"散步"运动的目标就是"制止PX项目在厦门上马"。这些目标都很具体，而且很容易动员具有同样需求的支持者。在同一个目标驱动下，具有共同信念的集体身份被建构。

这种共同信念包括具有同样文化价值观的群体，比如"世界自然基金会"（WWF）每年举办的"湿地使者行动"，所有参与行动的学生都相信湿地是"生命之源"，湿地的生态价值无可替代，湿地值得保护，怀着同样的文化理念大家集合在一起，通过在行动中对普通公众进行湿地生态重要性的宣传，通过检测行动地点的水质、食品以及对普通公众进行访谈，动员更多的"可以被说服"的受众参与到保护湿地的行动中来，最后各种调查报告、心得由WWF结集成册，递交到政府相关决策部门。行动者们为湿地代言，共同构建"湿地使者"的"绿色"身份认同。

接着，在目标和受众确定之后，策略如何形成？策略的采用还涉及环境倡议运动过程中的主题信息的传达及媒体使用，比如"湿地使者"行动历年都采用了不同类型的主题信息（见表5-3）。

表5-3 世界自然基金会"湿地使者行动"历年主题一览

年份	活动主题信息
2001	把知识带回家乡
2002	走进国际重要湿地
2003	追寻通江湖泊
2004	生命之河：从高山到大海
2005	还长江生命之网
2006	维护人类饮水安全，保护鱼类生命家园
2007	饮水当思源，呵护水源地
2008	加强湿地生态系统保护，积极应对全球气候变化
2009	从上游到下游，湿地连着你和我
2010	绿地图诠释湿地之美
2011	寻找江豚最后的避难所
2012	湿地飞羽

资料来源：世界自然基金会中国官方网站。www.wwfchina.org。

任何环境倡议运动在策略的制定过程中，都离不开主题信息的表达，主题信息经常是一个短语或者简短的句子，非常简洁明确地表达了整个行动的目标与价值诉求。通过信息的明确表达，具有同样文化理念的受众得以将自己与这种表达联系起来。当然，主题信息并不是所有运动的全部传播表达，但是主题信息的制定就像一道身份的"门槛"，它总结了行动的目标、阐明了中心价值，并且为日后行动中受众对相关具体语言、行动话语的理解与接受提供了一个框架，因而，主题信息能够引起所有目标受众的注意力，通过这道门槛，参与行动的个人得以聚合成有着中心价值认同的集体，同时开始一系列"绿色"生活实践。

"绿色运动的组织结构就是由一系列文化实践组成，比如绿色生活方式以及集体情感，如友谊、爱憎等，这些都为集体成员提供了重要的动力元素。"① 在"湿地使者"行动中，"绿色"身份认同离不开一系列的社会与生活实践，这可以从主题信息的文本及话语实践来分析。

（一）"绿色"理念和价值的修辞

作为地球三大生态系统（森林、海洋、湿地）之一的湿地是地球上生物多样性最丰富、生产力最高的自然生态系统之一，被誉为"物种基因库"。据估计，全球 40% 以上的物种生活在淡水湿地中。中国是世界上湿地和生物多样性最丰富的国家之一，在我国 3620 万公顷的自然湿地中，生存着高等植物 2276 种、兽类 31 种、鸟类 271 种、爬行类 122 种、两栖类 300 种、鱼类 1000 多种。湿地还被隐喻为"地球之肾"，因为它的自动调节功能可以与人之肾相类比。

但许多人对湿地于生态系统的重要性没有太多认识，因而历年的"湿地使者行动"将与此相关的一系列文化价值以隐喻的修辞形式表达出来。比如 2004 年将长江湿地隐喻为"生命之河"，2005 年将与长江相关的河流湖泊隐喻为"生命之网"。这样就表达了湿地作为生态系统的重要组成部分和人一样也是有生命的，河流就是奔腾不息的生命，而相互通畅的支流、细流连着长江就像人的毛细血管一样不能受到阻隔，否则就会产生病症。因而，行动反对任何将湿地割裂开来的人为行径，反对将具有"生命"。

---

① J. Barry, B. Doherty. "The Greens and Social Policy：Movements, Politics and Practice?". Social Policy & Administration. 2001, Vol. 35. No. 5. p. 588.

同时，历年的主题也突出了江河湿地的重要功能价值。比如"湿地之美"、"鱼类生命家园"，以及湿地对气候的调节功能。同时，湿地与人类的生命联系在一起，息息相关，保障湿地的水就是保卫人类的生命健康，比如"保护人类饮水安全"、"湿地连着你和我"。

（二）问题的建构以及"绿色"实践行动的倡议与表达。

环境倡议运动的开始总是有一个非常明确的可以短期内实现的目标，目标之所以要制订，往往因为有这样和那样的环境问题及矛盾存在，只有确立了矛盾才能采取实践行动从而达到目标。"湿地使者行动"的历年主题中预设了一系列问题与矛盾。比如"通江湖泊的减少"、"长江的阻隔"、"水源污染导致饮用水不安全"、"鱼类栖息地的破坏"以及"江豚的濒危"。这些湿地生态环境问题直接导致了环境倡议运动的发起，因而能够说服未来的目标受众一同来支持这项行动，解决这些已有的环境问题和矛盾。

指出问题之后，环境倡议运动直接呼唤"绿色"行动来改变或阻止问题的进一步恶化，提供解决方案。如一系列动词的使用："带回"、"走进"、"追寻"、"还"、"维护"、"保护"、"思源"、"呵护"、"加强"、"应对"、"寻找"、"飞"等。这些"绿色"行动实践有些是激励普通公众去了解湿地生态的，比如2001年"把知识带回家乡"以及2002年"走进国际重要湿地"；还有一些是唤起集体情感的，如"饮水当思源"、"湿地连着你和我"、"江豚最后的避难所"；还有一些则是强调人类环境保护的使命感，号召履行人类责任和义务的，比如"还长江生命之网"、"维护人类饮水安全，保护鱼类生命家园"、"加强湿地生态系统保护，应对全球气候变化"。在对这些问题的修辞表达及年复一年"绿色"行动的实践经历中，"湿地使者"的集体身份认同慢慢地、持续地被建构。

（三）"绿色"行动的仪式与身份认同

"湿地使者行动"非常重视集体仪式以及媒体仪式。所谓集体仪式，就是指在每次行动正式开始之前，往往会有出行仪式，队员们穿着统一的服装，举着自己设计的"绿色"队旗，郑重承诺行动的规范与"湿地使者"的使命。在行动过程中，各团队通过一系列的日常生活实践，比如与当地民众一起进行消夏联欢晚会、座谈、开设环保课堂、在当地进行水源质量抽样调查等，这些生活实践中队员们都是以"湿地使者"的身份与当地民众进行交流及传播生态知识。行动结束后，各团队还参与一年一度的优秀"湿地使者"评选和颁奖仪式。这些仪式形成的认同感强化了个人的集体意识以及身份意识。

媒体仪式则是指，每年的行动都要调动全国各省市大量的主流传统媒体以及网络新媒体的参与。学校参与团队的最后奖励有很多标准都与"媒体报道量"相联系。每年行动调动与参与的媒体规模和人数呈上升趋势，越来越多的普通公众开始认同行动的传播力度与知名度。而各行动团体在网络论坛中、微博中、人人网等社交网络中都建立了"湿地使者"讨论组、博客空间、粉丝群，拥有强大的传播覆盖力，"湿地使者"们无疑形成了一块独有的"绿色"公共领地，对绿色公共领域的推动功不可没。

在集体仪式及媒体仪式的助力下，普通公众不仅认识并强化了"湿地使者"的概念，而且"湿地使者"们往往都是年复一年持续不断地参加活动，他们不仅在活动中认知与实践自己的身份，这种角色扮演也日益深入到行动之后的日常生活实践中，比如坚持垃圾分类、不污染环境、拒绝使用一次性餐具等。"我们许多'湿地使者'在大学毕业之后，都延续了自己的绿色使命，非常多的人毕业去了环境 NGO 或者一些与环保相关的企事业单位工作。"（访谈世界自然基金"汇丰与气候伙伴同行"项目传播官员，2011 年 5 月 13 日）"绿色"身份作为一个集体身份认同就这样建构与印刻在"湿地使者"们的整个生活与工作中了。

（四）"地球熄灯一小时"行动与全球"绿色"身份认同

从以上分析我们发现，环境倡议运动就是大规模的"绿色"传播运动，传播设计的整个流程从目标、价值、日常生活实践的策略等各方面建构了集体的"绿色"身份认同，形成了绿色公共领域中重要的集体生力军。与此同时，许多人类生态学研究者发现，尽管有许多证据表明公众中出现的有益环境的行为与一系列的特定价值相关联，但是，公众的这些"绿色"价值和理念并不一定会直接影响他们的行为。[①]

大多数人会有这样的生活体会，就是他们完全会被环保者的理论和观点所说服，他们相信生活中最好要用可回收的而非一次性抛弃的物品或用具，许多人都经历或者听闻了极端气候引发的灾难，比如湖南雪灾导致大

---

① 参见 P. W. Shultz, L. Zelezny. "Reframing Environmental Messages to be Congruent with American Values". *Research in Human Ecology*. 2003. Vol. 10. pp. 126—136。

面积断电，南方大旱导致老百姓连喝的水都没有，而且大旱数日内急速转为大涝，这一系列的事件让越来越多的人开始相信气候变化是全球目前非常紧迫的环境问题。但是，相信某个问题的存在却仍然有可能拒绝采取理念要求的相应行动，尤其是气候变化问题与个人眼前的生活似乎相距甚远。相信我们都有过坐车不系安全带的经历，虽然我们都相信安全带可以挽救生命；也相信我们都有过不给家里的垃圾分类就直接扔进公用垃圾桶的经历，虽然我们也相信垃圾分类可以保护环境。这种"态度—行动"之间的鸿沟仍然是环境传播中的一大难题。

环境 NGO 通过倡议一系列的环境运动，希望建构行动参与者与支持者的"绿色"身份认同，同时将这种身份延续到以后的日常生活中去，并不断在日常生活中进行"绿色"身份的行动实践。为了填补"态度—行动"之间的鸿沟，环境倡议运动者们在设计环境倡议主题信息的过程中，采用了许多不同的手段，有的着重于将自然环境与个人利益联系起来，比如"维护人类饮水安全"等；有的则以社会利他主义，关心弱势生命为诉求，比如"寻找江豚最后的避难所"；还有的则以"生态系统"、"生态链"的理念来看待这个世界上的一草一木，比如"地球第一！"的"护树"行动等。

然而，这些手段都或多或少的存在缺陷，比如将自然与个人利益相连的时候，这种理念本身就包含着自然是人类的资源与可利用之物，环境传播学者 Evernden 就曾经警示这种趋利的人与自然的关系预设不仅短视而且危险，"环境运动倡议者如果在任何时候将个人利益置于自然环境中，该环境运动将注定失败"。[①] 比方说，如果从经济的角度来对待自然保护区（比如山峰）就是非常有风险的，到底是把山峰作为自然景观的价值高还是矿藏开采的价值高呢？当自然作为景观与生态的价值让位于经济利益之时，山峰将会永远地消失。

国际社会最近几年在传播的"态度—行为沟"研究方面有一些最新成果，在对气候变化的传播研究过程中，学者们开始关注被他们长期忽略的一个诉求资源：社会规范（Social Norms）。社会规范指的是"特定环境下

---

① N. Evernden, *The Natural Alien: Humankind and the Environment.* Toronto: University of Toronto Press, 1985, p. 10.

的共同行为认知"或者说大多数的人做什么。①

学者们在研究中强烈建议将社会规范作为环境倡议运动中的主题信息，也就是说，别人在做同样的事情这个认知将会极大地影响被说服者的行为。这种假设如果是正确的话，就将解决"态度—行为沟"这样一个传播问题。为了证实这个假设，Griskevicious 等学者在酒店的房间里设计了一个行为研究实验。我们都知道，在酒店、宾馆或旅店的房间里经常会摆放着一些提示重复使用毛巾的卡片。实验中，研究者们分别在不同的客房里摆放了三种不同信息的卡片：（1）帮助拯救环境！（2）与我们携起手来一起拯救环境！（3）加入其他酒店客人的行列，一起拯救我们的环境！

这三类不同的主题表达了不同的信息侧重点：（1）强调对环境的尊重；（2）敦促客人与酒店管理层合作；（3）强调社会规范的信息，即：其他大多数的客人都重复使用毛巾。结果表明："与前面两类信息相比较，第三类信息使毛巾的重复使用率增加了34%。"② 同时，酒店的实验还解释了社会规范在哪两种条件下使用最有效：（1）不确定性。当人们在不确定的情况下，以别人的行动作为指南的时候。（2）当人们发现这些"其他人"与他们类似或者"其他人"所处的环境状况与他们相似的时候。③ 在研究的最后，学者们得出结论："利用社会规范的策略在帮助减少全球气候变暖的影响方面提供了一个有效而低成本的方法与途径。"④ 笔者认为，由"世界自然基金会"发起的"地球一小时"行动，就是利用社会规范策略建构起全球"绿色"身份认同的成功案例，该环境倡议运动让大多数的人行动起来，关注气候变化的环境议题。

1. 运动背景

"地球一小时"是世界自然基金会应对全球气候变化提出的一项倡

---

① V. Griskevicious, R. B. Cialdini, N. J. Gooldstein. "Social Norms: An Underestimated and Underemployed Lever for Managing Climate Change". *International Journal of Sustainability Communication.* 2008. Vol. 3. p. 6.

② V. Griskevicious, R. B. Cialdini, N. J. Gooldstein. "Social Norms: An Underestimated and Underemployed Lever for Managing Climate Change". *International Journal of Sustainability Communication.* 2008. Vol. 3. , p. 10.

③ Ibid. , p. 11.

④ Ibid. , p. 6.

议，号召个人、社区、企业和政府在每年 3 月的最后一个星期六熄灯一小时，运动的传播目标"不在乎熄灯一小时能节约多少电，而在于通过活动影响全球民众，联合起来遏制气候变化"①。"地球"行动始于 2007 年 3 月 31 日。当晚，在澳大利亚的悉尼，约有 220 万当地居民熄灯一小时，以支持采取行动，应对全球变暖。仅仅在一年之后，该活动就被推广到世界各地，逐渐成为一项全球性的环保活动。到 2008 年，已有多达 35 个国家的 370 个城镇的居民参与到"地球一小时"行动中来。全球约有五千万到一亿的居民为支持"地球"行动而熄灯一小时。一些全球公认的标志性建筑，比如金门大桥，古罗马竞技场，时代广场的可口可乐广告牌，以及巴西的基督教救世主雕像，也都在当天熄灭一小时，以响应号召，采取行动应对全球变暖。

中国于 2009 年加入了"地球一小时"行动，该年的行动创造了历史，它见证了有史以来规模最大的志愿性环保活动。据保守估计，约有数以亿计人参与其中。88 个国家中的 4159 个城镇为响应这项活动而熄灯一小时，其中包括 73 个国家的首都城市和全球十大人口最多城市中的九个城市。埃及的狮身人面像和吉萨的金字塔，巴黎的埃菲尔铁塔，南非开普敦的桌山和尼亚加拉大瀑布等上千个标志性建筑和自然奇观也加入到这项活动。2010 年，"地球"行动的影响人数超过了 13 亿。来自各大洲多达 128 个国家的 4616 个城镇参与了熄灯活动。北京的紫禁城，柏林的勃兰登堡门，美国的总统山（拉什莫尔山），津巴布韦的维多利亚大瀑布和广岛的和平纪念公园等标志景观也全部参加熄灯。在中国，这项活动获得了 33 座城市的政府官方支持，数以百万计的中国人参与其中。全球越来越多的城市参与这项活动，成为"地球一小时"应对全球变暖行动的里程碑。

2011 年的"地球一小时"行动中，倡议者号召大家在家庭、办公室、政府建筑和标志性景观熄灯一小时的同时，再承诺一个环保改变，以致力于推动可持续的环保行动。来自欧洲、亚洲、大洋洲、非洲和美洲的居民、企业和政府也加入行动。2011 年有近 20 万中国民众在活动官网上标注并承诺除熄灯外的一个环保改变。

---

① "地球熄灯一小时"运动调动了平面、视觉传统媒体及网络全媒体的共同参与和传播，本文所有相关信息资料综合了网易"地球熄灯一小时"专题网站及该活动官网资料：www.earthhour.org，正文中不再注释。

　2. 行动的话语分析

　　"地球"行动从2007年发起至今，已经持续进行了5年，"熄灯一小时"的想法从澳大利亚的悉尼开始执行，如今已有各大洲128个国家的数亿人参与，中国人参与的人数也多达数百万计，可以说，"地球一小时"行动创造了一个全球"绿色"身份认同，其对全球绿色公共领域的推动与影响力度巨大。"地球一小时"行动的倡议者成功地将每年3月的最后一个星期六"熄灯一小时"发展成全社会认同的"绿色"规范，通过把社会规范的策略整合进整个运动过程，召唤起每年不断攀升的活动参与人数，有效而低成本地促使越来越多的人关注气候变化问题。本笔者将以2011年"地球一小时"行动的官方全球宣传片作为文本，结合其他资料及相关话语实践做进一步的话语分析，从中发掘社会规范这一策略对于全球"绿色"身份建构的动力。

　　中国人加入"地球一小时"行动是2009年，2009年参与的国家还比较有限，因而当年的官方宣传片始终强调一句话："我只是一个人"，直接呼唤更多人的参与，让个人的力量汇聚成集体的力量，进而变成强大的整体导致改变。自2010年开始，参与"熄灯"的人数已达到较大规模，为让更多人关注与参与该活动，2010年和2011年两年的官方宣传片都使用了类似的策略——将"熄灯一小时"构建成人类的社会规范。表5-4是2011年官方宣传片的文本及画面信息一览。

　表5-4　"地球熄灯一小时"活动2011年官方宣传片主要内容一览

文字及画外音	画面图像
片头（轻快而急迫的音乐响起） 字幕：一个人的力量，足以做出改变	
（画外音）你不需要是专家 你只需做自己，尽一己之责	一个非洲女孩手举一支蜡烛淡入画面
你可以做出改变	许多人一起在烛光的映照下开心地微笑，突然，吹灭的动作与声音响起，画面现出字幕：地球一小时（Earth Hour）
进入正片： 字幕：数十亿人当中，你是一分子	
（英语新闻主播话外音） 全球数千个城镇，数亿计的人	大面积模糊的烛光点点背景图
传达同一种声音	画面淡入以烛光形成的"60"为背景，字幕现出"你有能力令它再次发生"

续表

文字及画外音	画面图像
（大主教画外音） 关灯一小时，一个简单的动作	中景：许多人围坐在一起，每个人面前是一点烛光；切入特写：小孩子的脸
意义深远	大主教图全身近景：端坐于画面正中的椅子上，起身关掉拉线灯
（非英语国家新闻主播画外音） 地球只有一个	中景加特写：所有人烛光下的笑脸
若你用尽所有自然资源	中景：所有行动参与者，身着熊猫 T 恤（世界自然基金会标志）
将陷入不可挽救的局面	ICS 新闻主播拿着话筒说这句话
画面字幕： 短短三年，由一个国家发起的简单行动，已发展蔓延至全球，只因有你参与	地球转动缓慢切入画面，接着是像波浪推进似的不同的国家名称快速切入，接下来五个画面转换迅速，展现不同人种、不同国家的民众用不同的方式度过熄灯中的一小时黑夜，如举行烛光晚会、不插电音乐会、光迹涂鸦等
画面字幕：与 128 个国家联系起来 画外音响起：全球超过 128 个国家的人民参与这项民间环保运动，缔造历史	画面快速切换：烛光摆成的"60"，穿着"熊猫"外套的人身后光迹涂鸦而成的"earth hour"（地球一小时）字样，许多人在准备蜡烛
做出改变，你我都能做到	远景：中国地标建筑前面烛光摆成"60 earth hour"字样 近景："60"字样 特写：一家人一起在烛光下祈祷、微笑
画面字幕：4616 个城镇	中景：非英语国家主持人在节目演播室，关灯、点燃蜡烛主持节目； 中景：世界自然基金会活动现场； 三幅近景：一位非英语国家节目主持人在主持节目；一名体育明星用非英语语言进行行动倡议；一位孕妇微笑地打响指支持活动
画面字幕：多达 13 亿人 画外音响起： 全球人类都表达出明确的意向	活动者举着活动宣传标牌；许多烛光；活动者向大家挥手致意，号召支持行动的动作和笑脸
现在该做出行动	许多人竖起大拇指、鼓掌拍手、基金会活动现场签名承诺、民众举着火把游行
画面字幕： 数以百万的声音集结成一股庞大的力量	快速切换：各国政府领导与行动倡议者一起履行熄灯行动；中国水立方及其他各国城市地标一一熄灯画面；人们在庆祝、欢呼、火把杂耍、拍照； 特写：切掉电源开关； 切入远景：活动者挥舞荧光棒；天安门熄灯画面；中国民众在广场跳舞庆祝画面
最大型的自发性活动	全国各地家庭、办公室关灯画面；朋友们在室外拍照欢呼；各城市广场、地标建筑物陆续熄灯画面；人们在户外结集，点燃蜡烛共同祈祷；频繁切入城市建筑、办公楼、地标的熄灯画面及人们在户外的庆祝活动画面

续表

文字及画外音	画面图像
这只是开始	持续不断的熄灯场景：包括中国鸟巢等地熄灯及人们欢快庆祝的场景
片尾 画面字幕：如果你做到了，试想想我们可达成的会是更多	音乐持续
地球一小时，2011 年 3 月 26 日，星期六，晚上 8：30	音乐渐弱至结束

资料来源："地球熄灯一小时"行动官方网站及优酷视频网站。

从以上行动倡议宣传片来分析，首先，"地球一小时"行动建构起一种全球民众都可以履行的"绿色"责任观。片头重点强调了行动的目标理念："尽一己之责"来保护地球，然后用主要的笔墨、连续的文字来告诉我们：责任的履行不要承受任何压力，是每一个普通人都可以做到的。如画外音强调"你不需要是专家/你只需做自己"，同时画面通过柔弱的非洲小女孩点亮一支蜡烛就履行了责任来表征责任的难度很小，但是哪怕是一个小女孩也有这个责任和意愿来完成，因而，"一个人的力量/足以做出改变"。

其次，进入宣传正片以后，环境倡议者用大量的画面和文字信息传达和建构"绿色"社会规范的信息，即全球各地其他人都在做同一件事——熄灯一小时。在传达这个社会规范信息之前，环境倡议者还是先建构出"熄灯一小时"之所以能成为社会规范，是因其具有不同寻常的意义这一价值理念。通过大主教的宗教权威形象以及新闻主播具有的新闻专业主义形象，表达出"关灯一小时/一个简单的动作/意义深远"的内涵，因为我们都不希望地球"陷入不可挽救的局面"，如果通过举手之劳而能拯救地球，这个责任就是极易承担且意义深远的。

接下来，环境倡议者告诉受众，全球人类都表达出同样的意向——为地球熄灯一小时。各种各样职业、年龄、人种、教育背景的民众都现身说法，画面中有大主教、记者、新闻主播、小朋友、学生、体育明星、政府高层官员、NGO 官员、孕妇等各种不同社会身份和职业的人出现，语言不仅仅是英语，还包括其他非英语语言的使用，字幕重点突出了几个数字，"128 个国家"、"4616 个城镇"及"13 亿人"，在这一刻，这么多人都因为"熄灯一小时"这个行动集合在一起，成为具有"绿色"身份的地球人。运动倡议者提醒受众——"数十亿人当中，你是一分子"，将还没有参与行动的人也建构进"绿色"身份的群体中，并暗示其是数十亿分之一，这就犹如水滴之于海洋、树木之于森林一样，每一个个体既然是群体中的一部分，则也要履行群体中的其他个体正在尽的责任。

整个三分钟的短片有两分钟的画面都反复表现世界各地各个城市地标建筑、办公楼、家庭、企业等的熄灯场景，并频繁穿插参加熄灯活动的民众狂欢的快乐以及开心的笑脸。这不仅告诉我们，"熄灯一小时"这个行动是数以亿计与我们一样普通的人在做的事情，而且还是非常快乐的事情，因而"你我都能做到"。

整个短片以第二人称为主，共享了八个"你"字。系统功能语言学认为，第二人称代词"你"的使用既表示了对象的不确定性或广泛性，也有利于直接抒发感情。[①]"你"的表达不仅可以使得说话者与受众在相同的立场上进行交流，而且这种一气贯穿的语言结构，更能产生出一种认同的语言力量。另一方面，"你"的称谓暗示了"我"的在场，可以使交流更为直接，告知并暗示受众的参与："'我'们都已经做了熄灯这件事，'你'呢?"以此激发观众内心的从众意识，进而也加入到对社会规范的执行中来。

此外，"地球一小时"行动的倡议者在传达社会规范的同时，还用画面语言直接呼唤受众的行动，其中，"烛光"是最重要的行动表征。在熄灯一小时的时间里，受众可以通过各种类型的个人和集体活动享受这段熄灯的时光，比如用光迹涂鸦、来一场浪漫的烛光晚餐、一家人围坐在烛光旁祈祷祝福、举着火把游街跳舞、看一场不插电的音乐会、参加基金会的现场活动，等等。这种直接激发行动的话语不仅通过传统的平面视觉媒体得以传播，而且在各种环境倡议者的合作网站上都是一个重要的行动策略（见图5-4）。

正如"地球一小时"行动的倡议者在宣传片中所说的——"这只是开始"，成百上千的中国参与者除了熄灯以后，还在活动官网郑重签名承诺了一系列2011年要做的环保改变，比如使用一年洗衣液代替洗衣粉、一年之内拒绝使用任何一次性餐具、坚持垃圾分类一年、一年内只在线阅读报刊来获取新闻并使用电子对账单等。这些自觉发起的超越一小时的环保活动，实行一年后会不会就此成为一种生活习惯不得而知，但"熄灯一小时"这个简单的行动已被越来越多的人所接受，而成为大家自愿遵守的

---

① 赫雨、安鑫：《概念功能在新闻话语分析中的应用——元功能批评方法实验一例》，《中国传媒报告》2011年第4期，第22页。

图 5-4 熄灯的一小时能做什么？"地球熄灯一小时"活动用图像展示了熄灯后的各种活动方式，如光迹涂鸦、烛光生日晚会、不插电音乐会、烛光晚餐等

资料来源：网易"地球熄灯一小时"专题。

"绿色"社会规范，带着这种"绿色"身份认同，公共领域也增加了更多"绿色"公民和更多的"绿色"话题。

借着"地球一小时"行动这一契机，倡议者还发动活动支持者在中文百科网站——"互动百科"上参与环保知识的头脑风暴，网友们将各种与环境相关的词条上传网络并集体讨论编辑完善（见图 5-5）。

第三节 环境 NGO 的绿色文化和政治

从环境 NGO 的传播机制来看，无论是其另类媒体的大量多模态使用，还是以直接行动促使其改变，或是为环境教育而发起的各种环境倡议运动，就其目的来说，都是希望和社会主流结构所倡导的价值与理念进行意义争夺，正如环境传播学者 Corbett 所言："从很大意义上来说，传播战争是围绕着这些物理存在之上的意义与价值而展开的。根本上来说，这是一场基于修辞和说服的辩论战，也是一场谁有能力将自己的价值观与对环境问题的定义置于首要地位，并且使之成为可以接受的文化观点，即一种新

图 5-5　"地球熄灯一小时"活动参与者自发通过在"互动百科"网站上传和编辑各种有关环境问题的词条，发起了一场环境知识传播的头脑风暴。

资料来源：网络互动百科。

的结构现状的斗争。"①

　　这种"绿色"文化理念与价值的争夺表现在为两种不同的环境保护范式的斗争，一种是支配性的社会范式，它是以人类为中心的环境保护发展范式，另一种则是仍然处于边缘的以生态系统概念为基础的环境保护范式（简称环境范式）（见表 5-5）。

表 5-5　　　　　　　　　　支配的社会范式与环境范式对比表

支配的社会范式	环境范式
强调人类支配自然； 发展代表进步：环境作为一种资源导致了这种进步； 人类是支配的种群，有权力接近和使用"资源"； 只有人类具有这种权力； 根据人类设定的标准事物才有价值； 个人可以最好地为自己的利益行动； 较为保守的政治	强调人类是自然相互依赖的一部分； 发展并不是最重要的；可持续与保存更优先； 人类仅仅是许多种群中的一种，也不是排在最高位置的； 所有具有行动目的的实体都有权利； 事物的价值在于：多样，复杂，整合，和谐，稳定； 个人行为应为集体与社区利益做贡献； 更加开明的政治

　　资料来源：Corbett（2006），p. 284。

---

　　①　Julia B. Corbett. *Communicating Nature：How We Create and Understand Environmental Messages.* Washington：Island Press，2006，p. 280.

　　以上两种不同的环境保护范式分别影响着我们各自对待环境的态度和行为，试想这两类范式所表现出来的价值理念是如何内化到我们的头脑中，又是如何内存于各种环境法规中，如何表现在我们对自然资源的使用、珍惜与管理的方式上，我们对动物的态度又是如何受不同范式影响而分类的，比如那些我们喜欢的动物，威胁或者骚扰我们的动物以及我们要去猎捕和垂钓的动物等。我们在不同范式的潜意识影响下对动物进行价值划分。

　　"地球第一！"为保护原始森林的古树选择了直接行动，或将自己用锁链绑在伐木机器上，或生活在大树上，或将自己的身体埋在大树周边的泥土中以阻止伐木工人的破坏，这种斗争方式是直接用行动来彰显环境范式的价值理念。而大多数的环境倡议运动则希望通过内化了环境范式的环境知识的传播来达到教育受众、最后导致行动改变的目的。正如福柯所言"知识就是权力"，虽然环境NGO通过传播环境知识教育公众，并促使公众采取行动的过程面临着种种困境并且相当漫长，但是随着新媒体、另类媒体以及各种环境事件的频繁出现，环境NGO还是找到了可以改变权力关系的契机与各种可能的策略。这些策略是与"绿色"身份相关的文化和政治策略。

　　具体来说，环境NGO努力与传统主流媒体合作，还经常在环境公共议题上影响主流媒体的新闻选题，甚至自身的"绿色"身份形象频繁出现在传统媒体上。由于传统媒体在现行体制结构中的权威性和合法性，使得通过其传播的环境NGO身份也被不断合法化。但总的来说，环境保护主义者还是游走于社会边缘。面对越来越多的没有取得合法注册身份的地下环境NGO，有人估计其数量已经超过了合法环境NGO总数，这些组织包括所有学生环保社团以及一些志愿者组织，如"绿家园"协会，一些境外NGO也只有一部分在当地民政部门登记备案。

　　对于这些十分活跃然而处境艰难的环境NGO，"如果缺乏通过新闻报道而产生出的广泛认同，与环境相关的行动与理念既将失去合法性也将失去效果，由此就失去了进入主流政治与文化议程的机会，也当然无法进入公众头脑"。① 在学者Hutchins & Lester看来，"媒体不仅是环境行动的地点，它还在形成争论与影响结果方面扮演着极为重要的角色。只有通过媒

---

　　① M. Castells. *The Rise of the Network Society*. 2nd edn. Oxford：Blackwell. 2000，p. 365.

体，所有的表征才被决定下来，图片被淡化或者扭曲，权力被承认或者被否认"。①

因而，环境 NGO 在构建自身的"绿色"身份认同的文化与政治方面，非常重视利用传统媒体这个重要中介，曼纽尔·卡斯特（Manuel Castells）在其重要著作《认同的力量》（*The Power of Identity*）一书中，认为媒体与环境主义者的关系就像是在跳一支"踢踏舞（tap-dancing）"：两个群体共同投入正在进行的舞蹈中，双方合作者经常是即席创作并且快速地转换节拍。② 事实的确如此，中国环境 NGO 与传统主流媒体之间都深知彼此具有的类似"踢踏舞"的策略合作关系，环境 NGO 通过采取各种有利于媒体框架的行动和理念以吸引传统媒体的目光并配合其报道步伐，而传统主流媒体也同样依赖环境 NGO 的资源。不过，要理解信息时代权力的表达，至关重要的还不只是只停留在对某个空间或某股力量的单独研究上，而是要研究这些不同的流动的空间以及力量之间是如何相遇、作用而最终完成这首"踢踏舞"曲的。③ 对中国的环境 NGO 而言，为了完成"环境范式"下"绿色"身份认同的权力斗争，他们采取了几种有所区别的作用方式。

（1）环境 NGO 为传统主流媒体提供源源不断的"绿色"消息源。除了将环境 NGO 的另类媒体资源流引入主流媒体记者的新闻框架内外，比较正式的环境 NGO，比如"世界自然基金会"、"自然之友"等国内外知名组织一般都拥有比较庞大而完备的专家话语资源库，这些资源库往往是环境 NGO 经过选择而认定为比较"独立"的专家资源，环境新闻记者限于传统媒体机构运作的局限以及自身专业性弱势，在新闻报道过程中往往愿意利用这些成本较低而合法的话语资源。比如笔者在对环境记者的访谈中，记者承认："大学教授的话我们相对觉得就是客观公正（的），虽然有时候我们很偷懒，就是用 NGO 推荐的大学教授，但是我们这个 Title（头衔）肯定也要是大学教授，而不是 NGO。"（访谈，2011 年 5 月 13 日。括号内文字为笔者补充）虽然媒体对环境 NGO 本身

---

① B. Hutchins, L. Lester. "Environmental Protest and Tap-dancing with the Media in the Information Age". *Media*，*Culture & Society*. Vol. 28. p. 438.

② M. Castells. *The Power of Identity*. 2nd edn. Oxford：Blackwell. 2004，p. 186.

③ M. Castells, M. Inc. Conversations with Manuel Castells. Cambridge：Polity Press. 2003，pp. 55—58.

的专业合法性身份还不能完全接受，但是环境NGO通过自身的专业话语资源，通过内化了"环境范式"的专家知识的传播，隐秘地完成与传统主流媒体的互动。

（2）环境倡议运动本身就是权力运作的中介。每个环境倡议运动都有着具体目标，并传达特定环境理念，比如"湿地使者行动"。因此，环境倡议运动本身就是一个新闻议题的生产"工厂"，这些运动所具有的规模、卷入的人数以及议题的吸引力都比较适合传统媒体框架的报道，通过这些精心设计的环境运动，新闻话语被直接设计、生产与消费。环境NGO对环境倡议运动的重视，就在于：在"绿色"身份认同的建构与传播过程中，话语实践能直接作用于主流媒体的新闻价值框架，成为主流新闻报道结构的一部分。

主流媒体对环境NGO报道得越多，该环境NGO的身份也就越显得重要，并取得广泛认同，而"绿色"价值与理念也就更能影响到政府议程，推动公共领域发展。这是一种符号的权力关系。比如"世界自然基金会"负责人在谈到2009年"地球"行动进入中国时的媒体策略时既感叹又欣慰："第一年（2009年）我是一家一家（媒体）去敲门，求他们报道，慢慢第一年有了影响，第二年影响更大了，第三年是媒体找我合作，《上海一周》很典型。媒体的嗅觉是很灵敏的，所以在不同的阶段策略是不同的。"（访谈世界自然基金会中国保护与运营总监，2011年5月12日。括号内文字为笔者补充）

如今，"世界自然基金会"又在为气候谈判问题向主流媒体奔走疾呼，这次的话语策略则主要抓住主流媒体感兴趣的危机宣传，"通过新奥尔良啊、飓风啊、干旱、洪灾这些极端的事件作危机宣传、危机管理。这个过程中我们要组织一些大型的活动，像'地球熄灯一小时'一样"（访谈世界自然基金会中国保护与运营总监，2011年5月12日）。通过环境倡议运动，环境NGO争夺主流媒体掌控的符号生产与知识理念，得以使权力关系发生哪怕细微改变。

（3）民间环境NGO与主流媒体的身份角色在中国很多的时候都是双重的，这有利于环境NGO争夺环境议题的议程设置权。前面已谈到的"绿家园"、"绿色江河"、"地球村"等许多民间环保组织的创始人同时又是主流媒体的新闻从业人员，这种双重身份直接相遇并发生作用，有冲突但也易于协调，在争夺符号的意义方面占据了有利位置，其通过"绿色"

身份运作的权力关系更易于突现与形成。"虽然中国环保 NGO 和媒体的亲密关系从国际视角看太不正常，但在中国这是一个现实的选择，因为民间环保组织离不开传媒的支持①。""绿家园"还年复一年坚持对环境新闻记者进行培训，通过"环境记者沙龙"邀请专家、学者和记者们一起探讨"绿色"话题（见表 10），将"环境范式"的理念与价值以环境知识的形式传播给主流媒体，这无疑将影响主流媒体对环境问题和事件的认知角度和评判标准。

（4）环境 NGO 通过争夺网络新媒体的话语空间，不仅间接影响了传统主流媒体对环境传播的消息源，同时也推动了网络绿色公共话语空间的发展，培育和建构了大量绿色公民的身份认同。传统主流媒体已经表现出越来越依赖于网络新媒体的趋向，通过互联网络，他们寻找符合新闻价值框架的消息，查找专业的环境知识，甚至在某个特定环境事件发生时，听取网络绿色公共领域中公民的声音，在此基础上判断事件的价值与影响。环境 NGO 通过网络媒体的传播策略，采取了前述门户式、搜索式和聚众式传播，其在网络绿色公共领域既是"话题库"又是"意见领袖"，在一些公共环境争议中，如"怒江建坝之争"、"圆明园铺设防渗膜工程"、"盘锦斑海豹救助"事件等，发挥了重要作用。同时，通过大量环境倡议运动对普通公众进行环境教育，对需要参加环境听证会的公众进行听证培训，发展了大批的"绿色"公民，建构了广泛的"绿色"身份认同。这也有利于公众对环境 NGO 合法性的认可，从而促使更多的"绿色"实践行为产生而最终导致社会变化。

环境 NGO 与媒体的这种"踢踏舞"关系是策略性的，两者的节拍随时都有变化，权力关系中谁"领头"、谁"跟随"都是流动不定的，符号与意义的争夺与凸显取决于各种不确定因素。对中国的环境 NGO 而言，虽然几十年来在现行体制结构中艰难前行，取得了或多或少的承认与公众认知，但其身份被主流认同的难题还将长期存在，正如 NGO 保护者所言："NGO 在中国的发展，在传统的眼里是'草寇'、'散兵游勇'，和这些等同在一起。"（访谈世界自然基金会中国保护与运营总监，2011 年 5 月 12 日）这是因为"我们的认知与思维体系历史性地支持人类等级制，并且

---

① 语出"绿家园"创始人汪永晨。参见贾广惠《论大众传媒与环保 NGO 对公共性的构建》，《新闻界》2009 年第 4 期，第 79—81 页。

将人类对自然世界的支配关系当作恰当的关系来看待。因此，社会结构更加接受那些支持现状的信息而非倡议社会变化的信息。这一部分取决于人类天性，还有一部分取决于谁从现存的条件与权力关系中受益最大。基于此，社会变化的信息必须不断与边缘化作长期的斗争。"①

---

① Julia B. Corbett. *Communicating Nature*： *How We Create and Understand Environmental Messages*. Washington：Island Press，2006，p. 291.

第六章

中国政府的环境传播：
对话绿色公共领域

　　我不认为有哪一个位置能比国家总统更有能力影响社会改变。如果总统将气候变化议题作为整个国家的组织原则，在考虑任何问题时都让其他议题流经气候变化这个过滤器，那么一切才会真的与以往有巨大不同。

——Al Gore（美国前副总统戈尔），2007

　　不论在何处，把"绿色"作为一个过程来看待是对既有利益的威胁。当美国众议院于 2009 年通过了美国清洁能源和安全法案（ACES ACT），煤炭与石油利益团体的代表者试图通过伪造自己的身份来破坏这一民主进程。在国际竞技场上……气候外交，不管它如何密集，都只是关注基于目标和时间进度上的交易与谈判，而"绿色"作为一个过程常常被遗忘。

——— 臧东升，2009

　　中国政府的环境传播理念有其政治发展轨迹。1992 年，包括中国在内共有 154 个国家参加了里约热内卢地球峰会，在气候变化方面各国签署了基本的国际协议，并加入了《联合国气候变化框架公约》（*Framework Convention on Climate Change*），它的主题和最终目标是"稳定向大气中排放的温室气体的浓度水平，以避免对气候系统产生危险性干扰"；六年后，即 1998 年 5 月，中国签署《京都议定书》；2002 年中国被核准加入《京都议定书》。同年，包括 192 个国家在内的 17000 名代表，出席了在南非约翰内斯堡召开的可持续发展世界首脑会议，通过了《约翰内斯堡承诺》，确立了经济增长、社会发展、环境保护是可持续发展的三大支柱。

2004 年，中国宣布向清洁发展机制（CDM）项目开放，CDM 项目是《联合国气候变化框架公约》提出的《京都议定书》中引入的一种灵活履约机制。该机制搭建了一个减排温室气体排放、保护生态环境的国际性合作平台，并鼓励发达国家对发展中国家的温室气体减排项目和温室气体的收集处理项目投入资金或技术以获取温室气体减排量来实现《京都议定书》承诺的二氧化碳减排指标。这一年正是以胡锦涛为总书记的新一届中央领导班子就任之时，与以往指导环境政策的经济发展策略不同，新一届的中央经济工作会议在经济发展的政策方向上完成了一个决策性转型，提出了"科学发展观"和"创建和谐社会"的理念。

2004 年的中央经济工作会议注意到，在过去的几年中，有一些"不健康与不稳定的因素"存在，快速增长的经济导致不断增加的城乡地区矛盾、环境保护与资源利用的矛盾、社会发展与经济发展的矛盾等。这给中国未来的工业化、城市化、市场化和国际化发展提出了挑战。新的"科学发展观"要求做好五个方面的统筹工作："统筹城乡发展、统筹区域发展、统筹经济社会发展、统筹人与自然和谐发展、统筹国内发展和对外开放"，"科学发展观"模式则基于保护、科学与技术三方面。以往的经济发展模式则基于大量能源及原材料消耗而导致了严重污染、低产出及低效率。因而，从 2004 年开始，环境与气候变化方面的考虑逐渐渗透进了其他策略发展，成为重要的政治语境。

本章首先考察中国政府的环境传播机制，然后从政府基于"科学发展观"及"和谐社会"的新型发展理念出发，结合国家"十一五"、"十二五"规划等文本，考察政府环境传播存在的社会语境及战略发展语境，在"可持续性发展"及"节能减排"的科学语境下，出于国际"气候"外交及国内经济持续增长的双重压力下，为了达到发展目标，中国政府如何在环境传播方面开展一系列相应的话语实践。同时，本章还在后一节重点分析了政府在环境传播的话语实践中，虽然在前期带动了绿色公共领域的发展，但在一些政策与法规的制定与传播方面都存在全球普遍的重"绿色"目标而轻"绿色"过程的局限性，对社会公众的环境权益形成了体制性排斥，公众与环境 NGO 的身份认同遭遇危机，加上中国历史及文化长期造成的社会文化排斥与公民自我排斥，因而从一定程度上使中国绿色公共领域的进一步发展受到影响。

第一节　中国政府的环境传播机制考察

政府的环境传播所采取的方式与政府的环境传播目标紧密联系在一起，为了实现这些目标，政府的环境传播在时间与空间上以下特点运作（见图6-1）。其中，传统主流大众媒介给予了极大的推力和影响力。

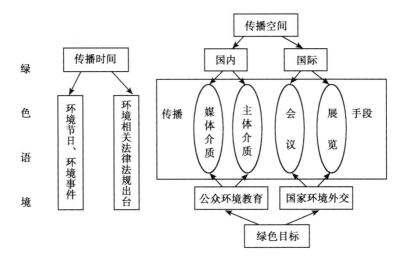

图6-1　政府环境传播话语运作机制图

首先，在传播的时间维度上，政府一般抓住环境传播的三个重要时机，一是比较重要的环境节日，如"地球日"、"世界环境日"、"世界水日"等；二是政府在颁布有关环境保护的法律法规前后。以湖北、陕西两省为例，据湖北省环境大事记记载，2005年6月，湖北省委宣传部、人大环资委、省环保局结合"6·5世界环境日"开展了大型环保宣传月活动，结合当年的中国区主题"人人参与、创建绿色家园"而制定了6月宣传主题为"绿色荆楚"。《陕西省志环境保护篇》中提到：为宣传贯彻《中华人民共和国环境保护法（试行）》，西安市从2005年3月中旬开始了为期一个月的以普及环保知识为内容的宣传活动。[①] 国家"十二五"规划出台后，强调"开展万家企业节能低碳行动，深入推进节能减排全民行

---

① 肖颖：《环保传播中政府与媒体传播行为"再认识"》，硕士学位论文，西北大学，2009年，第19页。

动"，媒体此后对"低碳"的报道偏好于普通市民，"低碳出行"的字眼常见于报端。

第三个传播时机就是在环境事件发生后，这里的环境事件分为两种类别，一是公共环境突发事件，比如2005年吉林石化爆炸导致松花江大面积污染，民众的日常饮用水安全受到极大威胁。事件发生后，政府将饮用水安全的宣传放在了重要位置，大型政府环保活动"中华环保世纪行"当年的主题就是"让人民群众喝上干净的水"（见表6-1）。第二类环境事件是指国际上计划召开的一系列高峰论坛或会议，比如在中国参加2009年12月哥本哈根会议之前后，政府将"气候变暖"这个概念通过媒体、社区传播给公众，普通公民对于气候变化有了初步了解，各主流媒体更是纷纷派出自己的记者对会议进行独家报道和解读，其报道内容和方式与政府的政治议程联动，与国家利益相关。

在环境传播的空间维度上，中国政府在国内及国际层面上各自显现出不同特点。国内的环境传播主要通过两种介质进行运作，一是通过媒体介质，前期与后期呈现出从单一到多样，从被动到主动的变化态势。

20世纪90年代末，环境传播的媒体介质主要是各种纸质宣传材料、宣传车及各种宣传讲座等。如上面讲到的西安市的政府宣传活动情况，其直接促进公众参与活动意识比较欠缺，是一种从上至下的被动宣传方式。进入21世纪，政府环境传播开始重视利用大众传媒与网络、手机等新媒体介质，并开始主动与各学校环保社团、环境NGO合作，共同促进公众的积极参与。

据粗略统计，2001—2007年，全国各地举办"6·5世界环境日"大学生演讲、倡议环保万人签名、环保摄影展、绘画展等不下万次。[1] 还有诸如陕西省环保厅开展的"渭河治理"大家谈网上论坛，济南市创建环保模范城市网上征集吉祥物活动等，都试图利用互联网络、手机等新媒体主动拓宽政府与普通民众的沟通渠道，促进公众的积极参与。

从主体介质层面分析，政府自身一方面抓住三个时机进行多样化的环境宣传，另一方面为了最好地实现传播效果，采用了扩大传播主体这一

---

① 肖颖：《环保传播中政府与媒体传播行为"再认识"》，硕士学位论文，西北大学，2009年，第20页。

"借风出船"的策略，通过依托社区、环境 NGO 及传统媒体三个主体介质的合力来达到对公众进行环境教育的目标。

社区是中国政府直接管辖的单位，依托社区居委会进行环境传播是政府经常使用的手段。如政府希望促进"垃圾分类"的宣传活动时，会通过各社区居委会在日常的宣传窗、宣传栏上贴上一些图文并茂、简单易懂的有关"垃圾分类有益环境"的宣传海报，通过各社区物业发放分类垃圾袋，还会使用流动宣传车进行垃圾分类的宣讲活动等。在"节能减排"的宣传中，各社区居委会往往会倡议居民"低碳出行"，选择公共交通工具，主要以横幅、广告墙、社区纳凉晚会等活动形式来进行宣传。而这些都成为媒体的报道来源。

随着环境 NGO 在中国的力量日益壮大，尤其是境外 NGO 在环境传播方面具有丰富的经验、稳定的活动经费来源以及庞大的"绿色"公共网络，政府也开始与环境 NGO 合作，积极支持环境 NGO 在中国的环境倡议运动。比如世界自然基金会发起的"地球熄灯一小时"行动于 2009 年进入中国后，中国政府不仅支持而且积极参与其中。大型环境倡议活动"湿地使者行动"也得到了中国政府相关部门的肯定，其中"湿地使者"们的一些建议甚至得到了中国政府的重视与采用。许多中国政府直接管控下的部门或准政府组织网站甚至都将"世界自然基金会"（中国）列为重要链接，如"中华环保世纪行"组委会网站。

除此以外，政府非常注重与传统媒体合作，调动媒体的力量进行环境传播，最典型的例子就是中国政府部门与各大媒体合作开展的"中华环保世纪行"活动。"中华环保世纪行"是 1993 年由全国人大环境与资源保护委员会牵头，中宣部、国家环保总局、国家林业局等 14 个部门共同组织，《人民日报》、新华社、中央电视台、《中国绿色时报》等 28 家中央新闻媒体参加的大型宣传活动。当时正值我国已将环境保护列为基本国策，1992 年巴西环境与发展大会以后，我国又制定了环境与发展"十大对策"，明确提出要实施可持续发展战略，并随后制定了世界上第一个国家级的《21 世纪议程》之时，因而 1993 年的大型"环保世纪行"活动也是应"绿色"外交、"绿色"法规而生，其宗旨为："大力宣传我国环境与资源保护方面的法律法规，结合中国的实际情况，以法律为武器，宣扬执法好典型，批评违法行为，进一步推动地方政府加强有关法律法规的贯彻执行和促使解决重大环境问题，提高广大人民群众特别是各级领导干部的法律意识和环境意识。"①

从国际上来看，政府环境传播主要通过一些重要的国际论坛、国际会议进行，环境传播因而与环境外交紧密相连成为一种环境政治。除了各种国家领导峰会、环境与发展会议以及国际环境高峰论坛外，展示国家形象的各种博览会也成了政府进行环境传播的绝佳渠道。比如2010年中国政府通过上海世界博览会向全世界展示了中国"节能减排"的"绿色"话语实践。

"低碳世博"是上海世博会提出的一项口号，在"低碳、和谐、可持续发展城市"这三大主题下，上海世博会表现出来的政府环境传播充分与"新能源"、"高科技"、"可循环利用"、"零排放"等"低碳"话语联系在一起。这些话语通过一系列物品展示出来，如展馆内安置了世界最大的生态绿墙；全国第一的太阳能发电机组；启用超过1000辆的新能源汽车，园区内公共交通实现"零排放"；德国馆的绿色建筑技术，西班牙馆的环保藤条材料以及如同一个没水、没电、没热的"原始洞穴"的伦敦"零碳"社区；活动场地大规模使用LED节能灯光……通过这些与"节能减排"相关的各种对象、建筑的展示，政府的"绿色"理念得以传播。

同时，"低碳"实践也成为一大卖点，参观者可以使用手机或者网上的"绿色出行碳计算器"计算自己参观世博过程中的碳排放，或者直接在网上购买"碳指标"；也可购买"含碳指标绿色出行交通卡"及其他"含碳指标世博纪念品"；还能直接参与种树等降碳活动，直接或间接地降低自己的碳足迹。

2010年上海世博会充分调动了国内外各类媒体的参与报道，就国内媒体报道而言，比如新华社先后投入600多名记者，运用8种文字，从事世博文字、图片、视频、网络、手机报等全媒体报道。在世博会试运行、开幕、开园以及日常运行报道的各个环节，全媒体报道共采写了对内文字稿4800多条，图片稿16818张；对外文字稿3200多条，图片稿17520张；音视频稿2300条，其中包括英文视频稿391条。同时，就世博工作采写的对策建议等参考性报道有120篇受到中央领导的批示。② 这一系列

① 参见中华环保世纪行组委会网站，资料取自2013年5月8日，网址为：http://www.people.com.cn/BIG5/14576/33320/index.html。

② 季颀：《世博因传播更精彩——2010年上海传媒博览会世博新闻报道成果巡礼》，《新闻记者》2010年第12期，第84页。

与"节能减排"相关的"绿色低碳"传播理念通过主流媒体的推动和影响，从上海世博会这一国际平台上得到了充分展示与建构。

表 6-1   "中华环保世纪行"历年宣传主题一览

年份	宣传主题
1993	向环境污染宣战
1994	维护生态平衡
1995	珍惜自然资源
1996	保护生命之水
1997	保护资源永续利用
1998	建设万里文明海疆
1999	爱我黄河
2000	西部开发生态行
2001	保护长江生命河
2002	节约资源，保护环境
2003	推进林业建设——再造秀美山川
2004	珍惜每一寸土地
2005	让人民群众喝上干净的水
2006	推进节约型社会建设
2007	推动节能减排——促进人与自然和谐
2008	节约资源，保护环境
2009	让人民呼吸清新的空气
2010	推动节能减排——发展绿色经济
2011	保护环境，促进发展
2012	科技支撑，依法治理，节约资源，高效利用
2013	治理大气污染，改善空气质量，保护饮用水源地，保障饮用水源地，保障饮用水安全，大力推进可再生能源产业健康发展

资料来源：综合中华环保世纪行组委会与人民网网站和 China Daily 网站编辑整理。

第二节　政府的环境政治：绿色指标驱动的传播——以"节能减排"话语为例

政府的环境传播在时空维度上呈现出各种特点，往往针对当时特定的绿色语境展开，而特定的政治文化语境又是和各种绿色目标联系在一起的。正如费尔克拉夫所洞见，注重修辞、结构或语法的语言存在，并不仅仅是书面意义上的自然形成，而总是具有其话语的依据和政治动力。中国政府环境传播的文本与实践正是如此。本节笔者以"节能减排"的绿色话语为例，揭示"节能减排"这一绿色理念的建构过程。

在新时期"科学发展观"与"和谐社会"所形成的新型发展理念的指导下，2005 年 10 月 11 日，中国共产党第十六届中央委员会第五次全体会议通过了国民经济和社会发展第十一个五年规划（2006—2010），提出"必须加快转变经济增长方式。我国土地、淡水、能源、矿产资源和环境状况对经济发展已构成严重制约。要把节约资源作为基本国策，发展循环经济，保护生态环境，加快建设资源节约型、环境友好型社会，促进经济发展与人口、资源、环境相协调。推进国民经济和社会信息化，切实走新型工业化道路，坚持节约发展、清洁发展、安全发展，实现可持续发展"[①]。"十一五"规划把环境保护融入经济发展的过程，强调科学发展与可持续发展的新型经济发展模式，该绿色目标的提出直接催生了"节能减排"这一绿色语言与行动。"十二五"规划则延续和强化了这一话语。

一　"节能减排"的话语情境

首先，中国的食品安全与能源安全问题一直在政治议程中摆在非常重要的位置。中国拥有世界上最多的人口，长期以来，食品安全问题就历史性地被建构。之后，政府在环境话语实践上从对食品问题的强调转变到对气候问题的强调，这个过程中不得不提到美国学者莱斯特·布朗（Lester R. Brown）及他在 1994 年影响中国的报告——《谁来养活中国？》。布朗被《华盛顿邮报》誉为"世界上最有影响的一位思想家"，并被印度加尔各答《电讯报》称为"环境运动宗师"。他在报告中指出了中国存在的水资源短缺、农田减少、环境恶化等问题，其理论日益得到中国高层领导的重视。中央气象局曾于 2008 年联合国波兰气候峰会开始前向政府提交报告："中国出现的持续'暖冬'现象，导致了连续性干旱，这将会对中国

---

①　参见新华网《中共中央关于制定"十一五"规划的建议》，于 2005 年 10 月 18 日。资料取自 2011 年 7 月 18 日：http：//news. xinhuanet. com/politics/2005 – 10/18/content_ 3640318. htm。

的粮食产量形成极大威胁。"① 中央气象局希望中国农业部采取措施减少由于气候变暖造成的粮食损失。食品和气候问题便联系在一起。

21 世纪初期，安全问题被发展建构成能源安全问题。1993 年，中国成为石油产品的净进口国，而如今已然成为继美国之后的世界上第二大石油消费大国。② 长期以来，中国依赖于国际市场的石油进口，因而自 21 世纪初期以来，关于能源安全问题的争论一直存在，比如"中国分析家认为油价波动及物理供给中断将成为中国能源安全的主要威胁"；"他们特别关注油价波动对中国经济和社会稳定带来的负面影响③"。因而，能源问题成为中国最重要的与安全紧密联系的政府议题。

其次，生态环境问题被建构为影响社会稳定的重要因素。21 世纪初开始，中国的改革开放和市场经济的快速发展带来了一系列危机，一些有影响力的经济学家，如林毅夫、胡鞍钢、王绍光等，意识到了中国社会的不平等收入、财富分配问题以及生态环境的破坏问题，2003 年，王绍光、胡鞍钢、丁元竹参考了中国社会科学院公开发表的《社会蓝皮书：中国社会形势分析与预测（2001 年和 2002 年）》和各类官方或非官方组织对城市居民社会形势的问卷调查资料，发出了震惊中国的警告："我们认为，当前中国社会形势极其严峻，再次进入社会不稳定时期，其突出表现为：世界上最大规模的经济结构调整；世界上最大规模的'下岗洪水'和'失业洪水'；世界上最显著的城乡差距和地区差距；世界上基尼系数增长最快的国家之一；世界上最严重的腐败及其最大的经济损失；世界最大范围的生态环境破坏。"④ 学者们都主张中国要采取发展的新模式，即基本的社会福利、消费驱动的经济增长以及可持续发展，之后引起了政府高层领导的关注。

---

① 参见《中国日报》（*China Daily*）："Warm Winter 'Major Threat' to Crops"，发于 2008 年 11 月 26 日。资料取自 2011 年 7 月 18 日：http：//www. chinadaily. com. cn/china/2008 – 11/26/content_ 7239388. htm。

② 参见中国网："White Paper on Energy"，发于 2007 年 12 月 26 日。资料取自 2011 年 7 月 18 日：http：//www. china. org. cn/english/environment/236955. htm。

③ 转引自 Zang Dongsheng. "Climate Change, New Developmental Strategy, and Regulatory Choice in China". *Texas International Law Journal*. 2009，Vol. 45，p. 210。

④ 参见王绍光、胡鞍钢、王元竹《最严重的警告：经济繁荣背后的社会不稳定》。《战略与管理》2002 年第 3 期。

再次，从 20 世纪 90 年代开始，中国在全球政治中的地位与身份被重新定义，承担绿色责任成为中国外交的一个重要部分。中国一直以来就朝着"负责任的大国"形象及具有"综合国力"的目标发展，但长期以来，中国大量的低技术含量产品涌入国际市场，因而被贴上了"世界工厂"的身份标签，为了改变这种形象以符合未来发展，中国试图从"中国制造"向"中国创造"发展，涌现出大量高科技产业，如高铁、3G 无线标准等。中国发改委成为在能源与绿色科技投入方面呼声最高的政府部门。

值得一提的是，中国发改委在国内外气候政策中扮演了最为重要的角色，它承担了中央经济规划、宏观经济政策及与国家能源、自然资源相关政策的制定工作，而"十一五"规划的主要相关执行部门就是国家发改委、中国环保总局及国家统计局。2007 年 6 月，国家发改委签署了中国气候方面的第一个政策声明——国家气候变化立法项目。此法案将中国气候政策的定义主要囿于能源——能源效用、保护、技术及可持续等方面。自此，"节能减排"成为重要的政府话语实践，气候变化的努力也主要与"节能减排"紧密相连。2011 年 3 月开始，国家发改委就《应对气候变化法》向全国征求起草意见。

最后，"十一五"规划在上述社会政治语境下成为最重要的转型时期的政策基础，中央政府要求各相关部门严格执行"十一五"规划，在执行过程中，"绿色"语言表现为各种绿色发展目标，并被细分为各种具体数字与标准。比如 2006 年是提出"单位 GDP 能耗降低 20%"的"十一五"规划纲要实施首年，这是中国第一次提出节能降耗约束性指标，然而年末，这一目标却未能实现。

2007 年 6 月，国务院同意印发发改委会同有关部门制定的《节能减排综合性工作方案》（以下简称《方案》），《方案》明确规定要把节能减排指标完成情况纳入各地经济社会发展综合评价体系，作为政府领导干部综合考核评价和企业负责人业绩考核的重要内容，对于没有较好完成"节能减排"目标的干部，国家发改委被授权实行"一票否决"制。① 2007 年初，国务院批转了国家发改委《关于加快关停小火电机组的若干意

---

① 参见中华人民共和国中央人民政府网站：http://www.gov.cn/jrzg/2007 - 06/03/content_ 634545.htm。

见》，全国电力工作会议定下了"十一五"期间争取关停 5000 万千瓦小火电机组的目标，这样每年可节能 5000 万吨以上标准煤、减排 160 万吨以上二氧化硫。① 自此，"节能减排"目标与"关停小火电"目标联系在了一起。

在这一系列的"绿色"语言下，气候变化问题一方面成为一个政治问题、外交问题；另一方面，对于中国来说，国家发展和改革委员会是最有影响力的"十一五"规划的执行与管理部门，在此语境下，气候变化问题又主要被建构为能源问题，而解决问题的可能途径直接指向"节能减排"，同时"节能减排"这个大目标又被细分为各种数字与具体分目标，并与各省市的干部政绩挂钩。这样，气候变暖问题能否得到控制，气候外交能否成功，就与这些目标能否实现息息相关。

二　"节能减排"：目标和指标驱动下的话语实践

"节能减排"的"低碳"绿色话语多见于各种政府文本，包括政策文件、报告、论坛发言稿、法规条文、媒体报道、宣传文字等，形式多种多样。同时，正如肯尼斯·贝克所言，语言不但"说"事情而且"做"事情②。与环境保护、"节能减排"相关的语言也给我们一种相应的行动力量，尤其是一些有目的的实践行动。在这些"低碳"文本和实践的话语机制运作中（见图 6 - 1），传统大众媒介充当了重要的意义建构和传播主体，以隐蔽的方式与政府互动，使得"节能减排"的话语与权力发生关系。

（一）政府文本和媒介文本对"节能减排"的建构特点

国家"十一五"发展规划与"节能减排"的提出息息相关，2013 年制定的国家"十二五"规划延续了环境保护和发展的话语，专门留出一篇"绿色发展，建设资源节约型、环境友好型社会"。这两个文本成为政府和媒体建构"节能减排"重要意义的依据。考查这两个"十五"规划，我们发现其对"节能减排"的建构有以下特点：

---

① 参见中华人民共和国国家发展和改革委员会官方网站：http：//nyj. ndrc. gov. cn/sdyx/t20070126_ 121657. htm。

② Kenneth Burke. *Language as Symbolic Action*：*Essay on Life*，*Literature*，*and Method*. Berkley：University of California Press，1996，p. 2.

1. "节能减排"细化成各种数字、指标或标准。

比如 2006 年是提出"单位 GDP 能耗降低 20%"的"十一五"规划纲要实施首年，这是中国第一次提出节能降耗约束性指标，然而年末，这一目标却未能实现。

2007 年 6 月，国务院同意印发发改委会同有关部门制定的《节能减排综合性工作方案》（以下简称《方案》），《方案》明确规定要把节能减排指标完成情况纳入各地经济社会发展综合评价体系，作为政府领导干部综合考核评价和企业负责人业绩考核的重要内容，对于没有较好完成"节能减排"目标的干部，国家发改委被授权实行"一票否决"制。①

在新出台的"十二五"规划中，对环境保护的执行严格以指标来衡量，如"地级以上城市空气质量达到二级标准以上的比例达到 80%。城市污水处理率和生活垃圾无害化处理率分别达到 85% 和 80%"；"明确总量控制目标和分解落实机制。推进植树造林，新增森林面积 1250 万公顷。"

值得注意的是，各政府规划或文件对各种问题往往以指标进行衡量效果的标准，因而各指标与指标之间缺乏可能的必然联系，由于环境和经济发展经常表现为矛盾的发展关系，故这种矛盾也可能出现在"节能减排"的指标与其他指标的关系中。如在"经济平稳较快发展"的目标要求中，要求"国内生产总值平均增长 7%"，同时在"结构调整取得重大进展"的目标制定中，鼓励居民消费率，鼓励"战略性新兴产业发展取得突破"，"城镇化率提高 4 个百分点"，这必然导致比"十一五"期间更多的能耗，但同时要求"单位工业增加值用水量降低 30%"、"单位国内生产总值二氧化碳排放量降低 17%，化学需氧量、二氧化硫排放量分别减少 8%，氨氮、氮氧化物排放量分别减少 10%"，要"强化节能目标责任考核，健全奖惩制度"，以完成"节能减排"的政治目标。

以《人民日报》为代表的党报体系以及各都市报、广播电视等传统媒体在进行环境报道的时候，也抓住了各环境政策出台前后、环境节假日

---

① 参见中华人民共和国中央人民政府网站：http://www.gov.cn/jrzg/2007－06/03/content_634545.htm。

以及全球环境论坛和博览会的契机，生产出绿色话语，和政府形成互动[1]。研究发现，《人民日报》在环境新闻报道中使用数据的情况有三种：在发布环境信息时使用数据表明参与主体的个数或排名情况，如《655个城市环保"考核"成绩单公布》、《节能减排：44个项目未达预期效果》；二是在环境新闻中强调各种专业能耗指标、百分比、考核变量增减幅度；三是在环境危机中表达时间紧迫。[2] 最终推动政府议程。

2. 作为一种经济发展的"节能减排"话语。

在"十二五"规划中，"绿色"和"发展"一起承担着十年规划的重要使命。"树立绿色、低碳发展理念，以节能减排为重点，健全激励与约束机制，加快构建资源节约、环境友好的生产方式和消费模式"是总原则，在环境和发展相提并重的前提下，环境可能被完全看作一种可供利用和开采的"资源"来发展，"环境"成了一种稀缺商品，谁能节约利用谁就有功劳。

早在2004年，政府文本就开始出现将环境看作商品的实践，当时开始运行"绿色GDP"项目，2006年9月国家环保部门又发表了中国首份关于环境对经济影响的《中国绿色国民经济核算研究报告2004》绿皮书，对全国各地区和42个行业的环境污染实物量、虚拟治理成本、环境退化成本进行核算分析。分析结论认为，2004年全国因环境污染造成的经济损失为5118亿元，占当年GDP总量的3.05%。然而，"绿色GDP"遭遇到地方各省市的联合抵制以及国家发改委的质疑，不少地方部门谈"绿"色变，纷纷"上书"要求退出"绿色GDP"试点[3]，最终导致该课题的执行快速流产。

另一方面，既然"节能减排"和经济相提并重，其与技术的重大关系就不言而喻了，因为通过技术革新提高经济效益是我们的共识。在国家"十二五"规划纲要中，"技术支撑"成为"绿色发展"篇的关键，如

---

① 参见徐迎春《环境传播对绿色公共领域的建构和影响研究》，博士学位论文，浙江大学，2011年12月。

② 参见蔡晶晶《中美环境新闻框架比较研究》，硕士学位论文，华中科技大学，2011年5月。

③ 参见中国评论新闻网：《绿色GDP推迟发布，中国环保更显严峻》，发布于2007年7月30日。资料取自2011年7月18日：http://gb.chinareviewnews.com/crn-webapp/doc/docDetailCreate.jsp? coluid＝0&kindid＝0&docid＝100419753。

"坚持减缓和适应气候变化并重，充分发挥技术进步的作用"、"加强适应气候变化特别是应对极端气候事件能力建设，加快适应技术研发推广，提高农业、林业、水资源等重点领域和沿海、生态脆弱地区适应气候变化水平"、"加快低碳技术研发应用，控制工业、建筑、交通和农业等领域温室气体排放。探索建立低碳产品标准、标识和认证制度，建立完善的温室气体排放统计核算制度，逐步建立碳排放交易市场"、"推广先进节能技术和产品"等。

许多研究媒介环境新闻框架的文章表明，主流传统媒体在报道环境新闻时，较大的篇幅集中在对"政府会议或决策指示"和"环境信息发布"方面[①]。这样一来，一旦政府文本将环境作为一种资源，与经济发展唇齿相依、与技术革新息息相关的时候，主流媒体的报道必然也出现互动性的传播。首先，从整个报道的用语上，有研究表明，"环境与发展"在所有选择文本的频率统计中远远高于排名第二的"生态保护"，接着是"污染"、"减排"和"能源"、"垃圾"等。[②] 其次，在环境新闻的版面编排上，由于专业人员、新闻源、经济和政治等各种原因，大部分的传统主流媒体并没有专门开拓出"环境"专版或"环境"专题节目，因而大部分的环境新闻或是置于"经济版"（经济新闻栏目）或是发于"科技新闻"版面或时间段。这种例子俯拾可见，如《环境保护部首次公布我国机动车污染物排放情况　尾气成城市空气主要污染源》（经济版）、《六措施护驾节能减排》（投资版）、《能源局否认中国能耗最大》（财经版）[③]。这种媒体语言的分类和修辞实际上隐喻了其与政府对"节能减排"等环境议题的认知形成同构。

3. "节能减排"与公民和企业主体相连。

将环境保护落实到个人中去，将指标的落实与企业的社会责任联系起来，通过身份建构来达到环保的目的，也是政府和媒体文本中较多出现的字眼。国家"十二五"规划明确要求"开展万家企业节能低碳行动，深入推进节能减排全民行动"，而各媒体纷纷开始对"节能减排"的个人责

---

① 参见蔡晶晶《中美环境新闻框架比较研究》，硕士学位论文，华中科技大学，2011 年 5 月。

② 同上。

③ 参见 2010 年 11 月 5 日《人民日报》经济版、2011 年 7 月 21 日《京华时报》B71 版投资纵深和 2010 年 7 月 21 日《京华时报》B45 版财经焦点。

任和企业行为进行大量报道，如《骑车出行最时尚》、《印尼车展倡导低价环保》、《履行公民义务　弘扬责任文化》、《格力电器：以行动助力节能减排》。①

（二）政府和传统大众媒介对"节能减排"的话语实践

政府在出台一系列规划、政策和文件外，还将"节能减排"的"低碳"语言落实到行动中。在一系列的与其相关的经济变革中，国家发展与改革委员会（经下简称发改委）成为在能源与绿色科技投入方面呼声最高的政府部门。国家发改委在国内外气候政策中也扮演了最为重要的角色，它掌握了中央经济规划、宏观经济政策及与国家能源、自然资源相关政策的制定，而"十五"规划的主要相关执行部门就是国家发改委、中国环保总局及国家统计局。2007年6月，国家发改委签署了中国气候方面的第一个政策声明——国家气候变化立法项目。此法案将中国气候政策的定义主要囿于能源——能源效用、保护、技术及可持续等方面。自此，"节能减排"成为重要的政府话语实践，气候变化的努力也主要与"节能减排"紧密相连。

接下来，中国政府为了在"十一五"期间完成"节能减排"的各项指标，直接发起了一系列绿色行动。于2007年自上而下发起了"关停小火电行动"，据国家电力监管委员会和国家发改委发布的《2007年关停小火电机组情况通报》显示，"2007年全国共关停小火电机组553台、1438万千瓦，超额43.8%完成当年关停1000万千瓦的目标，我国全年关停小火电总容量是前4年关停总和的2倍，关停的主要是高能耗、高排放、低效率机组"，通报指出"行动进展顺利而成功"。② 这场由政府直接发起的"绿色"行动还包括关闭了"超过2000个重污染造纸厂、化学工厂、印染厂以及11200个小煤矿"③，引发了一系列媒体报道。

此外，从1993年开始，政府主导发起了一年一次的"中华环保世纪

①　参见2013年10月5日、9月30日和9月9日、3月19日《人民日报》。

②　参见国家电力监管委员会网站：http://www.serc.gov.cn/zwgk/jggg/200808/t20080819_9917.htm；中华人民共和国中央人民政府网站：http://202.123.110.5/gzdt/2008-11/04/content_1139724.htm。

③　参见国务院信息办公室"China's Policies and Actions for Addressing Climate Change"，发于2008年，资料取自2011年7月19日：http://www.ccchina.gov.cn/WebSite/CCChina/UpFile/File419.pdf。

行"活动，从历年主题（见表6-1）来看，其活动的开展都与当年政府工作法规及"绿色"目标联系紧密，2006年开始至2010年，正是国家"十一五"规划期间，其活动所有主题都与"节能减排"相扣，如2006年"节约型社会"；2007年直接倡议"节能减排"；2008年号召"节约资源"；2010年则"推动节能减排"。

与此同时，政府对公众环境传播的重点也在"十一五"期间放在了促进"节能减排"的日常环保行动上。2007年世界环境日的主题是"冰川消融，后果堪忧"，而中国区的主题则是"污染减排与环境友好型社会"。

在一系列由政府主导和发起的"节能减排"行动中，卷入了全国各大主流知名媒体。据统计，从1993年至2006年的14年间，全国各地有近8万人（次）的记者参加了采访报道，发表各类新闻报道文章20万余篇（条）。[①] 其中也出现了很多媒体对诸多环境问题的报道，如1993年曝光的淮河流域水污染情况，但所有相关媒体的报道内容都遵循政府环境话语的议程设置，1993年的主题就是"向环境污染挑战"，尽管行动中的媒体报道涌现了大量批评和负面的话语，但其最终目的是将问题的解决途径纳入政府主流话语建构中，推动"节能减排"意义的大规模生产和传播。

最终，媒体对问题的批评报道和看似多样化的异质话语都被吸纳进"环境和发展"的主流意识形态中，比如政府因为媒体对淮河污染的报道加大了对淮河污染治理的力度，颁布了《淮河流域水污染防治暂行条例》，污染问题也就有了防治的共识，媒体和政府在一定程度上共同建构了"绿色发展"的环境认知，确认了"工业发展"和"环境保护"这对矛盾的可调和性。

第三节　政府环境话语的公共博弈

从前述分析来看，政府的环境传播往往与一定的社会经济发展模式相关，中国"十一五"发展规划将可持续发展，即"科学"与"和谐"发展摆在十分重要的地位，以此制定出一系列"绿色"发展目标，在其特定的政治语境下，气候变化问题与"节能减排"问题建构在一起，并在

---

① 参见中华环保世纪行组委会网站：http：//www.people.com.cn/BIG5/14576/33320/index.html。

日常"绿色"话语实践中体现出来。这些"绿色"传播方式虽然表现出中国政府对待环境问题的积极态度以及在国际舞台上进行"气候外交"的勇气，而且一些直接的"绿色"行动，比如"中华环保世纪行"、"环评风暴"等大规模的政府环境行动，确实在一定程度上推动了普通公众对环境问题的认知、公众对环境权益的渴望以及环境传播的热情，但是由于政府在传播中对"绿色"目标的追求远远大于追求"绿色"过程的持续性、执行的具体性与公正性，使得公众及环境 NGO 的身份认同及公共参与遭遇到危机，在一定程度上限制了绿色公共领域的健康合法发展。

一　目标和指标驱动的环境话语和公众参与困境

首先，政府的环境传播行为很大程度上是为了提高公众对政府的环境政策及法规的认知，而非促进公众直接参与环境讨论与治理。比如"环评风暴"的政府行动。背景是《环境影响评价法》正式于 2003 年 9 月实施。法案对公众参与环境影响评价做出了明确规定，鼓励有关单位、专家和公众以适当方式参与环境影响评价，并要求在编制规划和建设项目环境影响评价文件时，应当举行论证会、听证会，或者采取其他形式，征求有关单位、专家和公众的意见，并将意见处理情况作为附件与环境影响评价文件一起报审。[①]

为了推动法案的实施，2004 年国家环保总局在全国掀起了一场"环评风暴"，对 30 个不符合环境影响评价制度违法违规建设的上亿元大项目叫停，这其中包括三峡地下电站、三峡电源电站等国务院批复的项目。这次事件很快引起了公众和媒体的关注，在短短的一个月时间里，媒体有关"环评风暴"的报道、评论多达 50 余篇。而不少公众从媒体的报道中开始了解"环评"这个词。[②]

但正如"风暴"所隐喻的所指一样——"剧烈而短暂"，"风暴"一过，一切又恢复到最初。之所以出现这种情况，是因为政府环境传播的"运动"性和"目标"性特征，只要行动带动的媒体对"环评"的

---

① 参见中华人民共和国中央人民政府网站《环境影响评价法》解读，发于 2007 年 6 月，资料取自 2011 年 7 月 19 日：http://www.gov.cn/ztzl/jnjp/content_667298.htm。

② 参见肖颖《环保传播中政府与媒体传播行为"再认识"》，硕士学位论文，西北大学，2009 年。

报道扩大了公众对《环境影响评价法》的认知，"环评风暴"就达到了政府的环境传播目标，至于法规的执行过程与程序、效果等问题往往被忽略。

事实上，虽然《环境影响评价法》对公众参与规划和建设项目的环境影响评价做出了明确规定，但是如何让民众参与、将环境信息公开化让民众有自己的环境知情权、听证会人员选定程序以及违背法规应如何惩治等具体细则，都没有在《环境影响评价法》中体现，这导致公众的参与基本上只流于形式而缺乏实质内涵。当厦门PX项目所在地附近的社区民众、媒体等要求政府相关部门公布PX项目的环评文件时，他们的愿望必定无法达成。正如学者夏志红所观察到的："中国政府在环境政策制定、动员和执行等方面居于绝对主导地位，环境保护中政府权力和社会权利处于严重失衡状态。这种政府和社会权利明显悬殊的不对称社会结构其实质即是持续强化着政府集权对公众环境权益实现的排斥。"①

社会体制排斥表现在政府行为中就是政府不公开传播环境信息。信息公开传播是公众能否实现其环境权益，并有效进行环境传播的首要一环，公众关注及由此带来的压力才能强化政府与企业的环境责任，而我国几乎全部的环境信息都被政府垄断。虽然"新闻发言人制度"在一定程度上推动了信息的透明化，但政府的对外发言只是基于危机驱动，且所发布信息都具有事后性，而不注重事前信息发布及日常的环境信息公示。许多环境项目的进行都是封闭式传播而非公开事前传播，比如厦门PX项目、盘锦斑海豹栖息地附近的高速公路建设项目等。

与此同时，除了环境状况公报等一些较为粗略的公共信息外，有关政府决策、工程建设和企业排污等对环境影响的具体信息，公众是无法从公开渠道顺畅获取的，而且根据中国现行政策，许多环境信息不能向社会公布。基于此，政府所谓的在某些重大决策上直接征求民意的听证制度，也只能是"空谈"，因为当公众无法获取相关的环境信息，即使形式上有了开放的机制，公众也没有能力实践环境听证，听证会的主体只能是政府以及信息量富裕的专家学者等精英。一份来自于上海环境影响评价系统的研究表明：在上海的环境影响评价过程中，没有任何渠道执行公众详细审

---

① 夏志红：《从社会排斥的角度分析中国公众环境权益的缺失》，《中国人口、资源与环境》2008年第2期，第51页。

查，这极大地破坏了上海环境影响评价体系的"可靠性和可信性"①。

此外，体制排斥还表现在中国政府并没有真正通过司法程序贯彻执行环境方面的法律法规。由于长期以环境管理行政代替环境执法，司法部门缺乏应有的独立性，因而公众个人通过环境诉讼程序维护自身环境合法权益的少之又少。这一方面因为我国的公益侵权行为主要是依靠行政救济程序得到纠正与弥补，许多公益侵权行为实施主体即是政府自身或是其直接利益相关者，比如广东番禺的垃圾焚烧发电厂建设项目。

另一方面，在地方保护与行政干预下，分散的污染受害者在个人环境维权方面举步维艰。如在环境诉讼中，受害者经常面临证据收集困难的问题。法律规定只有政府环监部门才能提供权威的污染监测数据，但政府常常是污染企业的利益共享者。此外，即使有足够的污染证据，要证实污染证据产生的毒性，也往往要经历很长的实验检测时间。比如李坑垃圾焚烧厂建成后的几年，其所在村成了癌症高发村，村民们都想知道垃圾焚烧的灰尘到底有什么成分？水有没有毒？村委会数度要求广州有关部门检查或送检，皆无下文。同时，由于目前中国法律中没有公益诉讼的立法，使得和污染源无关的个人或单位不具备诉讼主体资格，无法通过法律途径对侵害公共环境利益的行为提起诉讼。

由此可见，政府环境政策的制定、执行与传播体制的运作是排斥公民参与环境决策制定的。研究表明，"中国政府的环境传播旨在将公众的参与限定在政府的环境政策框架内，政府官员并不鼓励公众参与，因为他们害怕公众的批评以及在决策出炉前公众的参与会造成成本增加和政府控制力下降，政府官员也对公众参与结果表示怀疑"。② 这直接体现在法规制定中对公众参与决策过程的细则、方法及保障条例的缺失。尽管《环境保护法》原则上规定了公众的环境监督权，《21 世纪议程》与《环境影响评价法》更进一步对公众参与提出了明确的规定，但几乎所有法律法规都没有对公众环境权益的具体形式和实施细则进行表述，从而缺乏具体操作的制度性安排。

---

① S. Lee, "Environmental Movements and Social Organization in Shanghai". *China Information*. 2007, Vol. 21, p. 287.

② C. W. H Lo, W. S. Leung, "Environmental Agency and Public Opinion in Guangzhou: The Limits of a Popular Approach to Environmental Governance". *The China Quarterly*. 2000, No. 163. p. 700.

值得注意的是，中国政府的环境传播行为在忽略公众参与环境治理的同时，还强化了公众对自身认同的排斥，使得公众在很大程度上将环境传播的责任推给政府，这与其文化上长期对政府的依赖有关。新中国成立后，长期的计划经济使得国家成了一个大集体，政府负责计划普通民众的吃穿住行，垄断了所有社会资源，包揽了全部社会经济管理事务，人们要解决任何社会问题都要求助于政府，这种体制和思维相互强化，使得民众对政府的依赖成了生活习惯。而传统文化的"公"、"官"、"国"等概念使得政府作为"公"的代表具有合法性和权威性。遇到问题找政府，环保呼吁和倡导也自然成了政府的事情，在信息获取上，对政府与准政府部门的信息比较依赖，而对非政府组织及个人提供的环境信息依赖程度低，在行动上则认为环境保护主要依靠政府立法和环保投入。比如在新华网2007年"两会"专门针对环保问题的系列调查中，在"哪些措施对于治理环境污染和防止能源浪费最有效"4个选项中，有近50%的网民选择了"完善立法，加大执法力度，赋予环保主管部门更多实权，集中打击环境违法行为"，排在第一位。在"谁应当在今后的环保工作中担负更多的责任"的4个选项中，近65%的网民选择了"地方政府和地方环保部门"，排在第一位。

二 目标和指标驱动的环境政治和环境 NGO 身份认同危机

政府环境传播在吸引公众参与方面的"失灵"能否通过第三部门，即环境 NGO 予以弥补呢？答案不容乐观，因为以绿色指标实现为驱动的政府环境传播与环境 NGO 重过程与实效的环境传播有一定距离，而且政府对环境 NGO 的态度虽然日益开放，但总的来说，还是属于模糊、微妙且不对等的关系。这直接造成了环境 NGO 在中国的身份认同危机。

政府对环境 NGO 的发展持矛盾心态：一方面，由于政府自身能力与资源有限，不可能全面介入所有的社会服务，如可能忽视弱势人群的权益；而环境 NGO 作为社会第三部门利用自身的资源、经验及网络能够对社会服务供给形成有益的补充。比如"怒江建坝之争"正是处于国家环保总局发起"环评风暴"的当口，国家环保总局有官员反对怒江建坝，但地方经济发展与环保之间的冲突很难调和，于是，环保总局寻找"绿家园"等民间组织的协力，在"绿家园"、"云南大众流域"等多个社团的奔走下，部分学者与媒体积极参与反对怒江建坝，通过"自然之友"创始人梁从诚得以将反对提案交予全国政协委员和全国人大代表。在环保总局与环境 NGO 的联合反对下，怒江建坝方案被搁置。

但另一方面，政府对环境 NGO 的授权一直非常谨慎。这直接体现在我国目前环境 NGO 的身份认同问题上。比如，《社会登记管理条例》中明确规定政府对非政府组织在同一行政区域内的注册数量实行严格控制。在同一行政区域内已有业务范围相同或者相似的社会团体，可以不予批准登记，限制自下而上的环境 NGO 的合法注册；合法登记的非政府组织要同时得到业务主管部门和登记管理机关的双重管理，许多团体找不到业务主管部门，即挂靠单位，而无法合法存在；在会员、住所、经费等方面设置严格的注册条件要求。① 这些高门槛实际上是将一些较小规模、较为松散、较为灵活的小型环境 NGO 排除在合法性之外。

与此同时，我国现行的《行政诉讼法》和《民事诉讼法》没有规定社团的诉讼权利，在这些法律中，公民仅有检举和控告权而没有起诉权，环境 NGO 只能以社会团体的身份支持公民的诉讼，但不能以自身的独立身份出庭诉讼，这就在很大程度上削弱了环保组织的监督能力。

此外，政府还对环境 NGO 的环保资金筹集设置门槛。管理上，政府对环境 NGO 设置了社团法人制度，从某种程度上限制了我国环保基金会的发展，既不利于环保资金的筹集，也不利于对环保基金的管理②。环境 NGO 作为沟通国家与社会的第三方，与政府的关系是一种不对等的合作关系，双方在合作的过程中，政府明显地占据主导地位。因而学者认为政府与环境 NGO 的关系有着"依赖"与"离间"的两面特色③。

学者 Caroline M. Cooper 在对中国政府官员及环境 NGO 成员进行访谈时发现，大部分的政府官员都欢迎环境 NGO 成为政府决策的助手，但是78% 的环境 NGO 对现有的政府、法规比较失望，因为现有的环境法规无

---

① 参见法律图书馆网：《社会团体登记管理条例》，颁布于 1998 年 10 月 25 日，资料取自2011 年 7 月 20 日：http://www.law-lib.com/law/law_view.asp?id=399。

② 刘敏婵：《制约中国民间环境 NGO 公共参与能力的因素分析》，《兰州学刊》2008 年第 9期，第 70—71 页。

③ Caroline. M. Cooper，"'This is Our Way In'：The Civil Society of Environmental NGOs in South-West China"．*Government and Opposition*．2006，Vol. 41. Issue 1. p. 132.

法应对环境挑战。① 笔者在对环境 NGO 负责人的访谈中也发现，由于环境 NGO 的身份注册属于各地民政部门，现有法规虽规定公众参与环境决策的权利，但并没有具体参与的细则，政府如果不主动邀请环境 NGO 的参与，环境 NGO 就很难找到突破口。"人大和环保局在立法上面是两条线，一个是行政，一个是规章制度，根据中国这种平行部门的管理体系，非政府组织能够介入的可能就是民政局，民政局对这些专业的东西是不关心的，所以你要去找环保局，但你和环保局没有任何隶属关系，比如你是上海市环保局，我是长宁区环保局，我有了问题肯定会和你分享。但假设我是 WWF，我把这个（建议）告诉谁？没有隶属关系怎么办呢？你告诉我一个办法。这是所有在中国开办非政府组织的一个困难，因为你第三部门还没有真正融入到这个社会里面。"（访谈世界自然基金会中国保护与运营总监，2011 年 5 月 12 日；括号内文字由笔者补充）

基于此，环境 NGO 不得不积极建构与政府的关系网络，谋求与政府的合作并得到政府的认可，以寻找参与政府环境立法的突破口。境外 NGO 比如世界自然基金会，依据其稳定的经费来源、长年从事环保工作的成功经验以及健全的专家网络受到中国政府部门的关注，世界自然基金会在中国各个野外项目的成功进展也离不开当地政府的支持与合作，然而政府在"绿色"传播与实践工作中的目标驱动、短效性与环境 NGO 注重环境保护的长效性、过程性相冲突。"我江湖联系搞了十年，我艰难地在头三年时间把一个湖泊实现了季节性联系，我（项目）推了十年，现在好不容易有 50 个湖泊都愿意开展季节性联系，但前年鄱阳湖要建坝……要把畅通的湖泊跟长江阻隔……国内的项目一般是你支持单位撤出来了，这个项目就慢慢回缩，就是这样一个结局。"（访谈世界自然基金会中国保护与运营总监，2011 年 5 月 12 日；括号内文字由笔者补充）

政府进行环境传播的政策驱动和目标驱动，导致环境 NGO 的身份认同以及公众参与环境治理与传播的身份认同都遭遇到危机，这让绿色公共领域的健康全面发展面临困境。然而，这种困境并不是不可逆转的。正如福柯所强调的，权力并不是一种谁占有的"东西"，而是一种无所不在的"关系"。也正如葛兰西霸权理论对"各种联盟的流动性"的容纳，即主

---

① Caroline. M. Cooper，"'This is Our Way In'：The Civil Society of Environmental NGOs in South-West China"．*Government and Opposition*．2006，Vol. 41. Issue 1. p. 132.

张权力关系是不断流动和发展的。

过去普通民众在传统文化、体制的排斥下强化了自我认同排斥，他们一方面找不到可以改变权力关系的工具与资源，另一方面也害怕由于竞争与改变可能遭致的灾难性后果。改革开放以后，这种情况得到了较大改变。随着互联网这一革命性媒体的出现，媒体资源已经不再是有限的、仅掌握在政府与媒体精英手中的"私藏"，每一个普通公众可以随时独立地点击键盘，将自己的声音、观点、理论通过互联网传播出去，电脑、手机等网络新媒体成为全民利器，提供了一个具有无限空间、超越时间界限的公共话语平台。通过互联网，私人遭遇到的环境不公正待遇可以成为公共议题，在网络上进行争论与探讨，涣散的个体可能被集合起来成为集体联盟，网络的门户式、搜索式和聚众式传播的力量可以生产出大量的环境话语并聚合起环境公众，权力关系可以改变，并最终影响政府的环境立法与环境决策，导致社会政治变迁。厦门"散步"事件、"救助盘锦斑海豹"事件、"南京法桐保卫战"就是典型的绿色话语与社会变迁的案例。

总而言之，严重依赖于政府自上而下的环境治理路径，只会导致社会日益建构起一种对环境状况漠不关心、对公众环境权益视而不见的文化，解决环境问题的公众基础也将不复存在。因而，建构与完善自下而上的绿色公共领域迫在眉睫，其中，普通公众的环境觉醒与环境传播是强化自身身份认同以及发展绿色公共领域的关键，公众只有摆脱对政府的依赖，成为独立而积极的环境公民，自觉地在日常生活中对各种环境问题进行探讨、辩论与质疑，卷入周围的人也加入到这种有益的探讨与辩论中，环境传播才能产生巨大的行动力量，人与自然的关系也才会和谐。

建构绿色关系网——环境传播
和绿色公共领域的未来

> 不管彼此的理念有多么不同，我们都知道我们生活在一个充
> 满了问题的世界。而在这些众多问题之中，最大的问题就是：并
> 不是每一个人都意识到，我们同样也生活在一个充满了解决方案
> 的世界。
>
> —— Julia Butterfly Hill

环境传播这个新兴交叉领域的形成与发展，对于未来人类如何对待自然以及如何处理与自然的关系至关重要，也是一个国家可持续发展进程中关键而紧迫的研究课题。2006 年 4 月 3 日的《时代》周刊杂志用 27 个整版（超过该期总版面的 1/3）报道了"全球气候变暖"议题，指出"气候变化并不是一个模糊的远在天边的问题——它正以十分危险的速度破坏着整个星球。……即使还存在很多质疑，气候变暖已经是真正的问题，而人类的行为正是引发该问题的因素。如果人类还有聊以自慰之处，那就是大自然冰川融化的步伐会给予我们几十年甚至几个世纪的时间来处理这个问题"。[①] 该期杂志首次提出了"引爆点"（Tipping Point）这个以后全世界各大媒体频繁使用的隐喻来描绘和建构"气候变暖"的环境问题。正如文章作者 Jeffrey Kluger 指出的："已经不仅仅是科学家注意到'引爆点'的出现，甚至大自然也在跨越它的'引爆点'，而公众似乎也达到了他们的（绿色舆论）'引爆点'。"[②]（括号内为笔者加注）

---

① 参见 2006 年 4 月 3 日期《Time：Special Report Global Warming》（全球气候变暖特刊），第 24—51 页。

② Jeffrey Kluger. "The Tipping Point". Time. 2006，Issue：April 3，2006，p. 31.

　　从干旱、洪灾到地震、飓风再到火灾、雪灾，极端气候带来的灾难性影响让广大公众意识到了气候问题的紧迫性，公众对环境问题的讨论与质疑近年来越来越突出与热烈，可谓达到了前所未有的舆论"引爆点"。随着"自媒体"时代的到来，公众进行环境传播的媒体日趋多元化，公众之间发布信息的门槛也不断降低，通过手机、多媒体等设备的音频、文字与图片制作，经由互联网上传，利用博客、播客、微博、BBS、人人网、开心网等社交网络的信息发布平台，公众之间进行环境传播的形式及自由度从未如此丰富与灵活过。同时，国内外大量环境 NGO 在中国的出现，使环境传播的内容朝着专业、理性、多样化发展，其与国内大众传媒的互动与策略关系，更加大了环境传播的力度和有效性，并促使政府部门为环境问题的解决及社会的可持续发展寻找对策。

　　环境传播正日益促使国内社会形成一个无所不在的"绿色"人际网络，各种"绿色"话语不断被生产和繁衍开来，并在社会文化中得以实践，未来的中国绿色公共领域也将依托这个"绿色"关系网不断发展与完善，而如何让这个关系网健康而良性地发展、如何使其在环境传播中起到关键作用、如何在权力关系中平衡各方力量，从而让关系网产生的动力能有效推动环境问题的解决和社会的可持续发展，是未来值得思考与探索的问题。

　　本书通过笔者在多年的实践工作及博士期间的学术研究中累积的大量一手资料和二手资料，不仅对国内外关于环境传播及绿色公共领域方面的学术成果进行了脉络梳理与文献综述，而且提出了自己的创新主张，如首次建构了环境传播对绿色公共领域的影响和互动机制、网络新媒体环境传播机制、环境 NGO 的传播机制与媒体策略等，并结合中国的情况进行了详细论述与批判性分析。研究运用大量的国内外环境传播案例，从符号与话语的文化、社会学视角考察了环境传播在国内外建构的过程，揭示了主流大众传媒、网络新媒体、环境 NGO 及中国政府在中国国内环境传播中的角色、作用及各自对绿色公共领域的建构与影响。由于时间与资金的限制，笔者在对普通公民所做的小规模环境调查问卷的样本数量上偏小，调查对象的年龄结构及地理分布上也不够平均，这多少会影响到调查结果的准确程度；同时，在对大众主流媒体的新闻记者调查上也仅限于报纸，还有待扩展至电视、广播等环境新闻领域甚至大众传媒的娱乐节目，以使论述更具说服力。此外，由于政府部门与环境传播相关的官员对笔者的访谈调查持保守态度，因而对政府环境传播官员的访谈数据比较缺乏，未来还有待进一步补充与完善。

环境传播作为传播学的一门交叉研究学科，在中国国内还刚刚起步，随着中国政府将国家的可持续发展作为未来社会健康发展的支柱之一，环境传播研究在今后必将成为学者研究的热点与重点。目前，国内对环境传播研究还只限于大众传媒层面的环境新闻报道研究，未来，围绕环境传播的"绿色"关系网将是研究的关键。2012年，《东京议定书》中的各项目标的达成都将到期，而2009年底制定的《哥本哈根协议》并无实质性进展，美国等发达国家希望发展中国家在大力发展经济的同时，承担起保护环境的责任，而印度等发展中国家则认为美国等发达国家应带头减少碳排放量。面对这一困局，环境传播与政治的结合自然是一大研究热点，不过更值得传播学者思考的是，对这种重"目标"而轻"过程"的国家环境传播现状而言，一旦环境目标无法达成，环境传播将如何继续？

"绿色"关系网包括了传统大众传媒、网络新媒体、社区公民、环境NGO及政府部门，在这个巨大的社会关系网络中，各方如何积极行动起来，对环境问题、环境主张进行质疑与辩论，建构起一个互动而有影响力的绿色公共领域？这不仅能对政府的环境立法建言献策，还能起到监督各方的作用，最终通过绿色公共领域的话语实践影响社会文化实践。

由于现代社会的环境风险已越来越难以预测，环境风险传播将会日益成为研究的热点，目前有关环境风险的传播研究刚刚起步，仅止于粗浅地将国外译著引入阶段及概念研究阶段，很少有将环境风险与中国情况相结合，并将环境风险形成的动力、风险传播的要素以及环境风险与权力关系的研究进行深入探讨的成果。此外，对环境NGO的传播进行学术研究的空白日后也将由更多学者予以填补，因为政府在对待环境NGO的政策上虽然十分谨慎，但态度已越来越朝向开明，未来中国的环境传播离不开环境NGO这个重要的传播主体，随着网络新媒体日益在环境传播中的作用凸显，环境NGO在传播策略及传播文化上将如何转变，其与传统大众传媒及网络媒体的关系及角色问题都是未来研究环境传播的热点。

进入自媒体时代后，普通公民都可能成为环境传播的重要传播主体，网络公民的环境传播往往与各种环境事件、环境风险紧密相连，环境（绿色）公共领域中的绿色话语是如何生产的、各种流行的环境用语如"N年不遇"、"旱涝急转"、"气候变暖"等是如何建构的，其背后有着怎样的语境及意识形态支撑，在这些绿色话语实践中，大众传媒、环境专家、第三部门、政府、社区公民等各种权力关系是如何形成和变化的，都有待更多的研究者进行实证及实质性探讨与研究。

一言以蔽之，对环境传播的研究不应仅仅局限于环境新闻报道的单点单面单线研究，而要建构一个"绿色"关系网络，注重放射型、交叉性的研究过程，这个关系网的建构过程就是人类如何对待自然及其自身的一种永恒而有意义的探索与质疑过程，在这个过程中，问题的提出与行动方案的探讨同样重要。

附　　录

附录1　公民环境调查问卷内容

调查问卷

说明：这份调查问卷是和环境保护问题密切相关的，您可以对每个题目进行多项选择并做标记，如果您想补充填写相关问题，烦请加写在问卷的反面。问卷结果仅限于学术研究并对个人信息严格保密。非常感谢你的大力支持！

年龄：_____ 性别：__ 所在城市：_____ 职业：_____
教育水平：_____

1. 您认为目前最为严重的环境问题是什么？
A. 空气污染
B. 农药、激素使用及转基因技术导致的食品安全问题
C. 江河污染导致的饮用水安全问题
D. 生物多样性破坏问题
E. 森林砍伐和水土流失问题
F. 气候变化（极端气候）问题
2、您平时是从什么渠道了解这些环境问题的？
A. 和朋友、亲戚讨论聊天获得
B. 电视广播节目
C. 报纸
D. 社区或街道宣传栏
E. 网络新闻、论坛、邮件或博客
F. 开心网或社会交往网络
G. 其他渠道，请列出：_____

3. 请列出您在近六个月之内通过广播电视或者报纸看过的和环境相关的节目：

媒体	栏目

4. 请列出您在近六个月内通过网络了解或讨论过的环境信息或者环境问题：

网络形式（列出是属于新闻、论坛、邮件或博客，还是开心网、人人网等社会关系网络）	具体名称或来源（列出新闻网站、论坛名、邮件来源、博客或社会关系网的具体名称）

5. 您参加过环境保护的志愿者活动吗？

A. 从来没有（跳过题6）

B. 有过一到两次

C. 三到五次

D. 五次以上

6. 您参加过的环境志愿者活动是哪里组织的？

A. 学校或者所在工作单位

B. 社区

C. 环境保护非政府组织

D. 自发组织

7. 您在平时的生活中用什么行动支持过环保活动？

A. 捡拾公共垃圾

B. 节水节电（比如空调使用不超过26℃，反复使用生活用水等）

C. 出行不开车或少开车

D. 参加植树活动

E. 参加社区组织的环保活动

F. 坚持垃圾分类然后再投放

G. 参加各种环境保护沙龙和志愿者活动

H. 向周围的朋友、同事和亲属宣传环保理念

I. 抵制使用一次性用品

8. 您知道什么是环境非政府组织（NGO）吗？

A. 不知道

B. 知道　请列出名称：＿＿＿＿＿＿＿＿＿＿

9. 您对于您身边的环境问题有过投诉吗？

A. 从来没有（跳过 10 题）

B. 有过一到两次

C. 有过三次以上

10. 您对环境问题有过怎样的投诉经历？

投诉内容	投诉方式及向谁投诉（电话、网络留言、通过媒体或上访）	投诉效果（解决还是未解决）

附录2　环境新闻记者调查问卷

说明：这是一份对环境新闻报道记者的调查问卷，主要用于个人博士论文的学术研究，不用于任何与商业有关的目的，所有相关个人信息作者将会为您严格保密，请您一定放心！

本调查问卷共三个问题，每个问题请您尽量多地如实填写，请您至少列出每个问题的前八位联系人以方便研究，如果实在没有八位也没有关系。如果相关信息不清楚，请您以斜线（"/"）表示即可。

相关填写提示：

姓（名）：请您填写联系人的姓名，其中名可省去，只填姓亦可

性别：即填男、女

年龄：如果您知道具体年龄的话，就填写具体年龄，否则就填模糊年龄，比如"20—30"、"30—35"、"40岁左右"都可。

教育水平：请填写最高学历，比如"小学"、"初中"、"高中"、"大学"即可。

所在单位：请尽量填写具体单位，如果不方便填写的话可以写行业，比如："政府部门"、"教育行业"、"NGO"、"私营企业"、"自由职业"等

职位：请填写联系人的相关职位，如"主任"、"部门领导"、"处长"、"专家"、"外来务工者"、"NGO员工"等；如果也是记者的话请填写"记者"

您的信息十分宝贵！非常感谢您的大力支持和无私帮助！

您的年龄： 　　　性别： 　　　　所服务媒体：

问题1：在近两个月内，您为想完成手头已有的环境新闻报道选题，主要和谁（面对面、电话、网络）联系以获取相关信息，最后完成报道任务？

姓（名可略）	性别	年龄	教育水平	所在单位	职位	有否采访他（她）	如何和他（她）认识

问题2：在近两个月内，谁（面对面、电话、网络邮件）主动与您联系以给您提供环境新闻线索（信息源？）

姓（名可略）	性别	年龄	教育水平	所在单位	职位	信息有否采用	如何和他（她）认识

问题3：在近两个月内，您主动和谁（面对面、电话、网络邮件）联系以获取相关环境新闻线索（信息源？）

姓（名可略）	性别	年龄	教育水平	所在单位	职位	信息有否采用	如何和他（她）认识

参 考 文 献

一、中文类

蔡拓：《全球问题与当代国际关系》，天津人民出版社 2002 年版。

曹海东：《怒江的民间保卫战》，《经济》2004 年第 5 期。

程少华：《环境新闻：一个时尚的绿色议题》，《声屏世界》2004 年第 3 期。

程少华：《环境新闻的发展历程》，《新闻大学》2004 年第 2 期。

邓利平：《环境新闻传播：提升公众环境伦理的重要途径》，《广播电视大学学报（人文社会科学版）》2007 年第 3 期。

高国荣：《美国现代环保运动的兴起及其影响》，《南京大学学报》（哲学·人文科学·社会科学）2006 年第 4 期。

高新民：《中国哲学的天人学说及其当代价值》，《陇东学院学报》2007 年第 5 期。

顾金土：《环保 NGO 监督机制分析》，《浙江学刊》2008 年第 4 期。

顾曰国：《奥斯汀的言语行为理论：诠释与批评》，《外语教学与研究》1989 年第 1 期。

郭小平：《风险沟通中环境 NGO 的媒介呈现及其民主意涵——以怒江建坝之争的报道为例》，《武汉理工大学学报》（社会科学版），2008 年第 21 卷第 5 期。

郝大海：《社会调查研究方法》，中国人民大学出版社 2009 年版。

赫雨、安鑫：《概念功能在新闻话语分析中的应用——元功能批评方法实验一例》，《中国传媒报告》2011 年第 4 期。

胡春阳：《话语分析：传播研究的新路径》，上海人民出版社 2007 年版。

季飒：《世博因传播更精彩——2010 年上海传媒博览会世博新闻报道成果巡礼》。《新闻记者》2010 年第 12 期。

贾广惠：《论大众传媒与环保 NGO 对公共性的构建》，《新闻界》2009 年第 4 期。

蒋劲松：《风险社会中的科学与民主》，《民主与科学》2006 年第 3 期。

李岩：《媒介批评：立场、范畴、命题、方式》，浙江大学出版社 2005 年版。

刘敏婵：《制约中国民间环境 NGO 公共参与能力的因素分析》，《兰州学刊》2008 年第 9 期。

刘恕：《试论传统媒体与社交网络的交互融合——从新华社电视进驻开心网说起》，《科技传播》2009 年第 2 期。

刘涛：《环境传播的九大研究领域（1938-2007）：话语、权力与政治的解读视角》，《新闻大学》2009 年第 102 期。

陆红坚：《环保传播的发展与展望》，《中国广播电视学刊》2001 年第 10 期。

毛泽东：《毛泽东著作选读》（上册），人民出版社 1986 年版。

毛泽东：《毛泽东选集》（第五卷），人民出版社 1977 年版。

马华阳：《先秦时期的环境保护》，《安徽农业科学》2008 年第 36 卷第 15 期。

马国征：《"人定胜天"及其他》，《中华魂》2008 年第 6 期。

田国栋、冯学山：《访谈》，《上海预防医学杂志》2003 年第 15 卷第 11 期。

王宏波《生态新闻是物质文明建设的重要一环》，《新闻三昧》2000 年第 3 期。

王积龙、蒋晓丽：《什么是环境新闻学》，《江淮论坛》2007 年第 2 期。

王莉丽：《绿媒体——中国环保传播研究》，清华大学出版社 2005 年版。

王诺：《保护海蜇的小海》，《读书》2006 年第 6 期。

王绍光、胡鞍钢、王元竹：《最严重的警告：经济繁荣背后的社会不稳定》，《战略与管理》2002 年第 3 期。

王婷婷：《环境新闻嬗变历程及发展趋势》，《新闻实践》2008 年第 12 期。

王逸舟：《西方国际政治学：历史与理论》，上海人民出版社 1998 年版。

吴绮雯：《论毛泽东"人定胜天"的环境思想》，《涪陵师范学院学报》2006 年第 22 卷第 5 期。

（清）苏舆撰：《春秋繁露义证》钟哲点校，中华书局 2011 年版。

夏志红：《从社会排斥的角度分析中国公众环境权益的缺失》，《中国人口、资源与环境》2008 年第 2 期。

肖颖：《环保传播中政府与媒体传播行为"再认识"》，西北大学，2009 年，硕士学位论文。

徐刚：《伐木者，醒来！》，《新观察》1998 年第 2 期。

徐艳旭：《人民日报 30 年环境新闻报道分析》，《青年记者》2009 年第 6 期。

徐迎春：《众声喧哗：中国网民话语的类型与生成机制考量》，《浙江传媒学院学报》2010 年第 6 期。

许英：《论信息时代与公共领域的重构》，《南京师范大学学报》（社会科学版），2002 年第 3 期。

许纪霖：《近代中国的公共领域：形态、功能与自我理解——以上海为例》，《史林》2003 年第 2 期。

许正隆：《追寻时代把握特色：谈谈环境新闻的采写》，《新闻战线》1999 年第 5 期。

杨国宇：《解剖开心网，解读 SNS》，《传媒》2009 年第 7 期。

杨仁忠：《公共领域论》，人民出版社 2009 年版。

展江：《哈贝马斯的"公共领域"理论与传媒》，《中国青年政治学院学报》2002 年第 21 卷第 2 期。

张立军、乔焕江：《生态文学诞生根源探析》，《长春大学学报》（社会科学版），2004 年第 10 卷第 41 期。

张威：《唤醒公众环保意识的群体——美国环境新闻的轨迹及其先锋人物》，《世界环境》2004 年第 4 期。

张威：《环境新闻学的发展及其概念初探》，《新闻记者》2004 年第 9 期。

张威：《绿色新闻与中国环境记者群之崛起》，《新闻记者》2007 年第 5 期。

张艳梅、吴景明：《近二十年中国生态文学发展概观》，《山东理工大学学报》（社会科学版），2007 年第 23 卷第 2 期。

周军、唐兴霖、赵俊梅：《我国非政府组织与政府间的关系——以草根环境 NGO 为例》，《理论探讨》2008 年第 6 期。

朱亚、王新杰：《环境新闻与环保预警——以〈人民日报〉室内环境污染报道为例》，《青年记者》2008 年第 21 期。

［战国］庄周：《庄子译注》，百花州文艺出版社 2010 年版。

［美］巴里·康芒纳：《与地球和平相处》（王喜六等译），上海译文出版社 2002 年版。

［加拿大］德怀维迪，《政治科学与环境问题》，《国际社会科学杂志》1987 年第 4 卷第 3 期。

［美］盖伊·塔奇曼：《做新闻》，麻争旗等译，华夏出版社 2008 年版。

［德］汉娜·阿伦特：《人的条件》，竺干威等译，上海人民出版社 1999 年版。

［德］汉娜·阿伦特：《公共领域和私人领域》，载于汪晖、陈燕谷：《文化与公共性》，三联书店 2005 年版。

［德］哈贝马斯：《公共领域的结构转型》，曹卫东等译，学林出版社 1999 年版。

［美］亨利·戴维·梭罗：《瓦尔登湖》，徐迟译，译文出版社 2004 年版。

［美］弗·卡特、汤姆·戴尔：《表土与人类文明》，庄崚，鱼姗玲译，中国环境科学出版社 1987 年版。

［美］克里斯·安德森：《长尾理论》，乔江涛译，中信出版社 2006 年版。

［美］马克·波斯特：《第二媒介时代》，范静哗译，南京大学出版社 2005 年版。

［德］马克思、恩格斯：《马克思恩格斯选集》，人民出版社 1972 年版。

［美］米契欧·卡库、詹尼弗·特雷纳：《人类的困惑——关于核能

的辩论》（李晴美译），中国友谊出版公司 1987 年版。

［法］米歇尔·福柯：《必须保卫社会》，钱翰译，上海人民出版社 1999 年版。

［法］米歇尔·福柯：《规训与惩罚》，刘北成、杨远缨译，三联书店 1999 年版。

［英］诺曼·费尔克拉夫：《话语与社会变迁》，殷晓蓉译，华夏出版 社 2003 年版。

［美］斯蒂文·小约翰：《传播理论》，陈德民、叶晓辉译，中国社会 科学出版社 1999 年版。

［荷］托伊恩·A. 梵·迪克：《作为话语的新闻》，曾庆香译，华夏 出版社 2003 年版。

［德］乌尔里希·贝克：《风险社会》，何博闻译，译林出版社 2004 年版。

［美］沃尔特·李普曼：《舆论学》，林珊译，华夏出版社 1989 年版。

［古希腊］亚里士多德：《亚里士多德文集：修辞学》（Roberts, W. Rhys 译），中国民艺出版社 2005 年版。

［美］约翰·克里斯蒂安·劳尔森：《颠覆性的康德："公共的"和 "公共性"的词汇》，载于詹姆斯·施密特主编：《启蒙运动与现代性—— 18 世纪与 20 世纪的对话》，徐向东等译，上海人民出版社 2005 年版。

二、英文类

Anderson, Alison (1997). Media, Culture and the Environment. London: UCL Press.

Antwater, T; Salwen, M. B. ; Anderson, R. B. (1985). Media agenda-setting with Environmental Issues. Journalism Quarterly. 62.

Ader, C. (1995). A Longitudinal Study of Agenda Setting for the Issue of Environmental Pollution. Journalism and Mass Communication Quarterly. 72.

Austin, J. L. (1975). How to Do Things with Words. 北京：外语教学 与研究出版社、牛津大学出版社 2002 年版影印本。

Barry, J. & Doherty, B. (2001). The Greens and Social Policy: Movements, Politics and Practice? Social Policy & Administration. Vol. 35. No. 5.

Becker, Samuel. L. (1984). Marxist Approaches to Media Studies: The

British Experience. Critical Studies in Mass Communication. Vol. 1 Issue 1.

Benton, T. (1994). 'Biology and Social Theory in the Environmental Debate' p. 28-50 in Redclift and T. Benton, Social Theory and the Global Environment. London：Routlege.

Blowers, A.；Lowry, D.；Solomon, B. D. (1991). The International Politics of Nuclear Waste. London：Macmillan.

Brosius, H. B. & Kepplinger, H. M. (1990). The Agenda-setting Function of Television News. Communication Research. 17 (2).

Brown, G. & Yule, G. (1983). Discourse Analysis. 上海：外语教学与研究出版社、剑桥大学出版社 2000 年版影印本。

Bullard, R. D. (1990). Dumping in Dixie：Race, Class and Environmental Quality. Boulder, CO：Westview Press.

Burlingham, Kate and Cooper, Geoff (1999). Being Constructive：Social Constructionism and the Environment. Sociology. 33.

Burke, Kenneth (1966). Language as Symbolic Action：Essays on Life, Literature, and Method. Berkley：University of California Press.

Cantrill, James G. & Senecah, Susan. L. (2001). Using the 'Sense of Self-in-place' Construct in the Context of Environmental Policy-making and Landscape Planning. Environmental Science&Policy. 4.

Capek. S. (1993). The 'Environmental Justice' Frame：A Conceptual Discussion and an Application. Social Problems. 40.

Carson, R. (1962). Silent Spring. Boston, MA：Houghton Mifflin.

Castells, M. (2000). The Rise of the Network Society. 2nd edn. Oxford：Blackwell.

Castells, M. & Inc, M. (2003). Conversations with Manuel Castells. Cambridge：Polity Press.

Castells, M. (2004). The Power of Identity. 2nd edn. Oxford：Blackwell.

Cathcart, R. S. (1980). Defining Social Movement by Their Rhetorical Form. Central States Speech Journal. 31 (Winter).

Cohen, B. C. (1963). The Press and Foreign Policy. Princeton, NJ：Princeton University Press.

Commoner, B. (1971). The Closing Circle. New York：Bantam Books.

Cooper, Caroline. M. (2006). 'This is Our Way In': The Civil Society of Environmental NGOs in South-West China. Government and Opposition. Vol. 41. Issue 1.

Corbett, Julia B. (1994). Media, Bureaucracy, and the Success of Social Protest: Media Coverage of Environmental Movement Groups, Ph. D. dissertation, University of Minnesota, School of Journalism and Mass Communication.

Corbett, Julia B. (2006). Communicating Nature: How We Create and Understand Environmental Messages. Washington: Island Press.

Cox, Robert (2010). Environmental Communication and the Public Sphere. London: Sage Publications.

Cox, R. (2007). Nature's "Crisis Disciplines": Does Environmental Communication Have an Ethical Duty? Environmental Communication: A Journal of Nature and Culture. Vo. 1. No. 1.

Cushman, J. Jr. (1995, January 22). The Nation: Timber! A New Idea is Crashing. New York Times. Section 4.

Dardenne, R. & Waters, M. J. (2004). Examing the Handbooks on Environmental Journalism. Florida: Lisa Rademakers.

Dake, K. (1992). Myths of Nature: Culture and Social Construction of Risk. Journal of Social Issue. Vol. 48. No. 4.

DeLuca, Kevin Michael (2009). Image Politics: the New Rhetoric of Environmental Activism. London and New York: Routledge.

Detjen, Jim. What is Environmental Journalism? . 北京全国记者协会学术报告。2002 年 7 月。

Douglas, M. A. and Wildavsky, A. (1982). Risk and Culture: An Essay on the Selection of Technological and Environmental Dangers. Berkeley, CA: University of California Press.

Dryzek, J. S. (1997). The Politics of the Earth: Environmental Discourse, Oxford: Oxford University Press.

Dunlap, R. and Catton, W. R. (1994). Struggling with Human Exemptionalism: The Rise, Decline and Revitalization of Environmental Sociology. American Sociologist. Spring. 1994.

Dunwoody, S. & Griffin, R. J. , (1993). "Journalistic strategies for reporting long-term environmental issues: a case study of three Superfund sites". In: Hansen, A. (Ed.), The Mass Media and Environmental Issue. Leicester University Press, Leicester.

Downing, J. (1988). The Alternative Public Realm: The Organization of the 1980s Anti-nuclear Press in West Germany and Britain. Media, Culture and Society. 28.

Eck, C. V. (2007). Classic Rhetoric and the Visual Arts in Modern Europe. Cambridge: Cambridge University Press.

Entman, R. M. (1993). Framing: Toward Clarification of a Fractured Paradigm. Journal of Communication. 43.

Evernden, N. (1985). The Natural Alien: Humankind and the Environment. Toronto: University of Toronto Press.

Faulkner, H. & Ball, D. (2007). Editorial: Environmental hazards and risk communication. Environmental Hazards. Vol. 7.

Frome, M. (1998). Preface. Green Ink: An Introduction to Environmental Journalism. Salt Lake City: University of Utah Press.

Fiske, John (1990). Introduction to Communication Studies. London and New York: Routledge.

Fiske, John (1993). Power Plays, Power Works. London and New York: Verso.

Gitlin, T. (1980), The Whole World is Watching: Mass Media in the Making and Unmaking of the New Left. London: University of California Press.

Greider, T. and Garkovitch, L. (1994). Landscape: the Social Construction of Nature and the Environment. Rural Sociology. 59 (1).

Griskevicious, V., Cialdini, R. B. & Gooldstein, N. J. (2008). Social Norms: An Underestimated and Underemployed Lever for Managing Climate Change. International Journal of Sustainability Communication. Vol. 3.

Gross, A. G. (1996). The Rhetoric of Science. Cambridge, MA: Harvard University Press.

Goffman, Erving. (1974). Frame analysis: An essay on the organization of experience. Cambridge, MA: Harvard University Press.

Gottlieb, R. (1993). Forcing the Spring: the Transformation of the American Environmental Movement. Washington, DC: Island Press.

Gunter, B. & Wober, W. (1983). Television Viewing and Perceptions of Hazards to Life. Journal of Environmental Psychology. 3.

Hannigan, John (2006). Environmental Sociology. London and New York: Routledge.

Hawhee, D. & Messaris, P. (2009). Review Essay: What's Visual about "Visual Rhetoric"?. Quarterly Journal of Speech. Vol. 95. No. 2.

Haynes, K. & Barclay, J. & Pidgeon, N. (2008). The Issue of Trust and Its Influence on Risk Communication during a Volcanic Crisis. Bull Volcano. Vol. 70.

Herrick, J. A. (2009). The History and Theory of Rhetoric: An Introduction. Boston: Pearson.

Hopgood, Stephen. (1998). American Foreign Environmental Policy and the Power of the State. Oxford: Oxford University Press.

Hilgartner, S. (1992). "The Social Construction of Risk Objects: or How to Pry Open Networks of Risk", in J. F. Short Jr. and L. Clarke (eds.) Organizations, Uncertainties and Risk. Boulder, CO: Westview Press.

Hutchins, B. & Lester, L. (2006). Environmental Protest and Tap-dancing with the Media in the Information Age. Media, Culture & Society. Vol. 28.

Iyengar, S. & Kinder, D. R. (1987). News that Matters: Television and American Opinion. Chicago: University of Chicago Press.

Jamieson, K. H. &Stromer-Galley, J. (2001). 'Hybrid Genres'. In T. O. Sloane (Ed.). Encyclopedia of Rhetoric (p. 361-363). Oxford, UK: Oxford University Press.

Kluger, Jeffrey (2006). The Tipping Point. Time. Issue: Appril 3, 2006.

Kroma, Margaret M. et al (2003). Green Pesticides: A Historical Analysis of the Social Construction of Farm Chemical Advertisements. Agriculture and Human Values. 20.

Laclau, E. & Mouffe, C. (1985). Hegemony and Socialist Strategy: Towards a Radical and Democratic Politics. London: Verso.

Lee, C. (ed.). (1992). Proceedings, First National People of Color Environmental Leadership Summit. New York: United Church of Christ Commission for Racial Justice. December.

Lee, S. (2007). Environmental Movements and Social Organization in Shanghai. China Information. Vol. 21.

Lester, L. & Hutchins, Brett. (2009). Power Games: Environmental Protest, News Media and the Internet. Media Culture & Society. Vol. 31. Issue. 4.

Leopold, A. (1949/1968). A Sand County Almanac. Oxford, UK: Oxford University Press.

Lhumann, N. (1989). Ecological Communication. (Trans. by J. Bednarz.). Chicago: University of Chicago.

Lindlof, T. R. & Meyer, T. P. (1987). "Mediated Communication as Ways of Seeing, Acting and Constructing Culture: the Tools and Foundations of Qualitative Research". In Natural Audiences: Qualitative Research of Media Uses and Effects. T. R. Lindlof (ed.), 1-30. Norwood, NJ: Ablex.

Lingis, A. (1994). Foreign Bodies. New York: Routledge.

Liu, John Chung-en and Leiserowitz, A. A. (2009). From Red to Green—Environmental Attitudes and Behavior in Urban China. Environment. 51.

Liu, Xinsheng & Vedlitz, Arnold & Alston, Letitia. (2008). Regional News Portrayals of Global Warming and Climate Change". Environmental Science & Policy, Vol. 11.

Lo, C. W. H. & Leung, W. S. (2000). Environmental Agency and Public Opinion in Guangzhou: The Limits of a Popular Approach to Environmental Governance. The China Quarterly. No. 163.

Lockie, S. (2004). 'Social Nature: the Environmental Challenge to Mainstream Social Thoery'. In R. White (ed.) Controversies in Environmental Sociology, Cambridge: Cambridge University Press.

Lovink, G. (2002). Dark Fiber: Tracking Critical Internet Culture. Cambridge, MA: MIT Press.

Ma, J.; Webber, M.; Finlayson, B. L. (2009). On Sealing a Lakebed: Mass Media and Environmental Democratisation in China. Environmental Science and Policy. 12.

McKibben, Bill. (1989). The End of Nature. New York: Random House.

Meisner, M. (2005). "Knowing Nature through the Media: An Examination of Mainstream Print and Television Representations of the Non-human World". In G. B. Walker & W. J. Kinsella (Eds.). Finding Our Way (s) in Environmental Communication: Proceedings of the Seventh Biennial Conference on Communication and the Environment (p. 425-437). Corvallis: Oregon State University Department of Speech Communication.

Melucci, A. (1985). The Symbolic Challenge of Contemporary Movements. Social.

Research. 52 (Winter).

Mencher, Melvin (1986). Basic News Writing. Dubuque, Iowa: William C. Brown Publishers.

Miller, Karen. (1992). Smoking up A Storm: Public Relations and Advertising in the Construction of the Cigarette Problem. 1953-1954. Journalism Monograph. 136. Dec.

Miller, V. D. (1993). "Building on Our Past, Planning Our Future: Communities of Color and the Quest for Environmental Justice", in R. Hofrichter (ed.) Toxic Struggles: The Theory and Practice of Environmental Justice. Philadelphia, PA: New Society Publishers.

Miller, David. (1999). Risk, science and policy: definitional struggles, information management, the media and BSE. Social Science&Medicine. 49.

Miller, T. (2006). Cultural Citizenship: Cosmopolitanism, Consumerism, and Television in a Neoliberal Age. Philadelphia, PA: Temple University Press.

Mollotch, Harvey. (1979). "Media and Movements", in The Dynamics of Social Movements: Resource Mobilization, Social Control and Tactics. (eds. Mayer N. Zald and John D. McCarthy). Cambridge, MA: Winthrop Publishers.

Nash, R. (1977). The Value of Wilderness. Environmental Review. Vol. 1.

Ohkura, Y. (2003). The Roles and Limitations of Newspapers in Environmental Reporting. Case study: Isahaya Bay land reclamation project issue. Marine Pollution Bulletin. Vol. 47.

Olson, L. C.; Finnegan, C. S.; Hope, D. S. (2008). Visual Rhetoric: A Reader in Communication and American Culture. London: Sage Publications.

Oravec, Christine (1981). John Muir, Yosemite, and the Sublime Response: A Study in the Rhetoric of Preservationism. Quarterly Journal of Speech. V67. No. 3.

Palmlund, I. (1992). "Social Drama and Risk Evaluation", in S. Krimsky and D. Golding (eds.) Social Theories of Risk. Westport, CT: Praeger.

Parlour, J. W. & Schatzow, S. (1978). The Mass Media and Public Concern for Environmental Problems in Canada 1960-1972. International Journal of Environmental Studies. 13.

Pasquare, F. & Pozzetti, Matteo. (2007). Geological Hazards, Disasters and the Media: the Italian Case Study. Quaternary International. Vol. 173-174, Oct. -November.

Plough, A. & Krimsky, S. (1987). The Emergence of Risk Communication Studies: Social and Political Context. Science, Technology, and Human Values. 12.

Protess, D. L. et al. (1987). The Impact of Investigative Reporting on Public Opinion and Policymaking: Targeting Toxic Waste. Public Opinion Quarterly. 51.

Renn, O. (1992). "Concepts of Risk: A Classification". In S. Krimsky and D. GGolding (eds.) Social Theories of Risk. Westport, CT: Praeger.

Richardson, E. & Joe, T. (1995, August 29). Reject That Gag Rule. Washington Post.

Saunders et al. (2003). Research Methods for Business Students. N. J. : Prentice Hall.

Sawhill, J. C. (1990, June 9). What Good are Pupfish and Periwinkles. New York Times.

Schattschneider, E. F. (1960). The Semisovereign People: A Realist's Review of Democracy in America. New York: Holt, Rinehart, and Winston.

Schmitt, P. J. (1990). Back to Nature: The Arcadian Myth in Urban America. Baltimore, MA: Johns Hopkins University Press.

Searle, J. R. (1969). Speech Act. Cambridge: Cambridge University Press.

Searle, J. R. (2001). Expressing and Meaning: Studies in the Theory of

Speech Act. 上海：外语教学与研究出版社、剑桥大学出版社。

Shapiro, Judith. (2001). Mao's War against Nature: Politics and the Environment in Revolutionary China. Cambridge: Cambridge University Press.

Shultz, P. W. & Zelezny, L. (2003). Reframing Environmental Messages to be Congruent with American Values. Research in Human Ecology. Vol. 10.

Sismondo, S. (1993). Some Social Constructions. Social Studies of Science. 23.

Sodd, R. & Stockdale, G. & Rogers, E. M. (1987). How the News Media Operate in Natural Disasters. Journal of Communication. Vol. 37, No. 3.

Sonnett, John et al (2006). Drought and Declining Reservoirs: Comparing Media Discourse in Arizona and New Mexico, 2002-2004. Global Environmental Change. 16.

Stein, M. L. (1985). Getting and Writing the News. New York: Longman.

Tankard, J et al (1991). Media Frames: Approaches to Conceptualization and Measurement. (Paper presented to the Association for Education in Journalism and Mass Communication)

Touraine, A. (1985). An Introduction to the Study of Social Movements. Social Research. 52 (Winter).

Turner and Wu (2001). Green NGOs and Environmental Journalist Forum.

Walker, R. (ed.) (1985). Applied Qualitative Research. Aldershot: Gower.

Weise, W. L. & Burke, C. (1986). Media Content and Tobacco Advertising: An Unhealthy Addiction. Journal of Communication. 36 (4).

Williams, R. (1977). Marxism and Literature. New York: Oxford University Press.

Williams, R. (1980). Problems in Materialism and Culture. Great Britain: Redwood Burn.

Wober, M. & Gunter, B. (1985). Patterns of Television Viewing and of Perceptions of Hazards to Life. Journal of Environmental Psychology. 5.

Yang, Guobin and Calhoun, Craig (2007). Media, Civil Society and the Rise of a Green Public Sphere in China. China Information. 21.

Yearley, S. (2002). 'The Social Construction of Environmental Problems: a Theoretical Review and Some Not-very-Herculearn Labors', in R. E. Dunlap, F. H. Buttel, P. Dickens and A. Gijswijt (eds.). Sociological Theory and the Environmental: Classical Foundations, Contemporary Insights. Lanham, MD: Rowman&Littlefield.

Zang, Dongsheng (2009). Climate Change, New Developmental Strategy, and Regulatory Choice in China. Texas International Law Journal. Vol. 45.